Social Quality
Study on Shanghai（2010–2013）

社会质量研究丛书

丛书主编：张海东

上海社会质量研究

（2010~2013）

张海东 等 / 著

社会科学文献出版社

SOCIAL SCIENCES ACADEMIC PRESS (CHINA)

目　　录

第一章　社会质量研究：测量
社会发展的新维度

20 世纪 80 年代末，我国学者提出中国需要有自己的社会发展理论（高清海、孟宪忠，1989）。随着国外社会发展研究领域学术著作的大量移译，其后社会发展研究渐入佳境。梳理社会发展研究的理论逻辑，我们可以清晰地看到，在社会发展研究方面人们已经实现了认识上的两次飞跃：第一次飞跃是破除了片面的发展观，摒弃了单纯经济增长等同于社会发展的观念；第二次飞跃是认识到，在社会发展道路和模式上，既不存在唯一道路，也不存在统一模式。在上述两次飞跃的基础上，当下社会发展研究面临新的、重要的范式转换，即从关注发展的道路和模式转向关注发展的质量。

一　社会发展研究中认识上的两次飞跃

早期的发展观是片面的、单纯的经济发展观，人们普遍认为只要经济发展了，一切社会问题都会迎刃而解。但是社会发展的现实将这种朴素的发展观击得粉碎，发达国家和发展中国家经历的"有增长无发展"的现实使人们深刻地认识到这种观念的局限性：片面追求 GDP 增长的道路是行不通的。这样一个在今天看似非常简单的观念却是众多国家花费沉重代价、历时很久才认识到的。在社会发展研究中，以佩鲁提出的"新发展观"（佩鲁，1987）、罗马俱乐部所描述的"增长的极限"（米都斯等，1997）为代表的发展理念实现了社会发展研究认识上的第一次飞跃。

即便上述认识在几十年前就发生了转变，但这并不能使后来者避免重蹈覆辙。改革开放初期，我们也没有走出传统发展观的局限，将发展单纯地理解为经济发展，各级政府在工作中将发展经济作为全部目标，这种思维方式曾经在一段时间里表现得非常明显。但是，经济增长了、物质丰富了，各种各样的社会问题也接踵而至。发达国家和发展中国家当初遇到的"有增长无发展"的境况在我们的实践中重新上演。科学发展观的提出及时叫停并终结了片面发展观可能带来的更大的危害，实现了认识上的飞跃。

要理解社会发展研究中认识上的第二次飞跃，我们需要简要回顾西方的社会发展理论。由于西方发达国家较发展中国家更早进入现代化，那么西方的发展道路是否就是发展中国家未来发展之路的问题，引起了学者们的广泛关注。概括地说，以现代化理论、依附理论与世界体系理论为代表的西方社会发展理论虽然有不同的时代背景和理论内容，但实质探讨的都是社会发展的道路和模式问题。

现代化理论是在对欧美现代化发展经验进行概括的基础上，试图将欧美的发展经验推广到发展中国家。这种理论认为，发展中国家出于自身内部原因，而未能实现从传统到现代的转变，仍处于传统社会阶段；而要实现这种转变，必须引进西方文化价值观。依附理论则主要是用"中心"和"外围"之间的不平等关系来解释非西方发展中国家不发达的原因。它从西方发达国家与非西方发展中国家之间掠夺与被掠夺的不平等关系着眼，在批判现代化理论在价值观念上的内因决定论的同时，又陷入了政治经济上的外因决定论，即片面地强调经济发展的作用。世界体系理论用体系观点来分析整个世界及其组成部分的发展与变化，不像现代化理论那样只注重单个国家的现代化，也不像依附理论那样将世界简单地划分为中心与边陲，而是将整个世界视为一个统一的整体，探讨其总体的发展规律。

上述三种社会发展理论内部存在一定的差异，但它们有一个共同点，即试图在理论层面解决发展中国家面临的现代化道路问题，试图给出一个统一的社会发展模式。但遗憾的是，这些理论都未能深入地从社会现实层面来探讨特定国家和地区的社会进步与发展，隐含的前提假设是西方发达国家的社会发展道路和模式就是发展中国家未来要沿袭的，这一点是西方社会发展研究在理论上的重要局限。

中国在社会发展道路和模式的探讨上对社会发展研究的理论贡献可谓卓著。社会发展研究中认识上的第二次飞跃就源于中国特色的社会主义道路的理论与实践。在社会发展道路、模式的探讨上，中国从一开始就走出了一条独特的发展道路。第一代领导集体践行的马克思主义普遍真理和中国革命具体实践相结合的社会主义道路，其实质是对苏联模式的修正；第二代领导集体开启的中国特色的社会主义道路，实质是对西方模式的否定。所以，在发展道路和模式的探讨上中国从来就没有因循旧模式，也没有迷信任何人，而是另辟蹊径，走出了一条独具特色的发展道路。中国社会发展所取得的伟大成就表明：在社会发展道路和模式上，既不存在唯一道路，也不存在统一模式。一国一社会（甚或一国内部各区域）都要根据各自的实际情况探索适合自身具体情况的发展道路。这实现了社会发展研究中的又一次重大飞跃。这对更多渴望走向现代化的发展中国家而言具有重要的借鉴意义。

我们概括和总结社会发展研究中认识上的两次重要飞跃，主要原因在于，我们认为今后社会发展研究将面临一个方向性的选择，需要实现重要的范式转换，而这两次认识上的飞跃则是一个重要的前提。我们认为，在摒弃了片面的发展观和对道路、模式的探讨有了清晰认识的前提下，社会发展的纵深研究是关注社会发展的质量，换言之，发展出一套概念、理论和方法来衡量、测度甚或比较特定社会的质量可能成为社会发展研究的新动向和趋势。实际上，中国社会发展的现实也提出了这样的理论要求。建设社会主义和谐社会这一目标的提出，实质上已经将社会发展的焦点引向关注社会发展的质量，如何建设一个富裕和谐、使全体人民能够有尊严地生活的社会正成为当下社会发展研究的重点。为此，社会发展研究需要实现研究范式的转换，即从关注社会发展道路和模式，转向关注社会发展的质量。

二　社会质量的提出和早期研究情况

社会质量有两个独立的起源：一是生长于中国本土的社会质量的概念和理论；另一是源于欧洲的社会质量概念、理论和指标体系。目前国内的社会质量研究更多地聚焦于从欧洲移入的社会质量，试图在国内推进西方社会质量研究范式在解决实际问题中的应用。

根据现有的文献，社会质量的概念最早由王沪宁提出。1989 年王沪宁在《中国：社会质量与新政治秩序》一文中明确提出并阐述了社会质量的概念。王沪宁从中国建立新政治秩序的条件和可行的选择视角，指出"任何社会政治秩序的格式和发展，都与该社会所提供的历史—社会—文化条件密切相关。……不要超越社会条件去推行某种秩序，否则不仅新秩序不能建立，而且社会也不会因此进步"。"我这里把前述历史—社会—文化条件对一个社会的设定，归之为一个总体的概括性的概念，即社会质量（Quality of Society）。"接着，文章界定了社会质量的概念。"所谓社会质量，指的是社会非政治有序化程度。非政治有序化程度指的是社会各个环节、各种运动和各种因素自我组织的程度，即在没有政治控制和协调下它们的自组织达到何种程度。我们可以把现代社会分为两大类，一类为政治的有序化社会，一类为非政治的有序化社会。在这两大类中，各有高低之分，结果我们得到两大类、四大基本类型：（一）政治的有序化低的社会；（二）政治的有序化高的社会；（三）非政治的有序化低的社会；（四）非政治的有序化高的社会。"作者认为，中国社会历来属于第二种类型，能否从第二种类型过渡到第三种类型或第四种类型目前尚难给出定论（王沪宁，1989）。

在这篇文章中，作者还就社会质量指标的测量进行了探讨。文章把社会质量指标分为两大类：一类是物质性的指标，主要包括历史发展的道路、经济发展的水平、人口、沟通、教育、文化；另一类是价值性指标，包括整合、自主、自律、稳定、适应、开放。"物质性指标和价值性指标综合运动，作用于社会质量。"（王沪宁，1989）

在后来的一篇文章中，王沪宁还就社会质量对政府职能转变的制约、社会质量与政府职能转变的动态平衡等问题进行了探讨（王沪宁，1991）。

继王沪宁提出社会质量概念之后，吴忠民在《论社会质量》一文中从社会哲学的视角对社会质量进行了较为详尽的论述。在作者看来，"所谓社会质量，是指社会机体在运转、发展过程中满足其自身特定的内在规定要求和需求的一切特性的总和"。文章分析了社会质量的三个特征："第一，它所反映的是同一时代的条件下，社会机体的实际状况同自身内在的最佳规定要求及最适合需要之间的吻合程度；第二，社会质量虽不直接反映'时代'状况，但毫无疑问，它是附着于'时代'内容的；第三，它所反映的是一种社会整体性的品格。"（吴忠民，1990）

此外，吴忠民还就社会质量这一概念及有关命题的意义和研究内容进行了探讨。就研究意义而言，作者认为，在理论方面，它可以丰富社会学学科的内容；社会质量的研究有助于深化社会发展理论的研究，为社会研究方法的更新提供了一种积极的思路。在现实方面，它可以提醒人们在建设现代化的同时，也要注意社会机体自身的完善，对发展中国家具有积极的意义。就研究内容而言，作者指出，"社会质量这一课题所包括的内容极为丰富，大致上可以分为两类内容的研究。一类是有关社会质量的理论研究，主要是侧重这样一些内容的研究：社会质量的基本特性、基本品质问题；社会质量的分类问题；影响社会质量的各种因素、变量等。另一类是有关社会质量问题的应用研究，这主要是指：关于社会质量的测量方法及指标体系（包含客观指标体系和主观指标体系）；对于社会质量理想模型的设计及其具体的技术性方法；对于社会质量进行国别性的研究；优化社会质量的具体措施等等"（吴忠民，1990）。在后来的《中国社会发展论》一书中，作者将有关社会质量的思想进一步发挥，明确提出将社会质量作为衡量社会完善与否的重要尺度（吴忠民，1995：195~208）。应该说，吴忠民对社会质量做了较为系统、深入的阐述，为开展社会质量研究做了开创性的工作。

本土的社会质量概念和理论的提出在当时的社会背景下并没有得到积极的回应，这与当时中国社会发展的阶段性特征有关。当时的中国，在人们的观念中，经济增长是发展的第一要务，社会发展问题刚刚引起人们的重视，社会发展的质量问题还远远没有进入人们的视野，还没有成为一个迫切需要解决的问题。根据现有的文献，在欧洲的社会质量理论引入之前，对本土的社会质量做出积极回应的文章（杨晓莉，1999）并不多见。

学者们对社会质量的研究具有极为重要的意义和价值。就理论层面而言，这些极具前瞻性和预见性的研究为社会发展研究提供了一个全新的视角，两位学者对社会质量的具体理解各不相同，但作为一种发展理念，社会质量的提出意味着人们开始关注社会发展的质量问题。这与我国经济改革早期关注速度、注重"快"，到了一定发展阶段，人们不约而同地提出经济发展的质量问题类似，不是"快"就"好"，重要的是经济增长的质量，所以又好又快成为当前和今后一段时期发展经济的共识。在社会发展研究领域，学者们较早地关注到社会发展的质量问题，这在理论上为社会发展研究实现研究范式的转换奠定了基础。

就实践层面而言，社会质量的提出者都意识到开展经验研究的必要性，通过建构指标体系对一个社会的社会质量进行测量，并依据这种测量来判定社会发展的程度。虽然两位作者在具体指标的设定上没有进行深入探讨（当然，这也不是他们的研究主旨所在），但为社会质量的主要指标维度的设定指出了方向。应该说这些维度虽不全面，但极为重要，为后来衡量社会发展与进步的社会质量实证研究所采纳，也是时下决策部门评估社会发展状况并制定相关政策所依据的重要维度。

三 欧洲的社会质量研究

1. 欧洲社会质量提出的背景

社会质量的另一个起源是欧洲的社会质量研究。1997 年 800 多名欧洲学者在阿姆斯特丹通过一项宣言，即《欧洲社会质量的阿姆斯特丹宣言》（以下简称《宣言》）。《宣言》给出了提出社会质量这一全新的社会发展理念的根本动机："考虑到所有市民的基本尊严，我们声明：我们不想在欧洲城市目睹数量日益增长的乞讨者、流浪汉，我们也不希望面对数量庞大的失业群体、日益增长的贫困人群，以及只能获得有限医疗服务和社会服务的人群。这些以及其他指标都表明欧洲社会为所有市民提供的社会质量不足。"（Beck，van der Maesen, Thomése, & Walker，2001）

欧洲学者提出社会质量有其特殊的历史背景。20 世纪 90 年代，随着新自由主义的地位在欧洲的上升，欧洲经济政策和社会政策间的不均衡关系日益强化。新自由主义排斥社会性，降低社会政策的地位，将社会政策置于从属于经济政策的地位。"在欧洲语境下，社会政策通常被民族国家以及地区和地方当局等同于社会管理，通过收入转移以维持社会经济保障，最初是雇员的社会经济保障，后来扩大到全体公民的社会经济保障。"在这种经济价值观主导下，"经济系统中运行的问题被方便地定义为'社会问题'并被归结为'外在性'问题"（沃克，2007）。对社会政策和（暗含的）社会性从属于经济增长这个中心目标的批判，是社会质量得以提出的重要背景。因此，社会质量提出者们的初衷是通过提升公民在社区和社会中对社会生活与经济生活的参与能力，增进人们的福祉。

2. 欧洲社会质量的概念和理论化

根据欧洲学者的定义，"社会质量（Social Quality）是指人们能够在多大程度上参与其共同体的社会与经济生活，并且这种生活能够提升其福利和潜能"（Beck，van der Maesen, & Walker，1997：6-7）。按照社会质量理论家们的观点，这些福祉和潜能都源自社会交往与社会参与，关注的焦点在于社会关系的质量促进人们参与社会发展、提升个人及促进社会进步和发展的程度，因为没有社会关系将不会有个人的福祉与发展。

欧洲理论家们认为，社会质量的本体论基石是人在本质上是社会的存在而不是原子化的经济人假定的观点。这种观点认为人的自我实现有赖于社会认可，也就是说，人的自我实现源于他们在大量的集体（诸如家庭、社区、公司、机构）

认同中与他人的互动。所以，自我实现过程和集体认同形成过程之间存在相互依赖。当然，为了参与这些过程，人们必须具有自我反应能力并且集体认同必须是开放的。"社会性"就植根在这些相互依赖的过程中。这些相互依赖过程发生的领域体现了两种重要的紧张关系——正式的系统世界与由家庭、群体和社区构成的非正式的生活世界两者之间在水平方向上的紧张关系，以及社会发展和个人发展两者之间在纵向上的紧张关系——的互动（见图 1－1）（沃克，2011）。

在创建和评价社会质量方面，欧洲学者着重考虑了三个因素（见表 1－1）。首先是建构性因素，这是在横跨两种重要的紧张关系中自我实现过程与各种集体认同的形成过程互动的结果，进而导致合格的社会行动者的构成，包括：个人（人类）安全，关乎法律规则的制度化；社会认可，关乎社区成员个人之间的相互尊重；社会反应，关乎群体、社区和系统的开放性；个人（人类）能力，关乎个人的生理和精神方面的能力（沃克，2011）。

表 1－1　社会质量的结构

建构性因素（进程）	条件性因素（机遇＋偶然）	规范性因素（取向）
个人（人类）安全	社会经济保障	社会公正（平等）
社会认可	社会凝聚	团结
社会反应	社会包容	平等的价值观
个人（人类）能力	社会赋权	人的尊严
（评估这些因素性质的外在印象）	（量化这些因素性质的指标）	（判断建构性因素和条件性因素之间联系结果的标准）

资料来源：范德蒙森、沃克，2011。

其次是条件性因素，社会质量的概念内在地包含了四个方面的条件性因素。一是社会经济保障，指人们获取可用来提升个人作为社会人进行互动所必需的物质资源和环境资源的可能性。社会经济保障指向的是社会正义，以抗拒社会给个人带来的风险。二是社会凝聚，指以团结为基础的集体认同，揭示的是基于共享的价值和规范的社会关系的本质，考察一个社会的社会关系在何种程度上能保有整体性、维系基本价值规范。社会凝聚指向的是团结和整合问题，以最大限度地减少社会分化或分裂。三是社会包容，指人们接近那些构成日常生活的多样化制度和社会关系的可能性，人们在何种程度上可以获得来自制度和社会关系的支持。社会包容关乎个体平等的权利和价值以减少社会排斥。四是社会赋权，指个人的力量和能力在何种程度上通过社会结构发挥出来，社会关系能在何种程度上提高个人的行动能力。社会赋权关注的是社会为个人发挥自身能力而提供的生活机会是否公平，指向人的尊严（范德蒙森、沃克，2011）。

最后是规范性因素。在将建构性因素和条件性因素联系起来的基础上，规范性因素被用来判断社会质量的适当性和必要性程度。这些规范性因素包括：社会公正（平等），联结社会经济保障；团结，联结社会凝聚；平等的价值观，作为对应社会包容的一个标准；人的尊严，对应社会赋权（沃克，2011）。

如果用一个类似数学象限的架构图来表示就能更加清晰地说明社会质量的理论架构（见图1-1）。在这个架构图中，作为横轴的X轴的左端代表的是系统、制度和组织，横轴的右端代表的是社区、群体和家庭。作为纵轴的Y轴下端代表的是个体生命历程，纵轴的上端代表的是社会过程。纵轴表示的是宏观（社会）和微观（个人）的纵向关系；横轴表示的是系统、制度和组织与群体、社区和家庭之间的水平关系。纵轴代表社会发展与个人发展之间的紧张关系，而横轴则代表制度进程与个体行动之间，或者制度世界与生活世界之间的紧张关系。这两种持续存在而又密切相关的紧张关系产生了一种动力，这种动力影响了个体的自我实现和集体认同的形成，并将社会行动者转化为能够实现社会质量的行动者。当然，架构图中的每一个象限本身即代表一个连续的系统：社会经济保障与不安全；社会整合与分化；社会融入与排斥；个人的自主与依赖（范德蒙森、沃克，2011）。

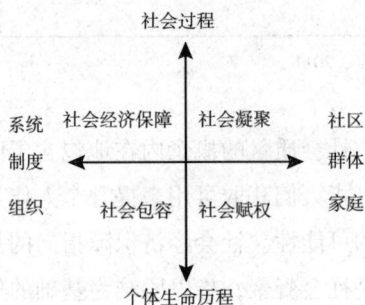

图1-1 欧洲社会质量的理论架构

资料来源：沃克，2011。

欧洲社会质量有其独特的理论架构，其出发点是消解社会发展与个体发展间的矛盾，解决制度世界（即系统、制度和组织）与生活世界间（即社区、群体和家庭）的冲突，从而改善社会状况，继而提升个人的福祉、潜力。在架构图的四个象限中，"如果着眼于社会体系、制度和组织体制等社会环境因素，一个社会的社会质量可以通过该社会为人们生活所提供的社会经济保障的水平和程度反映出来。但如果着眼于个体，该社会的社会质量也可以通过该社会为个人提供的进入社会体系的机会、开放度，以及个人融入主流社会的可能性来反映"（林卡，2010）。

3. 社会质量在欧洲的推广和应用

为了使社会质量研究在欧洲取得实质性进展，1997 年 6 月欧盟成立了"欧洲社会质量基金会"（EFSQ）推动社会质量研究。自成立以来，欧洲社会质量基金会做了大量的基础研究和应用研究，使社会质量的影响逐步扩大。

2001 年以前，欧洲社会质量基金会致力于对社会质量的条件性因素的研究并在 2001 年最终形成社会质量的四个条件性因素，即社会经济保障、社会凝聚、社会包容和社会赋权。1997 年，欧洲社会质量基金会出版了社会质量研究的第一部著作《欧洲社会质量》（Beck，van der Maesen，& Walker，1997），对社会质量的理论、研究领域、政策取向等进行了探索。其间，为了集中发表社会质量研究的最新成果，自 1999 年起出版《欧洲社会质量》杂志，截至 2006 年该杂志已出版 6 卷共 7 期，发表了一系列有关社会质量的学术论文。2001 年欧洲社会质量基金会又出版了社会质量研究的第二部著作《社会质量：欧洲愿景》（Beck，van der Maesen，Thomése，& Walker，2001）。该书着重阐述了社会质量的概念、理论和政策相关的问题。2001～2005 年，欧洲社会质量基金会将研究的重心转移到社会质量指标体系上来，并最终形成由 95 个指标构成的完整的指标体系，在此基础上开展经验研究。2006 年以后，欧洲社会质量基金会致力于在亚洲和其他地区拓展社会质量研究及以此为核心的政策取向的推广。

在欧盟内部，自社会质量提出后，许多国家按照统一的社会质量指标体系评估各自的社会质量，并据此对有关社会政策进行调整。2005 年，在依据《欧盟委员会执委会研究总署和第五框架方案》提供资金支持的情况下，比利时、芬兰、法国、德国、希腊、匈牙利、爱尔兰、意大利、荷兰、葡萄牙、斯洛文尼亚、西班牙、瑞典、英国 14 个国家相继发表了本国的社会质量报告，国际社会福利委员会（ICSW）和欧洲反贫困网络（EAPN）两个国际 NGO 也参与了欧洲社会质量研究项目，欧洲反贫困网络还对这些报告进行了比较研究，据此向欧盟委员会提出了政策建议。

在经验研究方面，从 2004 年起欧洲社会质量基金会就与海牙市政府就"城市发展和地方治理"开展合作研究，合作包括两个阶段。第一阶段以社会质量的四个条件性因素为核心，组织深度访谈；第二阶段，以城市发展为主题，实施LAAK NOORD 城市计划。该研究为地方政府治理政策的制定提供了有益的依据。这项研究是欧洲社会质量基金会将社会质量指标应用于评估城市的一个典型案例（Ogawa，2007）。

除欧洲外，社会质量在亚太地区也受到学界的高度重视，韩国、泰国、日本、中国大陆以及中国台湾和中国香港等地的学者与政策制定者都发现了社会质量理论对本土社会发展研究的应用价值，开展了广泛的、系统的实证研究。

4. 欧洲社会质量研究的启示

经过十余年的探讨，欧洲社会质量研究取得了长足的发展，在以下几个方面给予我们深刻的启示。

一是理论研究与经验研究并重。欧洲社会质量与其他一些衡量社会进步的研究取向（例如生活质量）相比的重要不同之处在于，它试图构建一个完整、连贯的理论体系。在这方面，社会质量的提出者不仅从社会哲学的视角分析社会质量的本体论基础——社会性，还从谋求解决制度世界与生活世界、个人发展与社会发展、自我实现与集体认同等问题入手，阐述其所涉及的社会哲学问题。在理论的建构上，欧洲社会质量研究者不仅考察了理论构成中的最重要的因素——条件性因素，而且深入研究了这些条件性因素得以确立的建构性、规范性因素，并在三者之间建立起紧密的逻辑联系。

在将社会质量理论化的基础上，欧洲的理论家们将社会质量的条件性因素操作化，转化为可以衡量社会发展程度的指标，并将这些指标应用于经验研究领域，从而获得丰富、翔实的资料。这些资料不仅可以用于测量一个社会具体的社会质量状况，还可以为社会质量理论的进一步完善提供经验支撑。

二是明显的社会政策取向。社会质量研究不是象牙塔内的智力游戏，社会质量从诞生之时就被赋予更新社会政策的使命。而且从实际情况来看，社会质量的政策领域极为广泛，涉及人们社会生活的各个层面，在解决欧洲的社会问题、扭转社会政策从属于经济政策的局面方面发挥了一定的作用。这些政策包括经济政策、社会政治政策、文化政策和环境政策等。可以说，无论是在城市发展、社会发展、公民权、社会团结方面，还是就业、教育、老龄化等问题上，社会质量的一整套概念工具都有一定的发言权。而且，欧盟也将社会质量的政策建议加以实质性推进。不仅在欧盟内部，而且像联合国这样一些国际组织也试图采用社会质量的概念工具来解决具体问题。例如，联合国经济和社会事务部关于老龄化的计划也考虑采用社会质量作为衡量社会发展政策有效性的指标，其他几个政策框架也采用了社会质量指标。在 2006 年 7 月于上海举行的联合国亚洲及太平洋经济社会委员会专家组会议形成的报告中，社会质量的概念和行动主体是核心部分。因此，社会质量概念与亚太地区所有老龄人口的生活质量评价和生活质量提高密切相关（Ogawa，2007）。

三是欧洲社会质量研究的局限。目前，社会质量研究还有一些问题没有得到很好的解决，尽管很多学者仍然在进行不懈的探讨。这些未解决的问题也正是社会质量研究进一步发展的内在动力。例如，在理论上，如何进一步完善社会质量的理论体系，解决制度世界如何干预生活世界甚至使其殖民化的问题，解决社会质量理论框架中行动者的功能和结构问题，解决质量和能力之间的关系问题，解决作为结果的社会质量和作为过程的社会质量统一的问题，等等。除了理论上的问题之外，社会质量研究还容易在方法论上使人困惑，例如社会质量研究和生活质量研究、人类发展研究、人类安全研究、能力理论、社会资本理论（Gasper，2009）乃至幸福指数等研究的区别，尤其在方法论上的区别还不够明显，甚至有些从事社会质量研究的学者也不甚了解，不清楚这些研究取向之间的差别和界限，或者它们之间互相联系的领域何以生长出不同的取向。同时，在社会政策领域，欧洲是否存在一个统一的切实可行而又有效的社会政策？这个问题和到底有没有一个统一的欧洲模式相关联。原来意义上的欧洲并不包括东扩后的前社会主义国家，所以欧洲社会质量的提出者也在问自己，西欧模式能在真正的意义上代表欧洲模式吗？如果回答是否定的，基于统一的社会质量指标体系、经测量而形成的政策建议的可行性和有效性就难以令人信服。

四　我国社会质量研究现状及反思

目前国内有关社会质量的研究基本上都是欧洲社会质量研究在亚洲推进的产物。换言之，国内目前的社会质量研究是欧洲社会质量研究的本土化尝试和努力，而不是对国内最早提出的社会质量的学术继承和发展。令人遗憾的一点在于，国内学者最早提出了社会质量这个范畴，而在近二十年的时间里没有任何学术上的回应；反倒是西方社会质量研究在亚洲的扩张，使人们在热炒欧洲范式的同时，将这个原本产于本土的研究范式从束之已久的高阁中翻检出来。即便如此，迄今为止，国内关于社会质量的研究主要从属于欧洲的话语体系，而不是本土的。

欧洲社会质量移入中国后的蓬勃发展（从概念系统和理论框架来看不是本土社会质量的复兴）与当下中国具体的社会情境是分不开的。和谐社会战略的提出、丛生的社会问题亟待解决、以民生为重点的社会建设的意义凸显，为社会质量研究提供了发展的契机。同时，近年来各级政府为贯彻和谐社会战略纷纷转向关注生活质量、幸福指数等具体的社会建设目标，社会质量为这种转向注入了新的内容，因而一经引入便受到关注。

但是，反思近年来国内的社会质量研究，其局限性也非常明显。如果不能超越和解决其所面临的问题，社会质量研究将有可能走入困境。

第一，社会质量研究还处于起步阶段，研究的整体水平还不够高。主要表现在，社会质量研究还处于译介阶段，从现有的研究成果来看，大部分研究成果的主题聚焦在对欧洲社会质量的概念、理论、方法和指标等的移译上；从研究的内容上来看，又突出体现在对社会质量的四个条件性因素的依赖上，还没有完全从欧洲社会质量框架中跳出来。所以，很多文章的内容让读者感觉雷同，这与起步阶段研究所具有的译介性质有关。

第二，社会质量的理论研究还没有取得重大的实质性进展。不但在基础理论研究方面没有超越欧洲学者设定的框架，而且从中国社会特有的社会、政治、经济、文化特质出发解读社会质量理论的研究也不多见。如前所述，欧洲社会质量理论自身并不是完备的。这对社会质量的研究者而言是一个重大的课题。在社会质量研究本土化的过程中，必须从理论上寻求突破，包括与国内学者最早提出的社会质量理论对接，否则社会质量研究将因缺乏创新而失去活力。

第三，对欧洲社会质量指标的适用性问题也没有进行充分的研究。基于欧洲特定政治、经济、社会、文化语境的社会质量指标体系在很多方面不适合亚洲。即使经过改造后的亚洲社会质量调查问卷 SQSQ，也未必适合中国的社会语境。更重要的是，没有一个统一的亚洲模式，而且亚洲社会内部的异质性也非常高。所以，如何对欧洲社会质量指标乃至修订后的亚洲社会质量指标进行改进是一个必须面对的问题，如何将中国社会特质体现在社会质量的指标体系中是国内社会质量研究者无法回避的问题。

第四，在社会政策研究领域，社会质量研究是否能够以及在何种程度上为政策制定服务从一开始就是一个困扰社会质量研究者的问题。在欧洲，最早从事社会质量研究的是欧盟，欧盟内部有具体的机制可以将研究成果和政策建议呈送决策层。在我国，如何建构这种机制和渠道恐怕是一个不能回避的现实问题，毕竟社会质量研究的取向是以社会政策的改进为目标的。

第五，也是最为根本的一个问题在于：如何将欧洲的社会质量研究与中国的和谐社会建设相统一？这恐怕是国内从事社会质量研究的学者回避不了的一个问题。虽然学者们提出将社会质量作为和谐社会研究的一个新视角，但是似乎离完全解决上面提出的问题还有一段距离。特别是对中国社会独特的历史、社会、文化等社会特质因素在评价我国社会质量中的重要影响也要充分予以考虑和深入研究。此外，在解决两个概念系统或两套话语系统之间的联系问题时，似乎也不能完全脱离意识形态，毕竟，社会质量研究不是纯理论领域内的课题。

第二章 上海社会质量：
一个实证研究

社会质量的概念、理论和方法使社会发展研究范式实现了一次转换，将社会发展研究的重点从发展的道路、模式引向对具体社会质量的衡量和测度。社会质量研究是理论研究和经验研究密不可分的。在经验研究方面，四个条件性因素构成社会质量的四个基本维度，每个维度下又有一些次级维度，这些维度又可以操作化为一系列测量指标。社会质量是由一系列有内在关联的指标构成的完整体系，可以通过大规模的调查来收集资料并进行统计分析。统计的结果可以进行对比，不同社会间的社会质量可以进行比较。这样，社会质量实际上就成为社会具体发展状况的度量尺度和测量工具，社会质量概念的提出使社会发展研究从质性研究转向量化研究成为可能。可以说，从社会发展研究到社会质量研究是社会发展研究中的一个重要转折。

本书基于社会质量的理论架构，以上海为例进行实证研究，以期探索社会质量研究中国化过程中可能遇到的各种问题，积累社会质量研究的中国经验，包括理论的适用性、指标选择以及政策取向等核心问题。基于这样的思考，在实证研究的各个环节都将中国社会的独特之处即中国社会特质考虑进去，而不是全盘照搬欧洲社会质量。在本书中，对这些问题的回应具体体现在研究设计和指标选择上。

第一节　研究设计的总体思路

如何开展社会质量的实证研究？这里有很多可供选择的思路，我们逐一进行探讨并加以分析。

一是全国性调查/研究与区域性调查/研究。

迄今为止，在国内开展社会质量的调查/研究并不多见，屈指可数。大多数调查/研究都属于区域性调查/研究，例如，林卡较早在浙江主持的调查（林卡等，2010）；一些学者在厦门、深圳等地开展的实证研究（徐延辉等，2014）；上海大学上海社会科学调查中心在上海（2010）（袁浩等，2011）以及上海市、广东省、吉林省、河南省、云南省和甘肃省开展的六省市调查（2013）（张海东等，2014）。另外，中国社会科学院社会学研究所在 2015 年"中国社会状况综合调查"（CSS 2015）中以社会质量为主题进行了全国范围的调查并发表了研究报告（李炜等，2015）。

从上述关于社会质量实证研究的不完全的回顾中可以发现，国内关于社会质量的调查/研究大多属于区域性调查/研究，集中于对某个城市或几个城市进行调查/研究。全国性的调查中只有 2015 年"中国社会状况综合调查"（CSS 2015）以社会质量为主题。开展大规模问卷调查有许多制约因素，这里不加以讨论，这里关心的一个核心问题是如何对待社会质量研究中的城乡差距问题。众所周知，我国城市和农村差距巨大，城乡之间在经济发展程度、社会保障程度等方面都存在巨大的鸿沟，在开展全国范围的社会质量研究时要把城乡差距考虑进去，不能简单、笼统地将城乡放在一起，需要考虑一个合理的解决方案和研究策略来应对这一现实问题。

二是整体研究与专题研究。

所谓整体研究是对社会质量所涉及的各个领域进行全面研究，专题研究是指针对社会质量某个领域的个别主题开展的研究。整体研究有助于全面评估社会质量状况，专题研究有助于深化对社会质量某个领域的深入了解。例如，欧洲很多研究专门聚焦于社会凝聚领域，韩国一些学者的研究聚焦于社会安全领域。当然，对处于起步阶段的社会质量研究而言，整体研究是非常必要的，这有助于检验理论的适用性问题、指标体系建构问题，也可以从"面"上了解我国社会质量的基本情况。但研究不能仅仅停留于此，深入的专题研究可以帮助我们更加清楚地把握西方理论的适用性和指标选择与建构问题。

三是比较研究。

比较研究包括两个层面的研究。一是区域比较研究，包括对我国不同区域（城市、省份、东中西部等）间的社会质量的比较以及国家间社会质量差异的国际比较。目前，国内的研究中，社会质量的国际比较明显不足。另一是历史比较研究，即利用不同年代的纵贯数据进行比较，研究社会质量的趋势性变化，检讨社会政策的效果。

四是社会质量的指数化。

作为衡量社会发展和进步的评价尺度，社会质量研究如果能够数量化、精确化，将发挥更大的社会影响力。而指数化就是选取社会质量的核心指标，根据一定的规则计算相应的社会质量指数。经过指数化后，社会质量的比较研究将变得简单。但是问题在于社会质量指标体系很是庞杂，哪些指标进入指数计算、其权重如何确定等是实证研究中要解决的问题。

五是理论研究、政策研究与实证研究相结合。

好的实证研究一定是基于某种理论指导而进行的，实证研究一般而言是对理论假设的检验。目前社会质量的实证研究中，理论研究存在的明显不足是缺乏理论上的创新，进而在实证研究中体现为沿用欧洲社会质量指标体系测量中国社会质量状况，对中国社会特质在社会质量理论上潜在的贡献和挑战的研究付诸阙如。同时，对实证研究的结果也没有进行很好的理论解读。

在政策研究方面，两大因素制约基于社会质量理论的政策研究只能停留在理念层面，缺乏可操作性的政策设计。其一，由于社会质量涉及的领域如此广泛，相应的社会政策也要具体到相应的领域，而这一点对一般社会政策研究者而言是难以做到的，通晓社会质量各个具体领域的社会政策方面的专家更是凤毛麟角；其二，我国正处于总体性改革的过程中，原来碎片化的各项政策正在进行调整，改革的总体思路有了，但很多具体政策没有出台。这对社会质量研究者有可能是个契机。

本研究虽然意识到社会质量研究的好的进路，但从已有的现实基础着眼又不得不放弃某些好的想法。这也是本研究和其他社会质量研究相比存在的不足。我们的思路是：聚焦上海市开展大规模调查，而且是不止一次调查的纵向调查，比较两次调查中上海社会质量状况的差异；通过调查研究全面把握上海的社会质量状况和走势，也在一些指标上关注上海内部各区县的差异；在指标建构上，既有与国外社会质量研究相同的指标，又包含能体现中国社会特质的本土化指标；在政策方面，关注上海2010～2013年以来有关政策的影响。

本书主要针对上海社会质量的整体状况和内部区域状况进行比较，有些可以开展的与上海社会质量有关的研究没有被包含在内，比如，与其他省区市社会质量的比较、社会质量指数与上海发展程度相当的国外城市社会质量的比较等。未来，这些将在本书的基础上在其他研究中逐步实现。这也是本实证研究的不足。

第二节　社会质量的指标体系

上海社会质量指标体系的建构参照了欧洲社会质量研究及其指标体系，也借鉴了亚洲社会质量调查问卷（SQSQ）中的指标设计思路，在此基础上，将中国社会特质的一些重要方面考虑进去，形成了本实证研究的指标体系。

为了完整理解上海社会质量指标体系，我们首先介绍一下欧洲社会质量指标体系。

一　欧洲社会质量的测量领域和指标体系

在社会质量测量和指标方面，欧洲学者根据对四个条件性因素的解析分别给每个因素建构了测量的指标，在每个领域下又区分了不同的子领域，在每个子领域又设定了具体的指标。欧洲社会质量指标总共由 95 个指标构成（Beck, van der Maesen, Thomése, & Walker, 2001）。具体结构如下。

社会经济保障因素：测量的子领域包括金融资源、住房与环境、健康与照顾、就业。其中，金融资源包括收入充足性和收入保障 2 个二级指标；住房与环境包括住房保障、住房条件和环境条件 3 个二级指标；健康与照顾包括健康供给保障、健康服务和照顾与服务 3 个二级指标；就业包括就业保障和工作环境 2 个二级指标。

社会凝聚因素：测量的子领域包括信任、其他整合的规范与价值观、社会网络、社会认同与社会宽容。其中，信任包括一般信任与特殊信任 2 个二级指标；其他整合的规范与价值观包括利他主义与社会契约 2 个二级指标；社会网络包括网络 1 个二级指标；社会认同包括国家的/欧洲的认同 1 个二级指标；社会宽容包括对移民和文化差异的接受程度 1 个二级指标。

社会包容因素：测量的子领域包括公民权、服务和社会支持网络。其中，公民权包括宪法/政治权利和公民权利 2 个二级指标；服务包括社会照顾 1 个二级指标；社会支持网络包括邻里参与、友谊、家庭生活 3 个二级指标。

社会赋权因素：测量的子领域包括知识基础、社会冲突、参与社会组织与权益维护、社会信心与言论自由。其中，知识基础包括信息的可获得性和信息的方便性2个二级指标；社会冲突包括群体间冲突1个二级指标；参与社会组织与权益维护包括对社会组织作用的认识、社会组织参与、权益受到侵害时的维权方式和权益受到侵害时的维权渠道4个二级指标；社会信心包括社会信心的基础和生活信心2个二级指标；言论自由包括自主表达意见1个二级指标。

通过对上述条件性因素中的不同领域、子领域和具体指标的设定，欧洲社会质量研究完成了其详细而丰富的指标体系的建构工作。

二　上海社会质量的测量指标

欧洲社会质量在传播到亚洲等国家和地区时，以韩国学者为主导的亚洲社会质量研究团队对欧洲社会质量指标体系进行了详尽而深入的检讨，剔除了一些明显与亚洲社会不相适应的指标，提出了一些增补和替代指标，在此基础上发展出了一套适合亚洲社会的亚洲社会质量调查问卷（SQSQ）。关于欧洲社会质量指标的亚洲化，中国台湾学者王丽容做了详尽的研究（王丽容，2011）。

需要指出的是，亚洲社会质量调查问卷（SQSQ）也不完全适合我国的社会质量研究，需要对很多指标进行补充和替代。对此，上海大学社会质量研究团队在深入研究之后，具体采用如下做法：①采用完全适合的指标，保留其原有的测量方式；②保留大部分共性指标，但对具体测量方法进行修改；③针对中国社会特质，新增部分指标和测量方法，主要集中在社会赋权领域。

在2010年调查基础上，又根据第一次调查反映出来的问题，对指标进行调整，用改进后的社会质量指标体系实施2013～2014年上海社会质量调查。对这些指标的分析成为本书的主要内容。

需要说明的一点是，社会质量指标体系中，有些是统计数据，这些数据不是调查能够获得的。本书只分析调查数据体现出来的社会质量状况，需要统计数据呼应和补充的部分，书中也有所体现，但并不是与社会质量有关的统计数据会全部涉及。

上海社会质量指标体系及其与欧洲社会质量指标的异同具体见表2-1。

表2-1　上海社会质量指标体系

领域	一级指标	二级指标	三级指标	欧洲社会质量指标	上海社会质量2010	上海社会质量2013
社会经济保障	金融资源	收入充足性	用于健康、服装、食品、住房的家庭收入	√	√	√
			主观收入充足性		√	√
			收入充足性的客观指标		√	√
		收入保障	个人生活事件影响家庭贫困风险的可能性大小	√		
			那些收到(免入息审查、现金和服务的)福利津贴以确保其生活在欧盟贫困线水平以上的家庭在各国总人口中所占的比例	√		
			收入替代比			
			收入不平等		√	
	住房与环境	住房保障	能够维持其住宅的人在人口总数中所占的比例	√		
			隐性家庭的比例(即一定数量的家庭成员在同一房屋居住的比例)	√		
			房屋所有权		√	√
			房屋负担能力		√	
		住房条件	每个家庭成员所占用的单位居住面积(家庭成员/平方米)	√	√	√
			居住在没有基础设施(水、卫生和电力)的房屋中的人口所占的比例	√	√	√
		环境条件	那些居住在遭受污染(水、空气和噪声污染)的地方的家庭所占的比例	√		
			受环境风险或自然灾害威胁的主观认知			
			对政治稳定性、武装冲突和恐怖袭击的主观感知			
			每一万名居民中遭受犯罪侵害的人数	√		
			对居住区的满意程度		√	√
	健康与照顾	健康供给保障	法定或自愿医疗保险所覆盖的人口	√		
		健康服务	每一万名居民中医生/护士的数量	√		
			去医院的平均距离	√	√	
			救护车的平均反应时间	√		
			上一次就医选择的医院类型		√	
			居民对医疗情况的满意度		√	
		照顾与服务	花费在有偿护理和无偿护理上的平均时间	√		

领域	一级指标	二级指标	三级指标	欧洲社会质量指标	上海社会质量2010	上海社会质量2013
社会经济保障	就业	就业保障	雇主更改劳动关系/劳动合同条款和条件前通知被雇者的时间长度	√		
			雇主在终止劳动合同前通知被雇者的时间长度	√	√	√
			雇用的临时工在被雇者中所占的比例	√		
			非法劳动力的比例	√		
			拥有失业保险的劳动力比例		√	√
			失业率			
			未来6个月内失业的可能性		√	√
			全职就业的人口比例		√	√
		工作环境	出于下述原因减少工作时间并得到同意的员工数（父母离世、为亲属的医疗救治提供帮助）	√		
			每十万名劳动者中发生工伤（致命/非致命）的数量（如果可能,提供每个部门的资料）	√		
			从事全职工作的员工每周（实际工作周）工作的小时数	√	√	
社会凝聚	信任	一般信任	大多数人能够被信任的程度	√	√	√
		特殊信任	对不同社会角色（如朋友、家人、邻居、警察等）的信任		√	√
			对社会组织/媒体的信任,如政府、选举代表、政党、军队、法律制度、媒体、工会、警察、宗教机构、公共服务和经济交易组织	√		
			诉诸欧洲法庭的案件数	√	√	
			家庭、朋友、休闲、尊敬父母、政治以及父母对子女的责任的重要性			√
		制度性信任	食品/药品安全问题			√
			个人隐私泄露			√
	其他整合的规范与价值观	利他主义	自愿献血的人口比例	√	√	√
			志愿服务：每周利他服务的小时数	√		
			参与志愿活动的人口比例		√	√
		社会契约	对导致贫穷原因的认识：个人或结构	√	√	√
			是否愿意上缴更多的税款——如果它能改善穷人的境况	√	√	√
			为社区/邻居做些实事的愿望：捡垃圾,帮助社区的老年人、残疾人和病人购物,帮助社区成员填写（税单等）表格,打扫街道/门廊/过道	√	√	√
			男女家务分工：你和配偶在家务分工、养育子女和赚取家庭收入方面是否达成共识	√		
			见义勇为的意愿,如：遇见别人遭到抢劫,挺身而出；有人遭遇交通事故,送她/他去医院		√	√

领域	一级指标	二级指标	三级指标	欧洲社会质量指标	上海社会质量2010	上海社会质量2013
社会凝聚	社会网络	网络	政治、自愿组织等的参与情况	√	√	√
	社会认同	国家的/欧洲的认同	民族自豪感	√	√	√
			对欧洲和民族/亚洲人的认同感	√	√	
			有移民意愿的人口比例		√	√
		区域/社区/地方认同	地域、社区和地方认同感	√		
		人际关系认同	对家庭和亲属网络的归属感	√		
	社会宽容	对移民和文化差异的接受程度	是否愿意与吸毒者、外地务工者/移民、同性恋者、有犯罪记录者、精神病患者做邻居		√	√
			对农村人和城里人的看法		√	√
			对本地人和外地人的看法		√	√
社会包容	公民权	宪法/政治权利	享有公民权的居民比例	√		
			享有地方选举权并实际参与选举的居民比例	√		
			各类群体性活动实际参与情况和参与意愿		√	√
		社会权利	有权获得公共养老金的人口比例(养老金由政府支出)	√		
			男女收入比例	√		
		公民权利	享有获得无偿法律咨询权利的人口比例	√		
			遭受歧视的人口比例	√	√	√
			对男性和女性的看法		√	√
		经济和政治的网络	少数种族/群体被选举或任命为议会、私人公司和基金会董事会成员的比例	√		
			女性被选举或任命为议会、私人公司和基金会董事会成员的比例	√		
	劳动力市场	获得有偿就业	长期失业者在失业人口中的比例	√		
			非自愿不稳定就业者在就业人口中的比例	√		
	服务	健康服务	享有基本公共健康照顾权利的人口比例	√		
		住房	无家可归者的比例	√		
			社会住房的平均等待时间	√		
		教育	中学入学率和高等教育入学率	√		
		社会照顾	有需要者获得照顾服务的人口比例	√		
			有需要者获得照顾服务所需的平均等待时间	√		
			老人照料和儿童照料服务的平均等待时间	√		
			家庭中是否有成员需要长期看护		√	√
			居民对社会照顾的态度		√	√

续表

领域	一级指标	二级指标	三级指标	欧洲社会质量指标	上海社会质量2010	上海社会质量2013
社会包容	社会支持网络	金融服务	不同收入等级中被拒绝贷款的群体比例	√		
			照顾需求得到现金支持或建议的可及性	√		
		交通	能够使用公共交通的人口所占的比例	√		
			公共交通系统的密度和公路密度	√		
		公民/文化服务	每一万名居民中享受公共体育设施的数量	√		
			每一万名居民中享受公共/私人文化服务和文化设施的数量	√		
		邻里参与	经常与邻居接触的人口比例	√	√	
		友谊	经常与朋友和同事（非事务性）接触的人口比例	√	√	√
			感受到孤独/孤立的人口比例	√	√	√
		家庭生活	与亲属（共同居住和非共同居住）保持联系的频率	√	√	√
			不同类型家庭受到的非正式（非货币）援助	√		
社会赋权	知识基础	知识应用	在多大程度上社会流动是由知识背景（根据正式学历）造成的	√		
		信息的可获得性	具备识字和计算能力的人口比例	√	√	
			免费媒体的可获得性	√		
			网络可及性	√		
		信息的方便性	互联网的使用率或每个家庭的互联网使用率		√	√
			用多种语言提供社会服务信息	√		
			自由倡议、提议的可能性	√		
	劳动力市场	雇佣合同控制	是工会成员的劳动力比例	√		
			签订集体协议的劳动力比例	√		
		工作流动前景	接受工作培训的雇佣劳动力比例	√		
			接受政府提供的培训（不仅仅限于技能培训）的劳动力比例（如果付费请注明）	√		
			参与"回到工作计划"的劳动力比例	√		
		工作和家庭生活相协调	实施工作与家庭生活相协调政策的组织和单位在各种工作单位中所占的比例	√		
			为此采取具体措施的单位和雇员所占的比例	√		
	制度的开放性和支持性	政策系统的开放性和支持性	是否有咨询和直接的民主过程（例如，普选）	√		
		经济系统的开放性	实际参与主要经济决策（例如关于公司搬迁、外来投资和工厂关闭等的公众听证会）的公众的数量	√		
		组织的开放性	有工作委员会的组织和机构在组织中所占的比例	√		

续表

领域	一级指标	二级指标	三级指标	欧洲社会质量指标	上海社会质量2010	上海社会质量2013
社会赋权	公共空间	对集体行动的支持	国家和地方用于自愿和非营利性居民活动的政府开支在公共预算中所占的比例	√		
			过去12个月中被禁止的示威游行在所有游行（已举行的和被禁止的）中所占的比例	√		
		文化丰富性	国家和地方投入文化活动的预算比例	√		
			自治文化团体和组织活动的数量	√		
			定期以不同形式进行文化活动的人口比例	√		
	人际关系	支持个人生理的和社会自立的服务	国家和地方对残障人群（身体的和精神的）的公共开支在中央和地方政府预算中所占的比例	√		
		个人服务的支持	学龄前和已上学儿童的护理水平	√		
		社会互动的支持	住房环境设计（聚会场所、照明、布局）的开放程度	√		
	社会冲突	群体间冲突	对当官的人与老百姓、富人与穷人、社会声望高的人与社会声望低的人的关系的看法			√
	参与社会组织与权益维护	对社会组织作用的认识	社会组织的作用			√
		社会组织参与	居民参与社会组织的情况		√	√
		权益受到侵害时的维权方式	权益受到侵害时会采取何种方式			√
		权益受到侵害时的维权渠道	业委会、工会在权益维护中的作用		√	√
	社会信心	社会信心的基础	收入差距是否扩大			√
			阶层利益冲突是否会激化			√
			改革开放的获利群体			√
		生活信心	对未来改善生活是否有信心		√	√
	言论自由	自主表达意见	能否自主、公开地表达意见		√	√

第三节 抽样方案

2010年6~8月上海大学上海社会科学调查中心进行的社会质量调查，采用概率与规模成比例抽样（PPS）的方法，在上海抽取12个区作为初级抽样单元

（PSU），在每个抽选出的初级抽样单元（区/县）中抽出 4 个村委会/居委会作为二级抽样单元，在每个抽选出的二级抽样单元（村委会/居委会）中抽出 28 个家庭作为最终抽样单元。最终的受访者为个人，由调查员在进入家庭之后按照生日法（即在家庭成员中抽取生日距离 7 月 1 日最近的作为受访者）现场确定 1 人作为访问对象。最终完成 1128 份有效问卷。

2013 年的调查对抽样方法进行了调整，主要考虑上海作为直辖市，下属 18 个区、1 个县，城市化程度高、地域分布也比较集中，所以抽样时不再区分城乡，加之各区县地域范围和人口差别很大，采用跳过区县直接以街道/乡镇单位作为初级抽样单元（PSU）的办法，以利于抽样元素的差异化分布，减少抽样误差。具体操作方法为：采用街道/乡镇名单按概率与规模成比例抽样（PPS）的方法直接抽取街道/乡镇；以居民委员会、村民委员会为二级抽样单元，在每个街道、乡镇抽取 2 个居委会/村委会；在每个居委会/村委会按地图法随机抽取 25 个家庭，在每个家庭户中按照 KISH 表确定 1 人为访问对象，最终完成 14 个区县 837 份有效问卷。

两次调查的受访者为年龄在 18～69 岁的上海常住人口。通过样本的基本情况描述（见表 2－2）与有关统计数据比较可以发现，样本具有一定的代表性。

表 2－2　样本的基本情况描述

基本特征	2010 年	2013 年
性别(女性,%)	51.06	47.24
年龄(均值,岁)	43.76	45.52
个人收入(年平均,元)	37376.53	52498.59
家庭收入(年平均,元)	80252.84	103101.50
婚姻(已婚,%)	74.13	77.13
家庭人口数(均值,人)	2.76	3.31
户籍情况(上海本地户籍,%)	79.84	70.38

第三章　社会经济保障

社会经济保障是指人们获取可用来提升个人作为社会人进行互动所必需的物质资源和环境资源的可能性。社会经济保障不仅依赖于能够维持体面生活的足够收入（社会保障），而且依赖于所获得的必要服务（如公共基础设施、交通、教育、医疗、住房等）和经济、社会、文化权利方面（比如安全的工作环境）的满足感。充足的社会经济保障是社会包容和获取市民身份的先决条件之一，同时相比社会保险、基本的收入保障这样狭义的保障而言，社会经济保障是一个更为宽泛的概念。

在社会经济保障领域，用来测量的一级指标包括金融资源、住房与环境、健康与照顾、就业。在每个一级指标下还有具体的二级指标。金融资源的二级指标包括收入充足性和收入保障。住房与环境的二级指标包括住房保障、住房条件和环境条件。健康与照顾的二级指标包括健康供给保障、健康服务和照顾与服务。就业的二级指标包括就业保障和工作环境。

第一节　金融资源

收入充足性和收入保障是金融资源的二级指标。

一　收入充足性

收入充足性包括主观收入充足性、收入充足性的客观指标和用于健康、服装、食品、住房的家庭收入这三个指标。

（一）主观收入充足性

主观收入充足性主要通过居民家庭收支状况、居民主观认同家庭收入在本地的层次指标来测量。

1. 居民家庭收支状况

上海居民家庭主观收入充足性有所下降。2010年上海居民家庭有余款可储蓄的比例超过一半，而勉强维持生活的居民家庭比例则不到40%；而2013年居民家庭有余款可储蓄的比例为47.52%，与2010年相比下降了6.69个百分点，并且勉强维持生活、需要动用储蓄和需要借款维持生计的居民家庭比例分别上升了3.38个、2.83个和0.48个百分点（见图3－1）。

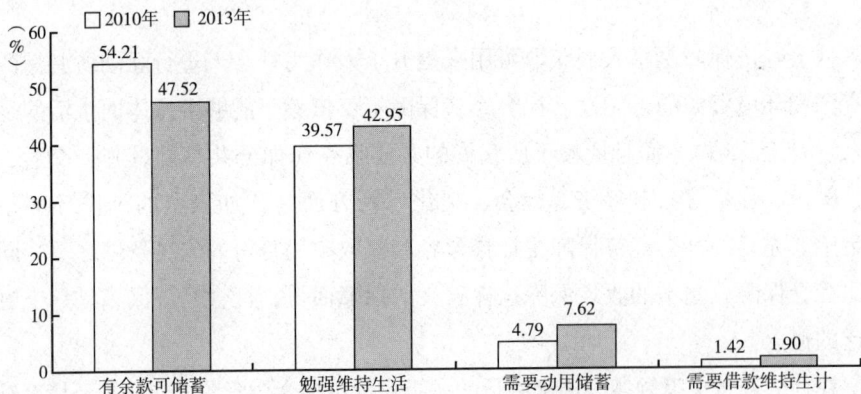

图3－1　2010年、2013年上海居民家庭收支状况

2010年各区居民家庭收支状况较好。数据显示，除黄浦区和静安区外，各区均有超过一半的居民家庭有余款可储蓄，其中闵行区比例最高，达到62.16%；勉强维持生活的居民家庭比例在40.00%左右，其中闸北区比例最高，闵行区比例最低；静安区、杨浦区需要动用储蓄的居民家庭比例远高于其他区；需要借款维持生计的居民家庭比例不到4.00%（见表3－1）。

在2013年调查的14个区县中，闸北区居民家庭收支状况较好，66.00%的家庭当年有余款可储蓄，远高于其他区县；松江区、徐汇区居民家庭收支状况较差，有余款可储蓄的居民家庭比例均不到40.00%，而勉强维持生活的居民家庭比例大体在50.00%左右，松江区最高，为63.49%。

比较两年的数据可以发现，闸北区、静安区、黄浦区居民家庭收支状况有所改善，而徐汇区、闵行区、普陀区居民家庭收支状况则略有恶化。

表3－1　2010年、2013年上海各区县居民家庭收支状况

单位：%

区县	有余款可储蓄		勉强维持生活		需要动用储蓄		需要借款维持生计	
	2010年	2013年	2010年	2013年	2010年	2013年	2010年	2013年
宝山区	50.91	46.90	43.64	45.13	1.82	5.31	3.64	2.65
虹口区	55.77	54.00	38.46	36.00	5.77	6.00	0	4.00
黄浦区	47.93	50.00	45.45	40.38	5.79	9.62	0.83	0
静安区	48.84	56.67	41.86	40.00	9.30	3.33	0	0
普陀区	56.42	48.00	36.70	48.00	5.50	4.00	1.38	0
浦东新区	57.83	52.35	36.14	34.71	4.82	9.41	1.20	3.53
徐汇区	50.85	38.61	44.92	47.52	1.69	13.86	2.54	0
杨浦区	52.48	51.52	36.88	37.37	8.51	10.10	2.13	1.01
闸北区	51.81	66.00	45.78	26.00	2.41	8.00	0	0
闵行区	62.16	49.08	35.14	43.52	1.35	4.63	1.35	2.78
长宁区	58.93	—	35.71	—	3.57	—	1.79	—
崇明县	—	46.51	—	46.51	—	6.98	—	0
嘉定区	—	43.42	—	47.37	—	9.21	—	0
金山区	—	40.00	—	55.56	—	2.22	—	2.22
松江区	—	25.40	—	63.49	—	4.76	—	6.35

2. 居民主观认同家庭收入在本地的层次

主观认同家庭收入在本地的层次是测量家庭主观收入充足性的另一个指标。这一指标进一步佐证了上海居民家庭主观收入充足性有所下降。

2010年，主观认同家庭收入在本地属于上层或中上层的居民比例较低，仅为5.06%。绝大部分居民认为家庭收入在本地属于中层或中下层，认为家庭收入在本地属于下层的居民比例为21.05%（见图3－2）。

数据显示，2013年，主观认同家庭收入在本地属于上层或中上层的居民比例均下降了，而认为家庭收入在本地属于中层的居民比例进一步上升至46.57%，认为家庭收入在本地属于下层的居民比例虽然下降了4.86个百分点，但其比例仍远远高于上层和中上层的总和。

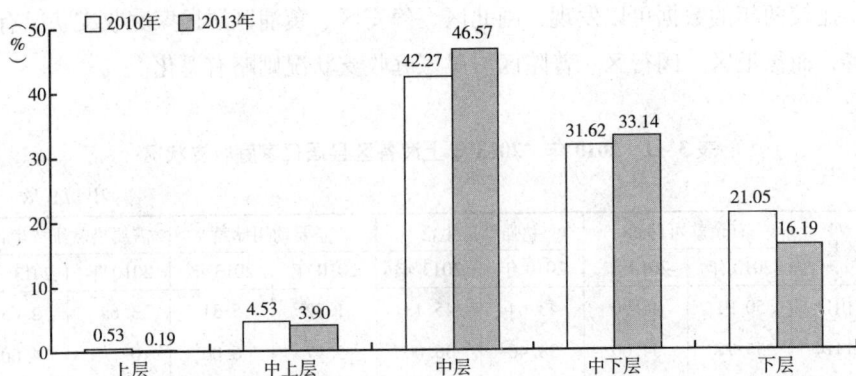

图 3-2 2010 年、2013 年上海居民主观认同家庭收入在本地的层次

（1）各区县居民主观认同家庭收入在本地的层次

通过比较各个区的数据我们发现，除闸北区、宝山区和浦东新区居民外，其余各区居民认为自己家庭收入在本地属于上层或中上层的比例均有所下降。此外，宝山区和徐汇区居民认为自己家庭收入在本地属于中层的比例则明显上升，增幅在 10 个百分点以上。值得注意的是，除个别区（普陀区和闵行区）外，绝大部分区的居民认为自己家庭收入在本地属于下层的比例均有所下降，其中闸北区、杨浦区和徐汇区最为明显（见表 3-2）。

表 3-2 2010 年、2013 年上海各区县居民主观认同家庭收入在本地的层次

单位：%

区县	上层		中上层		中层		中下层		下层	
	2010 年	2013 年	2010 年	2013 年	2010 年	2013 年	2010 年	2013 年	2010 年	2013 年
宝山区	0	0.88	3.64	3.54	29.09	40.71	45.45	40.71	21.82	14.16
虹口区	0	0	5.77	4.00	44.23	44.00	34.62	38.00	15.38	14.00
黄浦区	1.65	0	3.31	0	39.67	46.15	33.06	42.31	22.31	11.54
静安区	0	0	6.98	3.33	53.49	56.67	20.93	30.00	18.60	10.00
普陀区	0.92	0	5.53	4.00	36.87	38.00	37.33	38.00	19.35	20.00
浦东新区	0	0.59	3.61	4.71	47.59	50.00	31.33	27.65	17.47	17.06
徐汇区	0.85	0	5.93	3.96	39.83	51.49	25.42	28.71	27.97	15.84
杨浦区	0.71	0	5.67	4.04	48.23	44.44	24.82	43.43	20.57	8.08
闸北区	0	0	3.61	8.00	38.55	40.00	28.92	44.00	28.92	8.00
闵行区	0	0	4.05	3.70	54.05	48.15	29.73	30.56	12.16	17.59
长宁区	0	—	0	—	35.71	—	35.71	—	28.57	—

区县	上层		中上层		中层		中下层		下层	
	2010 年	2013 年	2010 年	2013 年	2010 年	2013 年	2010 年	2013 年	2010 年	2013 年
崇明县	—	0	—	2.33	—	53.49	—	27.91	—	16.28
嘉定区	—	0	—	6.58	—	48.68	—	25.00	—	19.74
金山区	—	0	—	0	—	37.78	—	33.33	—	28.89
松江区	—	0	—	3.17	—	49.21	—	20.63	—	26.98

（2）客观家庭收入与主观认同家庭收入在本地的层次

根据 2010 年和 2013 年的调查数据资料，将被调查的城镇居民家庭按收入五等分组，各组所占比重均为 20%，由低到高排列，分别为低收入户、中低收入户、中等收入户、中高收入户和高收入户。

居民家庭主观认同家庭收入层次存在向下偏移的趋势。2010 年中等收入户认为家庭收入在本地属于上层的比例最高，为 1.42%，高于高收入户。4.70% 的中高收入户认为家庭收入在本地属于上层或中上层，这一比例低于中等收入户（5.67%）。67.16% 的高收入户认为家庭收入在本地属于中层，其次为中高收入户（47.42%）和中等收入户（41.98%），低收入户的主观收入充足性最差，近 50.00% 的居民认为家庭收入在本地属于下层（见表 3-3）。

表 3-3　2010 年不同收入居民家庭主观认同家庭收入在本地的层次

单位：%

	低收入户	中低收入户	中等收入户	中高收入户	高收入户
上　层	0.46	0	1.42	0.47	0.50
中上层	2.74	1.29	4.25	4.23	8.46
中　层	23.29	31.47	41.98	47.42	67.16
中下层	25.11	39.66	34.91	40.38	19.40
下　层	48.40	27.59	17.45	7.51	4.48
合　计	100.00	100.00	100.00	100.00	100.00

从主观认同家庭收入在本地的层次来看，2013 年居民家庭主观收入充足性有所提升。数据显示，2013 年认为家庭收入在本地属于下层的居民家庭比例明显减少，其中低收入户和中低收入户分别减少了 14.54 个和 8.69 个百分点。高收入户认为家庭收入在本地属于上层和中上层的比例均有所下降，但认为属于中上层的比例在各群体中仍然最高（见表 3-4）。

表 3 - 4　　2013 年不同收入居民家庭主观认同家庭收入在本地的层次

单位：%

	低收入户	中低收入户	中等收入户	中高收入户	高收入户
上　层	0	0.39	0	0.50	0
中上层	1.59	2.36	3.57	5.00	7.92
中　层	31.08	39.76	47.14	55.50	65.35
中下层	33.47	38.58	35.71	32.50	24.26
下　层	33.86	18.90	13.57	6.50	2.48
合　计	100.00	100.00	100.00	100.00	100.00

（二）收入充足性的客观指标

上海居民的客观收入充足性有所提升。调查数据显示，2013 年上海居民个人平均年收入为 43015.75 元，这一数据与官方公布的数据基本一致，① 与 2010 年相比增长了 15.09%（见图 3 - 3）。此外，2013 年上海居民家庭平均年收入与 2010 年相比增幅也在 15% 以上，达到 93648.86 元。

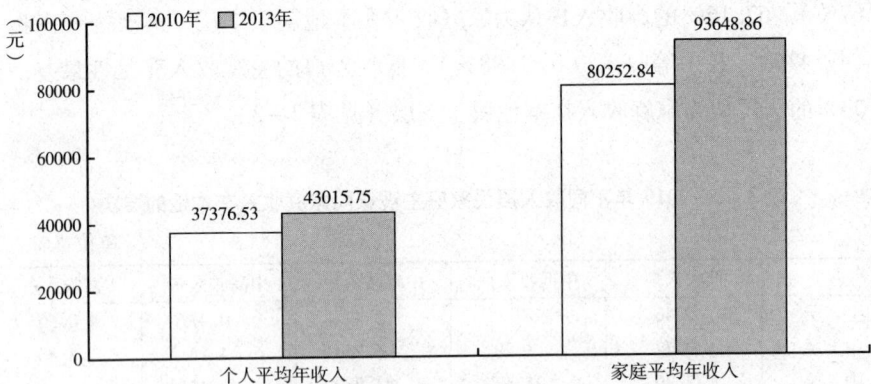

图 3 - 3　　2010 年、2013 年上海居民个人及家庭平均年收入情况

1. 各区县居民收入水平

2010 年，上海居民个人平均年收入为 37376.53 元。宝山区、虹口区、普陀区、徐汇区、闸北区、长宁区居民个人平均年收入在平均水平以下，黄浦区、静安区、浦东新区、杨浦区、闵行区居民个人平均年收入在平均水平以上。其中，

---

① 根据《上海统计年鉴》（王建平、马俊贤，2014），2013 年上海居民家庭人均可支配收入为 43851 元。

静安区居民个人平均年收入在 11 个区中最高，为 43860.00 元，闸北区居民个人平均年收入最低，仅 28437.04 元。

2013 年，上海居民个人平均年收入为 43015.75 元。静安区居民个人平均年收入在 14 个区县中依然居首位，为 65717.33 元，松江区居民个人平均年收入最低，仅 21434.32 元。此外，普陀区、闵行区、崇明县、嘉定区、金山区居民个人平均年收入也在平均水平以下。

从 2010 年到 2013 年，除闵行区外，各区居民个人平均年收入均有不同程度的增长（见表 3 - 5）。其中，闸北区增幅最大，为 68.99%；其次是宝山区、徐汇区、静安区，增长率都在 50% 左右；浦东新区增幅最小，不到 10%。

表 3 - 5　2010 年、2013 年各区县居民个人平均年收入

单位：元

区县	2010 年	2013 年	区县	2010 年	2013 年
宝山区	31473.45	48017.70	闸北区	28437.04	48056.96
虹口区	34214.90	44585.00	闵行区	38790.16	34982.52
黄浦区	42979.66	48832.31	长宁区	35523.57	—
静安区	43860.00	65717.33	崇明县	—	26970.23
普陀区	36513.04	41158.00	嘉定区	—	34529.61
浦东新区	39463.77	43255.36	金山区	—	37742.22
徐汇区	37147.13	57612.87	松江区	—	21434.32
杨浦区	38608.24	47828.28			

家庭收入方面，各区县居民家庭收入均有不同程度的增长。其中静安区和闸北区居民家庭收入增长最为明显（见表 3 - 6）。

表 3 - 6　2010 年、2013 年各区县居民家庭平均年收入

单位：元

区县	2010 年	2013 年	区县	2010 年	2013 年
宝山区	72007.27	99012.86	闸北区	62175.31	122956.00
虹口区	85859.61	93156.00	闵行区	62175.31	83389.07
黄浦区	82602.74	89655.38	长宁区	67889.29	—
静安区	74466.67	188440.00	崇明县	—	62550.70
普陀区	76723.51	81585.20	嘉定区	—	74490.92
浦东新区	91221.79	98455.84	金山区	—	76786.67
徐汇区	79777.89	109128.70	松江区	—	52806.10
杨浦区	82464.62	100683.80			

2010 年，上海居民家庭平均年收入为 80252.84 元。宝山区、静安区、普陀区、徐汇区、闸北区、闵行区和长宁区居民家庭平均年收入均在平均水平之下，虹口区、黄浦区、浦东新区、杨浦区居民家庭收入状况较好，其中浦东新区居民家庭平均年收入最高，为 91221.79 元。

2013 年，上海居民家庭平均年收入为 93648.86 元，静安区、徐汇区、杨浦区、闸北区居民家庭平均年收入都在 10 万元以上，其中静安区最高。虹口区、黄浦区、普陀区、闵行区、崇明县、嘉定区、金山区、松江区居民家庭平均年收入均未达到平均水平，其中松江区最低，仅为 52806.10 元。

2. 职业与个人收入水平

根据 2010 年在职居民的收入数据，不同职业群体收入差距较大，企业管理人员平均年收入最高，是其他职业群体（未分类人员、机关单位负责人、事业单位负责人、商业人员、办事人员、专业技术人员）平均年收入的 2 倍多，是收入最低的农林牧渔业人员平均年收入的 11 倍，服务业人员和产业工人的收入也较低，平均年收入均不到 3 万元（见表 3-7）。大部分职业群体（未分类人员、机关单位负责人、事业单位负责人、商业人员、办事人员、专业技术人员）的平均年收入都在 5.5 万元左右。

表 3-7　2010 年上海各职业类别群体平均年收入

单位：元

职业类别	平均年收入	职业类别	平均年收入
企业管理人员	122016.00	办事人员	50945.09
未分类人员	59290.00	专业技术人员	50515.88
机关单位负责人	58500.00	产业工人	26208.70
事业单位负责人	56200.00	服务业人员	24646.73
商业人员	53605.67	农林牧渔业人员	11000.00

根据 2013 年在职居民的收入数据，企业管理人员的平均年收入最高，为 111479.00 元。其次为中、高级专业技术人员（72072.00 元）和国家机关/党群组织/事业单位负责人（63833.33 元）；一般专业技术人员的平均年收入也较高，高于上海市平均年收入水平。而办事人员和有关人员、小业主/自雇者、未分类人员、工人（包括技术工人和一般工人）和农民的平均年收入均未达到上海市平均水平，其中农民的平均年收入最低，不到企业管理人员平均年收入的十分之一。

表 3 - 8　2013 年上海各职业类别群体平均年收入

单位：元

职业类别	平均年收入	职业类别	平均年收入
国家机关/党群组织/事业单位负责人	63833.33	办事人员和有关人员	38625.15
企业管理人员	111479.00	技术工人	31491.37
中、高级专业技术人员	72072.00	一般工人	31236.83
一般专业技术人员	55754.08	农民	10970.35
小业主、自雇者	37854.17	未分类人员	31680.00

通过以上分析，我们可以发现工人和农民的客观收入充足性明显不足。

调查数据显示，从 2010 年至 2013 年，上海各职业群体的居民收入都有所增长。虽然工人的平均年收入有所增加，但在各收入群体中依然处于较低的水平。产业工人的薪资水平较低。自 20 世纪八九十年代以来，工人的社会地位逐渐下降，2012 年上海市总工会的调查显示，[①] 55.1% 的上海居民明确表示不愿意自己的子女当工人，主要原因就是认为当工人"收入报酬低"、"社会地位低"。一般工人缺乏正式的培训和学习经历、知识技能无法满足岗位需求，使其无法获得较高的工资。因此，相关部门应着力在更广的范围内提高职工特别是一线技术工人的工资收入水平，以确保劳动者体面劳动，实现高质量就业。

上海城乡居民的收入仍然存在明显的差距，传统的农民仍然是典型的低收入群体。传统的农业生产面临新的考验，农民从农业中所获收益越来越少。近年来，上海加快了城乡一体化步伐，坚持工业反哺农业、城市支持农村和"多予、少取、放活"的方针，积极有序地推进"人口集中，产业集聚，土地集约利用"，加快转变农村生产生活方式。完善农村社会保障、建立健全农民增收长效机制、不断提高农民收入水平、逐步缩小城乡社会保障差异显得尤为重要。

3. 单位/企业类型与个人收入水平

根据 2010 年在职居民的收入数据，股份制企业员工的个人平均年收入最高，接近 7 万元；而个体经营者的平均年收入最低，刚刚超过 3 万元。私营企业、其他类型的企业、集体企业、外资/合资企业员工的平均年收入在 5 万元左右。各类型单位/企业员工的收入水平仍然存在一定差距（见图 3 - 4）。

---

①　周凯：《逾半上海人不愿子女当工人因地位收入低等原因》，http：//education. news. cn/2013 - 02/02/c_ 124313371. htm，最后访问日期：2013 年 2 月 2 日。

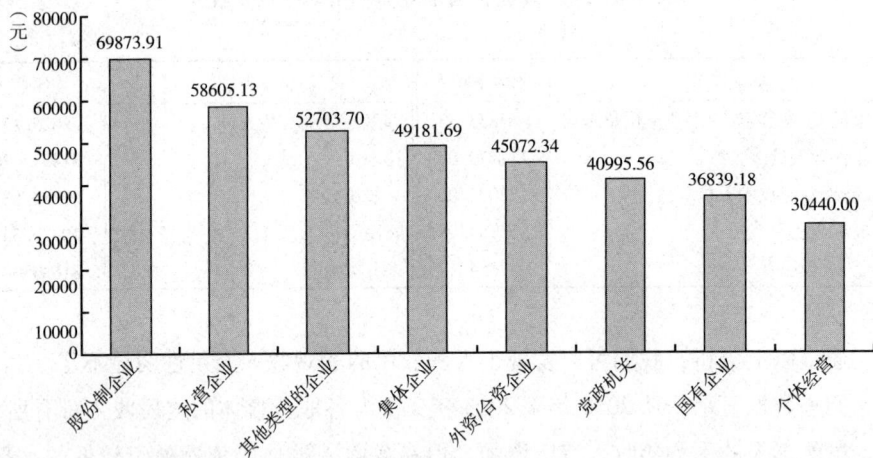

图 3 – 4　2010 年各类型单位/企业员工个人平均年收入

根据 2013 年在职居民的收入数据，从单位类型来看，在党政机关就职的员工的平均年收入最高，达 65346.15 元，其次为事业单位和企业（见表 3 – 9）。在社会团体就职的员工的平均年收入较低，不到 2 万元。

表 3 – 9　2013 年各类型单位/企业员工个人平均年收入

单位：元

单位/企业类型	平均年收入	单位/企业类型	平均年收入
党政机关	65346.15	无单位/自雇/自办（合伙）企业	47736.84
事业单位	56996.00	其他	34092.80
企业	56625.25	社会团体	16142.86

从所有制性质来看，2013 年在各所有制单位/企业就职的员工平均年收入差异较大（见表 3 – 10）。外资所有或外资控股单位/企业的员工平均年收入最高，为 69526.03 元。其他所有制单位/企业、国有或国有控股单位/企业、私有/民营或私有/民营控股单位/企业的员工平均年收入较高，均在 5 万元以上。集体所有或集体控股单位/企业的员工平均年收入最低，不到 4 万元。

表 3 – 10　2013 年各所有制单位/企业员工个人平均年收入

单位：元

所有制单位/企业	年收入	所有制单位/企业	年收入
外资所有或外资控股	69526.03	私有/民营或私有/民营控股	52473.20
其他	65346.15	港澳台资所有或港澳台资控股	38937.50
国有或国有控股	57542.17	集体所有或集体控股	38117.65

4. 受教育程度与个人收入水平

受教育程度与个人收入水平呈正相关关系：学历越高，个人收入水平越高（见表 3 – 11）。

2010 年上海居民平均年收入为 37376.53 元，其中高中/中专/技校及以下受教育程度居民的平均年收入均未达到平均水平。研究生及以上学历的居民平均年收入最高，为 84013.79 元；没有接受正式教育的居民平均年收入最低，不到 1 万元。

表 3 – 11　2010 年、2013 年不同受教育程度居民平均年收入

单位：元

受教育程度	2010 年	2013 年	受教育程度	2010 年	2013 年
研究生及以上	84013.79	142760.00	初中	24474.37	29069.51
本科	55921.69	76035.38	小学	30151.02	18729.73
大专	49046.30	61991.81	没有接受正式教育	7483.33	17083.89
高中/中专/技校	27303.39	35495.16			

2013 年，小学受教育程度及没有接受正式教育居民的平均年收入在 2 万元以下，初中、高中/中专/技校受教育程度居民的平均年收入略高，但仍不足 5 万元，均未达到当年上海居民平均年收入（43015.75 元）。学历为研究生及以上居民的平均年收入最高，在 14 万元以上。在加快建设具有全球影响力的科技创新中心的大背景下，上海对高素质人才的需求凸显，良好的教育背景在就业过程中显得尤为重要。

5. 城乡区域与家庭收入水平

城乡居民收入差距明显。调查数据显示，2013 年城市居民家庭平均年收入为 103678.10 元，几乎是农村居民家庭平均年收入的两倍。城乡收入差距存在，并且伴随着经济发展有逐步扩大的趋势。

城乡收入差距关系到经济社会的可持续发展和稳定，因此应该深化统筹城乡综合改革，缩小城乡差距。相关资料显示，我国的城乡收入差距经历了一个"U"字形的发展路径。2002年以来，我国城乡收入差距比一直在"3"以上，2007年达到改革开放以来的最高水平3.33∶1。从2010年开始城乡收入差距比开始下降，2013年全国城乡收入差距比降至3.03∶1。而根据《中国统计年鉴（2012）》的数据，2012年上海城乡收入差距比为3.93∶1，为全国最高。[①] 近年来，虽然城乡收入差距比有所回落，但城乡收入差距过大问题仍不容忽视。上海具有农村少、农民少、农业经济所占比重低的特点，进一步提高农民收入、落实各项措施是郊区最重要的民生任务。

2015年3月《中共上海市委、上海市人民政府关于推动新型城镇化建设促进本市城乡发展一体化的若干意见》认为，上海要当好全国改革开放的排头兵、科学发展先行者，就不能回避城乡之间不平衡、不协调发展的突出矛盾和现实问题。

（三）用于健康、服装、食品、住房的家庭收入

在上海居民日常消费支出方面，统计数据显示，2010年上海居民消费价格指数（CPI指数）比2009年上涨3.1个百分点，2013年则比2012年上涨2.3个百分点。我们的调查数据显示，从2010年至2013年，上海居民家庭生活各项支出费用上涨明显，总支出比2010年增长了24.48%，住房费用的绝对值翻了一番。通过分析各项支出的占比我们发现，住房费用的涨幅为7.26个百分点，在各项支出中涨幅最大。其中医疗费用、基本日常开销、人情费用的占比有所下降，基本日常开销的占比下降了3.38个百分点。经过多年医疗卫生体制改革，上海居民家庭医疗费用支出的压力逐步减轻，"看病贵"问题得到一定程度的缓解。

表3-12　2010、2013年度上海居民家庭各项支出情况

单位：元

项目	2010年	2013年
基本日常开销	26852.49（46.10%）	30975.85（42.72%）
子女花费	6417.06（11.02%）	8455.33（11.66%）
住房费用	6173.10（10.60%）	12946.67（17.86%）
医疗费用	4029.17（6.92%）	5008.19（6.91%）
旅游/健身/娱乐费用	3404.72（5.85%）	4445.14（6.13%）

① 《2012年城乡收入差距比：上海最高北京浙江紧随其后》，http://finance.people.com.cn/n/2013/0328/c1004-20942720.html，最后访问日期：2013年3月28日。

项目	2010 年	2013 年
人情费用	4137.12（7.10%）	4705.05（6.49%）
教育子女、赡养父母方面的花费*	7765.20（13.33%）	11718.95（16.16%）
购买图书资料	724.83（1.24%）	—
其他	—	2189.05（3.02%）
总支出	58248.38	72505.55

　＊2010 年问卷中分别询问的是"请人照顾父母和未成年子女方面的费用"和"教育费用"，表 3 - 12 中的数据为两项支出之和；2013 年分别询问的是"子女花费（教育费用、照顾费用等）"和"赡养父母方面的费用"，表 3 - 12 中的数据为两项支出之和。后同。

　注：括号内为该项支出占居民家庭年度总支出的百分比。

1. 各区县居民家庭支出水平

2010 年，上海居民家庭平均年总支出为 58248.38 元，其中黄浦区、静安区、普陀区、浦东新区、杨浦区居民家庭平均年总支出均在平均值以上，其中浦东新区居民家庭平均年总支出最高，为 72042.09 元，宝山区居民家庭平均年总支出最低，仅 42236.36 元。此外，长宁区、闸北区居民家庭的支出水平也较低。

2013 年，上海居民家庭平均年总支出增长至 72505.55 元，郊区、郊县的支出水平明显偏低，崇明县、松江区、金山区居民家庭平均年总支出不到 5 万元，其中崇明县最低，为 42672.09 元。中心城区居民家庭平均年总支出较高，其中闸北区居民家庭平均年总支出最高，为 91160.00 元，其次为杨浦区和浦东新区。

基于以上数据我们可以发现（见表 3 - 13），从 2010 年至 2013 年，各区县居民家庭平均年总支出上涨明显，其中闸北区居民家庭平均年总支出增幅最为明显，平均年总支出增加了一倍以上，其次为宝山区。普陀区、闵行区居民家庭平均年总支出涨幅不大。虹口区、静安区、徐汇区、杨浦区居民家庭平均年总支出涨幅在 30% ~50% 之间。

表 3 - 13　2010 年、2013 年上海各区县居民家庭平均年总支出情况

单位：元，%

区县	2010 年	2013 年	增长百分比
宝山区	42236.36	84247.96	99.47
虹口区	55001.12	73842.00	34.26
黄浦区	60486.11	67268.85	11.21

续表

区县	2010 年	2013 年	增长百分比
静安区	58400. 10	84783. 33	45. 18
普陀区	62852. 94	66884. 00	6. 41
浦东新区	72042. 09	87586. 00	21. 58
徐汇区	57134. 36	77070. 30	34. 89
杨浦区	60383. 40	88588. 38	46. 71
闸北区	43069. 63	91160. 00	111. 66
闵行区	51510. 47	54364. 81	5. 54
长宁区	43356. 25	—	
崇明县	—	42672. 09	—
嘉定区	—	59971. 32	—
金山区	—	49704. 44	—
松江区		48099. 05	

2. 城乡区域与支出水平

城市与农村居民家庭消费支出差异较大（见表 3 - 14）。不管在总支出还是分项支出上，城市居民家庭的消费支出远高于农村居民家庭。从各项支出占比来看，城市居民家庭由高到低分别是基本日常开销、住房费用、子女花费、旅游/健身/娱乐费用、医疗费用、人情费用、教育子女和赡养父母方面的费用、其他费用，农村居民家庭由高到低依次是基本日常开销、子女花费、住房费用、医疗费用、人情费用、教育子女和赡养父母方面的费用、旅游/健身/娱乐费用和其他费用。城市居民家庭的住房压力明显大于农村居民家庭，而子女教育支出对农村居民家庭的压力更大。农村居民家庭用于旅游/健身/娱乐费用等享受型消费的支出较低，不到总支出的 5%。

表 3 - 14　2013 年城乡居民家庭支出情况

单位：元

项　目	城　市	农　村
基本日常开销	33731. 95（42. 33%）	20158. 50（45. 49%）
子女花费	8842. 17（11. 10%）	6935. 21（15. 65%）
住房费用	15022. 77（18. 85%）	4788. 45（10. 81%）
医疗费用	5149. 34（6. 46%）	4453. 52（10. 05%）

续表

项　目	城　市	农　村
旅游/健身/娱乐费用	5245.88(6.58%)	1298.59(2.93%)
人情费用	4921.15(6.18%)	3855.87(8.70%)
教育子女、赡养父母方面的费用	3673.12(4.61%)	1654.46(3.73%)
其他	2482.68(3.12%)	1035.21(2.34%)
总支出	79679.51	44314.93

注：括号内为该项支出占居民家庭年度总支出的百分比。

3. 收入水平与支出水平

收入水平是影响消费水平的重要因素。收入水平是消费的基础和前提。一般来说，家庭收入水平越高，消费水平也越高。

2010年低收入户年支出总额为30866.23元，不足高收入户的1/3，中高收入户年支出总额近7万元，中低收入户和中等收入户年支出总额差距不大。

2013年，低收入户与高收入户之间的消费差距进一步拉大。高收入户年支出总额是低收入户的3.7倍，是中低收入户的2.6倍，是中等收入户1.8倍、中高收入户的1.8倍。

通过两年数据的比较可以发现（见图3-5），从2010年到2013年，高收入户的消费支出增幅明显，且远高于其他收入群体。而低收入户和中低收入户的消费水平无明显增长。

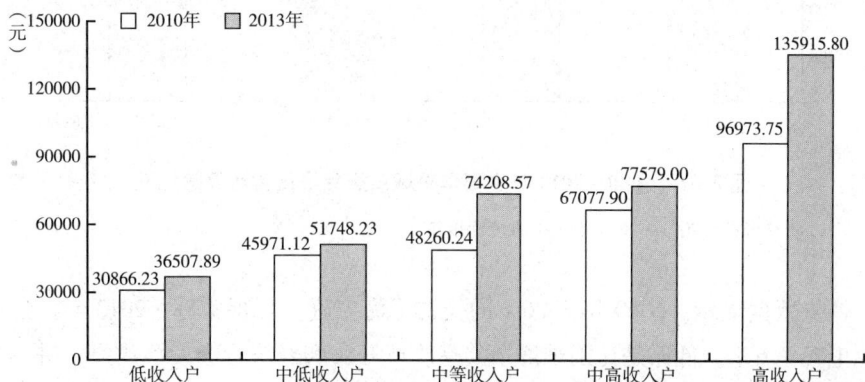

图3-5　2010、2013年不同收入户年支出总额

二　收入保障

收入保障（Income Security）包括 2 个指标：一是在家庭层面，特定的个人生活事件如何影响贫困所带来的风险，这方面的数据通过问卷调查不易获得；二是处于贫困线之上的家庭占总家庭户的比例，即低保家庭的比例。一个社会低保家庭①的情况能够较好地反映该社会收入保障的水平。

上海居民收入保障水平较高。1963 年 6 月 1 日，上海市率先建立了城市居民最低生活保障制度，开始了城市社会救济制度的改革。2010 年上海城镇居民最低生活保障标准为每人每月 450 元，2013 年上调至每人每月 640 元（见图 3 - 6）。根据《关于调整本市城乡居民最低生活保障标准的通知》（沪民救〔2015〕12 号），2015 年上海城乡居民最低生活保障标准从 4 月 1 日起统一调整为每人每月 790 元，城镇低保标准提高 11.27%，农村低保标准提高 27.42%。上海市城乡低保标准增加额为历年最高，且在全国率先实现省市级层面的社会救助标准城乡一体化。这意味着上海社会救助制度在政策体系和救助标准方面全面实现了城乡统筹发展。

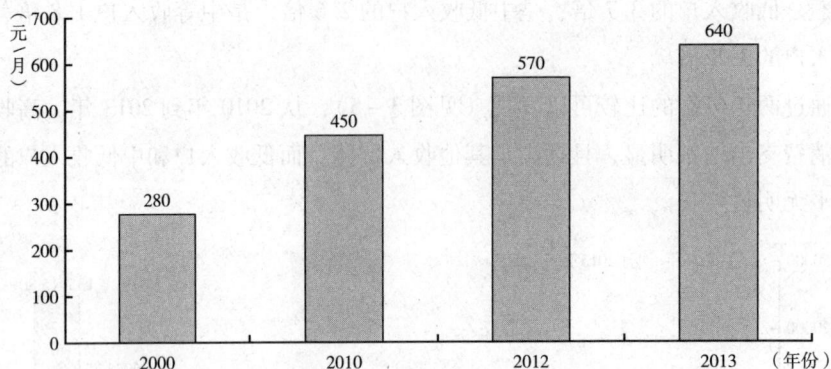

图 3 - 6　2000～2013 年主要年份城镇居民最低生活保障标准

资料来源：2001～2014 年《上海统计年鉴》。

调查数据显示，2010 年 4.26% 的受访上海家庭为低保家庭。2013 年，这一比例上升至 6%。低保是让困难群众共享改革开放和经济社会发展成果、进一步

---

① 低保家庭，是指家庭人均月收入低于市低保标准、享受国家最低生活保障补助的家庭。

加大民生保障力度的重要举措。

（一）各区县低保家庭比例

2010 年虹口区和黄浦区低保家庭比例较高，均超过 7.00%。宝山区、静安区、浦东新区、徐汇区、闸北区、长宁区均在 4.00% 左右，闵行区低保家庭比例最低（见表 3 – 15）。

表 3 – 15　2010 年、2013 年上海各区县低保家庭情况

单位：%

区县	2010 年	2013 年	区县	2010 年	2013 年
宝山区	3.64	6.19	闸北区	3.61	6.00
虹口区	7.69	4.00	闵行区	0	11.11
黄浦区	7.44	3.85	长宁区	3.57	—
静安区	4.65	3.33	崇明县	—	4.65
普陀区	3.20	12.00	嘉定区	—	7.89
浦东新区	3.61	7.06	金山区	—	6.67
徐汇区	4.24	0.99	松江区	—	6.35
杨浦区	5.67	2.02			

2013 年，普陀区的低保家庭比例最高，为 12.00%。低保家庭比例较低的区有徐汇区、杨浦区、黄浦区、静安区，都不到 4.00%，其中徐汇区最低。

总体看，从 2010 年至 2013 年，上海市各区县低保家庭比例有不同程度的增加，仅少数区（虹口区、黄浦区、静安区、徐汇区、杨浦区）有所下降。

（二）上海市低保家庭经济状况

根据两年的调查数据，我们进一步分析了上海市低保家庭的经济状况。在 2010 年受访的 1128 户家庭中，低保家庭占 4.26%，共 48 户；2013 年低保家庭比例上升到 6.00%，为 63 户（见表 3 – 16）。

低保家庭客观收入充足性有所上升。2010 年上海低保家庭平均年收入为 34820.43 元，而 2013 年则上涨至 54098.10 元，增长了 55.36 个百分点。

主观收入充足性均有所下降。从 2010 年到 2013 年，虽然上海低保家庭中需要借款维持生计的家庭比例下降了 13.57 个百分点，但是勉强维持生活和需要动用储蓄的家庭比例却分别上涨了 16.27 个百分点和 0.59 个百分点，且有余款可储蓄的家庭比例下降了 3.37 个百分点。

表 3 – 16　2010 年、2013 年上海市低保家庭经济状况

	2010 年	2013 年
总户数(户)	1128	1050
低保家庭数(户)	48	63
低保家庭所占比例(%)	4.26	6.00
家庭平均总收入(元/年)	34820.43	54098.10
家庭平均总支出(元/年)	39234.56	58330.16
主观收入充足性(%)		
有余款可储蓄	20.83	17.46
勉强维持生活	58.33	74.60
需要动用储蓄	4.17	4.76
需要借款维持生计	16.67	3.17

第二节　住房与环境

住房保障、住房条件和环境条件是住房与环境的二级指标。

一　住房保障

是否拥有自有住房是住房保障的主要指标之一。2013 年中国家庭金融调查与研究中心发布报告指出，2013 年中国城镇地区住房自有率[①]高达 87%，但自有住房空置率为 22.4%。根据相关研究，通常经济发达国家住房自有率低，而发展中国家的住房自有率高，这可能与人口流动性相关。目前，住房自有率最低的国家是瑞士，1990 年，住房自有率低至 31%，紧随其后的是瑞典和德国；而住房自有率最高的是亚美尼亚，1998 年最高时达 96.3%。

根据调查数据，上海居民的住房自有率从 2010 年的 71.90% 下降到 2013 年的 58.25%（见表 3 – 17）。我国一线城市居民的住房自有率一直较其他城市低，这与一线城市外来人口总量大、流动性大有关系。此外，一线城市房价更高，置业门槛偏高，而近年来推出的限购限贷政策，也使越来越多的外来人口选择租房居住。

---

① "住房自有率"是国际上考察居民居住条件的常用指标，指居住在自有产权住房的家庭户数占全部住房家庭户数的比例。其计算公式为：住房自有率 =（居住于自有产权的住房家庭户数/全部住房家庭户数）×100%。

表 3 −17　2010 年、2013 年上海居民住房类型*

单位：%

住房类型	2010 年	2013 年
自有住房	71.90	58.25
租住私房	24.73	23.83
租住公房	1.42	6.86
其他	1.95	11.06

* 两年问卷对于住房类型的测量不同。2010 年问卷中住房类型包括：（1）自有住房；（2）租住（不含廉租房）；（3）廉租房或经济适用房；（4）其他。而 2013 年问卷中住房类型则包括：（1）自购商品房；（2）自建房；（3）租住公房（公租房、廉租房）；（4）租住私房；（5）借住他人住房；（6）其他。为了便于比较，我们将 2013 年问卷中的自购商品房和自建房合并为自有住房。此外，2013年数据中"其他"类型的住房占比高达 11.06%，其中主要包括售后公房、房改房、拆迁房等。

（一）户籍与住房类型

2010 年本地户籍居民住房自有率为 83.87%，远高于外地户籍居民的 25.11%。绝大部分外地户籍居民在上海租房居住，居住在廉租房或经济适用房中的外地户籍居民比例极低，不到 1%。本地户籍居民中有 12.12% 的人租房居住，居住在廉租房或经济适用房中的居民比例较低，但仍高于外地户籍居民。

2013 年，74.83% 的本地户籍居民在上海拥有自有住房，选择租住私房或租住公房的比例不高。近 70% 的外地户籍居民在上海租房居住，居住在廉租房或经济适用房中的居民比例比本地户籍居民略高。

分析两年的数据（见表 3 − 18），我们能够清楚地看到，外地户籍居民的住房自有率不升反降，与本地户籍居民 80% 左右的住房自有率相比明显偏低。但是与 2010 年相比，不管是本地户籍居民还是外地户籍居民，居住在廉租房或经济适用房中的居民比例都上升了。

表 3 −18　2010 年、2013 年不同户籍居民住房类型情况

单位：%

住房类型	2010 年		2013 年	
	本地	外地	本地	外地
自有住房	83.87	25.11	74.83	18.71
租住私房	12.12	74.01	5.14	68.39
租住公房	1.67	0.44	6.50	7.74
其他	2.34	0.44	13.53	5.16

保障性住房对满足中低收入家庭改善住房条件的迫切需求、缓解居民住房压力具有十分重要的作用，上海市政府应进一步加快经济适用房、廉租房等保障性住房建设，让更多的普通百姓得到实惠。

（二）年龄与住房类型

2010年调查数据显示，年龄越大，居住在自有住房中的居民比例越高、租房居住的居民比例越低。青年人（18～40岁）拥有自有住房的比例明显低于中老年人，而租房居住的比例则明显高于中老年人。各年龄段居民租住公房的比例在3%以下，且差别不大（见表3-19）。

表3-19 2010年不同年龄群体住房类型情况

单位：%

年龄段	自有住房	租住私房	租住公房	其他
18～30岁	57.89	39.85	1.13	1.13
31～40岁	64.71	33.82	0.49	0.98
41～50岁	74.24	20.09	1.31	4.37
51～60岁	82.21	13.09	2.68	2.01
61～70岁	83.97	14.50	0.76	0.76

2013年，各年龄段的居民拥有自有住房（含自购商品房和自建房）的比例分别为：18～30岁，31.36%；31～40岁，52.38%；41～50岁，63.68%；51～60岁，72.27%；61～70岁，74.59%。与2010年相比，2013年，各年龄段居民拥有自有住房的比例均有所下降。不管是租住公房还是租住私房，青年人的比例都远高于中老年人。其中60.17%的18～30岁居民在上海租房居住，青年人购房压力较大（见表3-20）。

表3-20 2013年不同年龄群体住房类型情况

单位：%

年龄段	自有住房	租住私房	租住公房	其他
18～30岁	31.36	12.71	47.46	8.48
31～40岁	52.38	5.82	36.51	5.29
41～50岁	63.68	4.48	22.39	9.45
51～60岁	72.27	6.30	6.30	15.13
61～70岁	74.59	3.78	4.86	16.76

（三）家庭收入与住房类型

调查数据显示，家庭收入越高，自购商品房比例越高（见表 3 - 21）。2010 年，83.58% 的高收入户拥有自有住房，而低收入户和中低收入户的这一比例分别为 60.27% 和 65.52%。中等收入户和中高收入户的住房自有率均在 70% 以上。就租房居住的比例而言，低收入户租住私房的比例最高，为 34.70%；高收入户租住私房居住的比例最低，为 15.92%。

表 3 - 21　2010 年不同收入家庭住房类型

单位：%

	自有住房	租住私房	租住公房	其他	样本数
低收入户	60.27	34.70	1.83	3.20	219
中低收入户	65.52	31.03	1.72	1.72	232
中等收入户	78.40	16.90	2.82	1.88	213
中高收入户	72.77	23.47	0.94	2.82	213
高收入户	83.58	15.92	0	0.50	201

2013 年，拥有自有住房的高收入户占比 67.83%，中高收入户、中等收入户、中低收入户的住房自有率在 50% 以上。自建房方面，低收入户比例最高，为 30.28%，这与农村地区低收入户较多、自建房比例较高有关。10.63% 的中低收入户租住公房，其他收入群体租住公房的比例都不到 10%，高收入户比例最低。租住私房方面，各收入户差异并不明显，均在 20%~30% 之间（见表 3 - 22）。

表 3 - 22　2013 年不同收入家庭住房类型

单位：%

	自有住房	租住公房	租住私房	其他	样本数
低收入户	59.76	21.12	5.98	13.15	251
中低收入户	53.94	23.23	10.63	12.21	254
中等收入户	55.40	26.62	5.04	12.95	140
中高收入户	55.00	26.50	7.00	11.50	200
高收入户	67.83	22.28	4.46	5.45	202

（四）城乡区域与住房类型

2013 年调查数据显示，城市自购商品房的居民比例与农村自建房的居民比例大致相同，57.83%的城市居民住房为自购商品房，59.91%的农村居民住房为自建房。城市居民租住公房（经济适用房、廉租房）的比例比农村居民高了4.47个百分点，而农村居民租住私房的比例则比城市居民高13.88个百分点（见表3-23）。

表3-23 2013年城乡区域居民住房类型情况

单位：%

住房类型	城市	农村	住房类型	城市	农村
自有住房	57.83	59.91	其他	13.38	1.89
租住公房	7.77	3.30			
租住私房	21.03	34.91	样本数	837	212

在人口越来越向一、二线城市集中的背景下，拥有自有住房是获得当地公共服务的前提。没有自有住房，也就意味着相当一部分外地户籍居民无法在上海获得相应的公共服务。此外，由于租房成本较高，很多外来务工人员选择群租。然而，群租也带来了一系列社会问题，产生安全隐患。消防、治安、卫生等诸多隐患和扰民问题滋生了很多社会矛盾与纠纷，已成为社会问题。政府在严厉打击群租现象的同时，应规范房屋租赁市场，加大保障性住房建设力度，完善廉租房、经济适用房制度，不断完善住房保障体系。

二 住房条件

（一）住房面积

调查数据显示，从2010年到2013年，上海居民户均住房面积有所增加。2010年上海居民户均住房面积为61.00平方米，2013年则增加至79.89平方米。

1. 各区县居民户均住房面积

2010年，各区县居民户均住房面积差异较大，静安区居民户均住房面积最小，仅33.53平方米，闵行区最大，为106.78平方米。此外，宝山区、虹口区、浦东新区和徐汇区居民户均住房面积大于上海居民户均住房面积（见表3-24）。

2013年，上海居民户均住房面积为79.89平方米，闵行区、浦东新区、崇明县、松江区居民户均住房面积都超过了100平方米，而户均住房面积最小的黄浦区仅33.79平方米，差距较大。

总体而言，郊区、郊县居民的户均住房面积比中心城区明显更大。户均住房面积的大小主要受该地区房价的影响，一般来说，房价越高，户均住房面积越小。

表3-24 2010、2013年上海各区县居民户均住房面积

单位：平方米

区县	2010年	2013年	区县	2010年	2013年
宝山区	69.93	70.03	杨浦区	57.42	60.98
虹口区	77.65	55.36	闸北区	36.46	73.52
黄浦区	45.38	33.79	长宁区	39.09	—
静安区	33.53	72.43	崇明县	—	105.35
闵行区	106.78	124.54	嘉定区	—	45.84
浦东新区	83.05	101.63	金山区	—	56.76
普陀区	50.09	40.02	松江区	—	150.60
徐汇区	67.81	67.11			

2. 城乡区域与住房面积

改革开放30多年来，居民住房条件有很大的改善，但是城乡差距较大。《上海统计年鉴（2014）》（王建平、马俊贤，2014）数据显示，上海市城镇居民人均住房面积较小，不到20平方米，而农村居民人均住房面积则在60平方米上下（见图3-7）。改善城市居民住房条件仍是提高城市居民生活水平的重要方式之一。

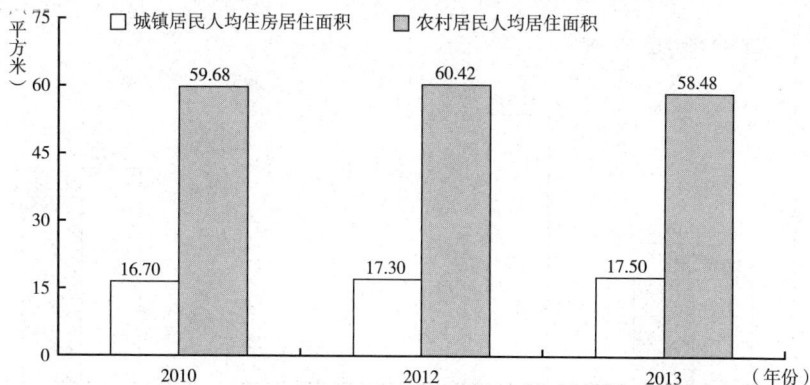

图3-7 2010、2012、2013年城乡居民人均住房/居住面积

资料来源：王建平、马俊贤，2014。

3. 住房类型与住房面积

2010年，不同类型住房的平均面积由大到小依次是自有住房、租住私房、

租住公房和其他类型的住房。自有住房户均面积最大，近70平方米；租住私房的户均面积为40.31平方米；租住公房的户均面积不到30平方米。

2013年，不同类型住房的户均面积均有不同程度的增加。自有住房（含自购商品房和自建房）户均面积达98.45平方米，远高于其他类型的住房。租住公房的户均面积增加较多。租房家庭与拥有自有住房的家庭相比，住房面积明显偏小（见表3-25）。

表3-25 2010年、2013年不同类型住房的户均面积

单位：平方米

住房类型	2010年	2013年
自有住房	69.74	98.45
租住私房	40.31	50.46
租住公房	27.06	46.38
其他	24.68	66.95

（二）房屋基础设施情况

基础设施情况是住房条件的重要指标。数据显示，2010年，12.50%的房屋存在缺乏室内冲水间问题，25.20%的房屋存在建筑质量问题，31.83%的房屋居住空间太小，存在产权不明晰问题的房屋比例为3.11%（见图3-8）。

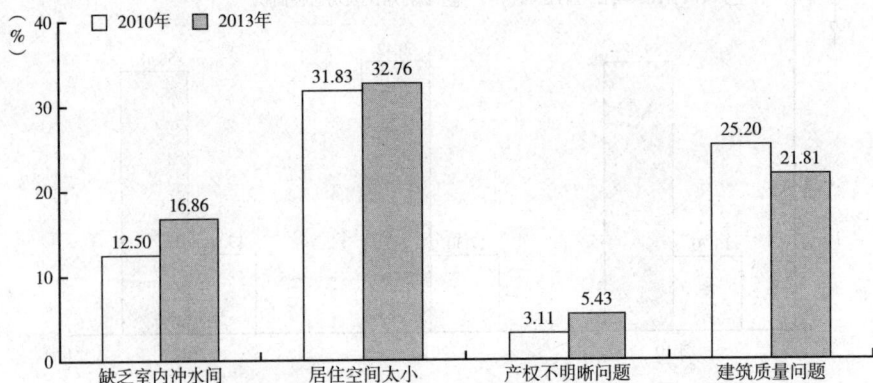

图3-8 2010年、2013年上海居民家庭房屋基础设施情况

上海居民家庭房屋基础设施情况尚未得到明显改善。从2010年到2013年，除建筑质量问题有所减少外，存在其他问题的房屋比例均有所上升。

1. 各区县房屋基础设施情况

室内冲水间方面，2010年黄浦区居民反映房屋缺乏室内冲水间的比例最高，为47.11%，明显高于其他区；闵行区最低，为1.35%。总体而言，2013年，除黄浦区、杨浦区、闸北区外，其他区县居民家庭房屋缺乏室内冲水间的比例有所上升。其中嘉定区有近60%的居民反映房屋缺乏室内冲水间，其次为黄浦区（38.46%）（见表3-26），这可能与样本分布地区老旧房屋比例较高有关。

表3-26 2010年、2013年各区县居民家庭房屋缺乏室内冲水间情况

单位：%

区县	2010年	2013年	区县	2010年	2013年
宝山区	3.64	9.73	闸北区	37.35	10.00
虹口区	5.77	12.00	闵行区	1.35	12.96
黄浦区	47.11	38.46	长宁区	8.93	—
静安区	18.60	20.00	崇明县	—	11.63
普陀区	5.48	22.00	嘉定区	—	57.89
浦东新区	1.81	11.76	金山区	—	0.00
徐汇区	4.24	10.89	松江区	—	25.40
杨浦区	9.93	8.08			

居住空间方面，在2010年受访的各区县居民中，黄浦区和闸北区居民反映房屋居住空间太小的问题尤为突出，其次为静安区、普陀区。宝山区和闵行区居民反映房屋居住空间太小的比例较低，在10%以上。数据显示，相比2010年，2013年各区县居民家庭房屋居住空间太小的问题并未得到明显缓解。黄浦区居民反映房屋存在这一问题的比例在60%以上；崇明县比例最低，不到10%（见表3-27）。

房屋产权方面，2010年黄浦区居民家庭房屋存在产权不明晰问题的比例最高，近10%，虹口区、徐汇区、闵行区均在5%左右，静安区比例较低。2013年，除徐汇区和黄浦区外，其他区县居民家庭房屋存在产权存在不明晰问题的比例均有所上升，其中虹口区、金山区、普陀区、黄浦区这四个区居民家庭房屋存在产权不明晰问题的比例较高（见表3-28）。

表 3 - 27　2010 年、2013 年各区县居民家庭房屋存在居住空间太小问题的情况

单位：%

区县	2010 年	2013 年	区县	2010 年	2013 年
宝山区	10.91	38.05	闸北区	46.99	20.00
虹口区	21.15	44.00	闵行区	12.16	17.59
黄浦区	57.02	69.23	长宁区	33.93	—
静安区	44.19	36.67	崇明县	—	9.30
普陀区	34.25	60.00	嘉定区	—	53.95
浦东新区	16.87	15.88	金山区	—	35.56
徐汇区	33.90	32.67	松江区	—	11.11
杨浦区	31.21	45.45			

表 3 - 28　2010 年、2013 年各区县居民家庭房屋存在产权不明晰问题的情况

单位：%

区县	2010 年	2013 年	区县	2010 年	2013 年
宝山区	1.82	6.19	闸北区	3.61	4.00
虹口区	5.77	10.00	闵行区	4.05	4.63
黄浦区	9.09	7.69	长宁区	0	—
静安区	0	3.33	崇明县	—	4.65
普陀区	0.46	8.00	嘉定区	—	6.58
浦东新区	1.81	5.88	金山区	—	8.89
徐汇区	4.24	0.99	松江区	—	4.76
杨浦区	3.57	4.04			

　　房屋建筑质量方面，2010 年调查的 11 个区中，除宝山区、闵行区外，其他区居民反映房屋存在建筑质量问题的比例均在 18% 以上。其中黄浦区最高，达 52.50%。2013 年的数据显示，黄浦区、静安区、浦东新区、徐汇区、闸北区、闵行区居民反映房屋存在建筑质量问题的比例有所下降。与其他区相比，崇明县房屋的建筑质量问题最少（见表 3 - 29）。

　　总体而言，从 2010 年到 2013 年，上海市房屋建筑质量问题有所缓解，但黄浦区房屋建筑质量问题仍然最为突出。

表 3 – 29 2010 年、2013 年各区县居民反映房屋存在建筑质量问题的情况

单位：%

区县	2010 年	2013 年	区县	2010 年	2013 年
宝山区	12.73	30.97	闸北区	37.35	14.00
虹口区	20.85	30.00	闵行区	13.51	12.04
黄浦区	52.50	34.62	长宁区	19.64	—
静安区	27.91	6.67	崇明县	—	4.65
普陀区	18.72	26.00	嘉定区	—	30.26
浦东新区	19.88	18.82	金山区	—	17.78
徐汇区	23.73	18.81	松江区	—	25.40
杨浦区	23.40	26.26			

2. 住房类型与基础设施

房屋基础设施情况与住房类型相关。相对而言，自有住房（包括自购商品房和自建房）的基础设施情况较好，而租房（包括租住私房和租住公房）的基础设施情况较差。

从 2010 年的数据来看，租住公房的基础设施情况最差，居住空间太小问题尤为突出。自有住房缺乏室内冲水间的比例最低，仅 5.80%，远远低于其他三种类型的住房（见表 3 – 30）。

表 3 – 30 2010 年不同类型住房的基础设施情况

单位：%

	自有住房 （N = 811）	租住私房 （N = 279）	租住公房 （N = 16）	其他（N = 22）
缺乏室内冲水间	5.80	26.16	50.00	59.09
居住空间太小	25.77	42.65	87.50	77.27
产权不明晰	2.34	4.32	0	18.18
建筑质量问题	21.7	30.58	50.00	68.18

2013 年，仅有 6.30% 的自购商品房存在缺乏室内冲水间问题，而租住私房和租住公房的这一比例分别为 37.20% 和 31.94%（见表 3 – 31）。类似地，存在居住空间太小这一问题的比例，由高到低分别为租住公房（54.17%）、其他（41.94%）、租住私房（39.60%）、借住他人住房（30.43%）、自购商品房（30.25%）、自建房（11.11%）。

表3-31 2013年不同类型住房的基础设施情况

单位：%

	自购商品房 (N=476)	自建房 (N=135)	租住公房 (N=72)	租住私房 (N=250)	借住他人住房 (N=23)	其他 (N=93)
缺乏室内冲水间	6.30	15.56	31.94	37.20	8.70	7.53
居住空间太小	30.25	11.11	54.17	39.60	30.43	41.94
产权不明晰	5.67	4.44	8.33	3.60	8.70	7.51
建筑质量问题	21.85	16.30	25.00	21.20	13.04	31.18

居民反映较为集中的"建筑质量问题"，其实质是很多居民的住房条件仍然较差的问题。深入分析这一问题，主要原因在于当前上海中心城区的二级以下旧里和老旧公房数量仍然较大，其中居住着大量相对贫困的市民，特别是几代人同住的比例很高。这些老旧房子存续时间较长、建筑标准较低、内部空间狭窄，很多是瓦木、砖木、预制板、砖混等结构，在维护与改造不足的情况下，建筑基础设施和管线破损、隔音效果差、房屋渗漏水、墙体开裂、屋顶及外墙材料脱落等老化、损坏现象较为严重，直接影响居民的居住生活质量。

三 环境条件

我们分别从噪声情况、空气质量、休闲环境或设施、水质、治安状况、环境卫生六个方面来考察居民对所居住小区的满意度。整体而言，上海居民对环境条件的满意度有所上升。数据显示，居民对治安状况的满意度最高，对噪声情况、休闲环境或设施的满意度偏低（见图3-9）。

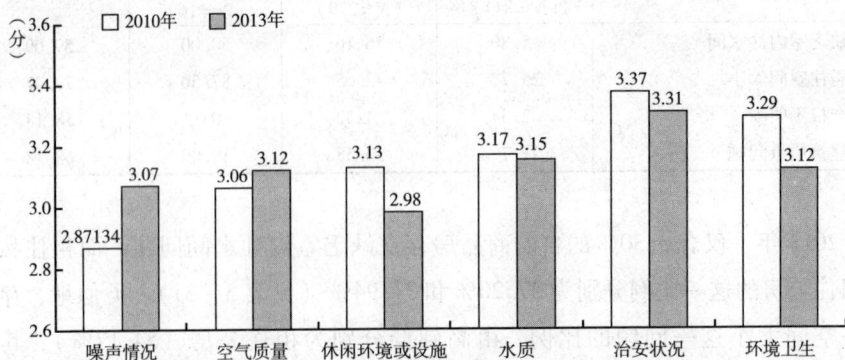

图3-9 2010年、2013年居民对所居住小区的满意度情况

注：表中数据为基于5级量表的得分，分值越高表示满意度越高，5分为非常满意，1分为非常不满意。

2013 年以来，居民对噪声情况、空气质量的满意度都有所提高，但对休闲环境或设施、水质、治安状况、环境卫生的满意度却有不同程度的下降，对休闲环境或设施和环境卫生的满意度下降尤为明显。尽管上海在加强污染防治和生态环境建设等方面做了大量工作，但当前环境保护的形势依然十分严峻。

进一步比较各区县居民对所居住小区环境条件的满意度可以发现，总体而言，郊区、郊县居民的满意度高于中心城区居民。崇明县居民对空气质量、水质、环境卫生的满意度在各区县中均为最高。松江区居民对噪声情况的满意度最高。相比较而言，黄浦区居民对噪声情况、休闲环境或设施、环境卫生的满意度最低，普陀区居民对治安状况的满意度最低（见表 3 - 32）。

表 3 - 32　2013 年上海各区县居民对所居住小区的满意度情况

单位：分

区县	噪声情况	空气质量	休闲环境或设施	水质	治安状况	环境卫生
宝山区	2.93	2.88	2.94	3.21	3.11	2.76
虹口区	3.06	3.14	3.02	2.98	3.10	2.98
黄浦区	2.65	2.73	2.35	3.19	3.33	2.62
嘉定区	2.67	3.01	2.71	3.13	3.20	2.83
金山区	2.96	2.93	3.22	2.69	3.47	3.27
静安区	3.27	3.10	2.87	3.10	3.73	3.40
普陀区	2.68	2.82	2.72	3.26	2.84	2.64
徐汇区	2.88	2.89	2.81	2.93	3.34	3.12
杨浦区	3.06	2.88	3.02	3.13	3.20	3.14
闸北区	2.72	2.58	2.40	2.98	2.90	2.70
崇明县	3.60	3.79	3.30	3.35	3.56	3.67
闵行区	3.32	3.45	3.33	3.24	3.44	3.36
松江区	3.78	3.67	3.13	3.29	3.73	3.32
浦东新区	3.27	3.40	3.24	3.28	3.44	3.46

注：表中数据为基于 5 级量表的得分，分值越高表示满意度越高，5 分为非常满意，1 分为非常不满意。

（一）噪声情况

上海市每年环保系统接到的有关噪声的投诉约 27000 件，占环保投诉总量的三分之一左右。其中，社会生活噪声引发的矛盾尤为突出。为解决日益严峻的噪声污染问题，上海市政府于 2013 年 3 月 1 日起施行《上海市社会生活噪声污染防治办法》。①

上海居民对居住地噪声情况的满意度有所上升。调查数据显示，从 2010 年到 2013 年，对小区噪声情况感到比较满意或非常满意的居民比例分别增长了 9.94 个百分点和 0.76 个百分点左右，而感到非常不满意或比较不满意的居民比例则分别下降了 3.72 个百分点和 1.42 个百分点（见图 3 - 10）。

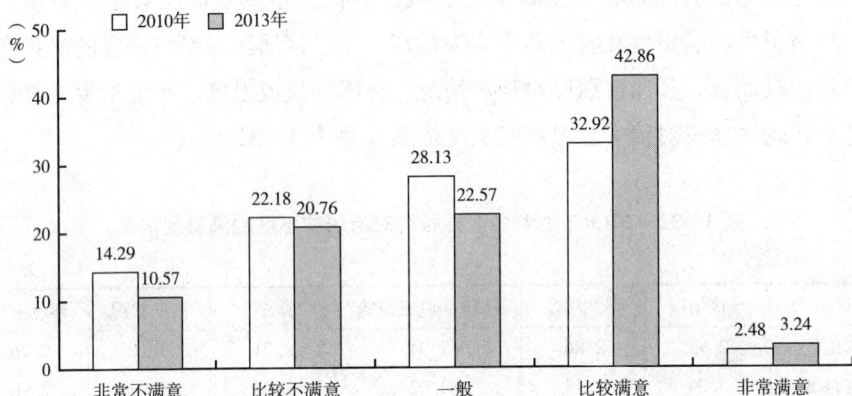

图 3 - 10　2010 年、2013 年上海居民对噪声情况的满意度

（二）空气质量

2013 年，中国遭遇史上最严重雾霾天气，雾霾发生频率之高、波及面之广、污染程度之严重前所未有：雾霾波及 25 个省份、100 多个大中型城市，全国平均雾霾天数达 29.9 天，创 52 年来之最。上海也未能幸免，近年来上海出现霾的天数占全年的 60% 以上，2013 年上海环境控制质量优良天数为 241 天，比 2012 年减少了 102 天（见图 3 - 11）。虽然上海市出台了《上海市清洁空气行动计划》，并明确阶段目标、具体举措和责任单位，但治霾效果仍不尽如人意，如机动车冒黑烟，施工、渣土运输、堆场、搅拌站、环卫作业的扬尘及秸秆燃烧现象屡有发生。

上海居民对居住地空气质量的满意度略有上升。调查数据显示，从 2010 年到 2013 年，对空气质量表示比较满意或非常满意的比例增长了 2.96 个百分点，而表示非常不满意的居民比例则下降了 2.05 个百分点（见图 3 - 12）。

---

① 杨锦萱：《上海每年噪声投诉近三万件　噪声污染防治办法 3 月 1 日施行》，http：//native. cnr. cn/city/201302/t20130227_ 512044266. html，最后访问日期：2013 年 2 月 27 日。

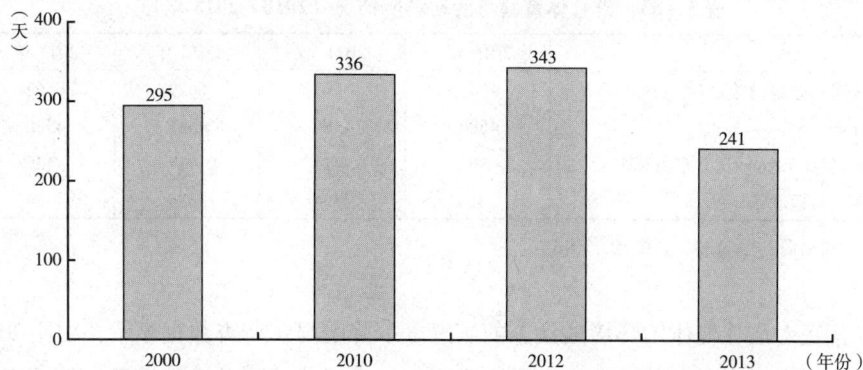

图 3 – 11　2000～2013 年主要年份上海环境控制质量优良天数

资料来源：王建平、马俊贤，2014。

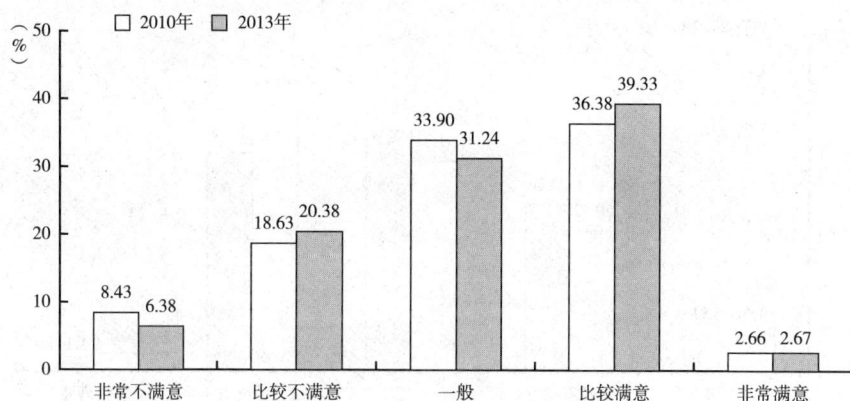

图 3 – 12　2010 年、2013 年上海居民对空气质量的满意度

（三）休闲环境或设施

2000 年以来上海一直保持环境生态建设投入占同期 GDP 3％ 的水平。通过滚动实施"环保三年行动计划"，加快推进资源节约型、环境友好型城市建设，在经济快速发展和消费水平显著提高的同时，促进经济社会协调发展。经过多年的努力，上海在城市生态建设和休闲环境设施建设方面取得了显著的成效。2010年以来，上海市社区体育健身设施数、社区健身场地面积都呈逐年递增趋势（见表 3 – 33）。

表 3 - 33 群众体育健身活动场所情况（2010～2013 年）

	2010 年	2011 年	2012 年	2013 年
社区体育健身设施数(个)	4845	6309	6429	6562
健身点(个)	4586	4586	4586	4586
社区健身场地面积(万平方米)	301	417	427	435
社区公共运动场(个)	316	324	324	324

资料来源：王建平、马俊贤，2014。

居民对居住地休闲环境或设施的满意度下降明显。调查数据显示，相比 2010 年，2013 年，对小区休闲环境或设施感到非常满意或比较满意的居民比例下降了 8.77 个百分点。同时，感到非常不满意或比较不满意的居民比例则上涨了 4.16 个百分点（见图 3 - 13）。相关部门应进一步加强小区休闲环境和设施建设，提升居民生活满意度。

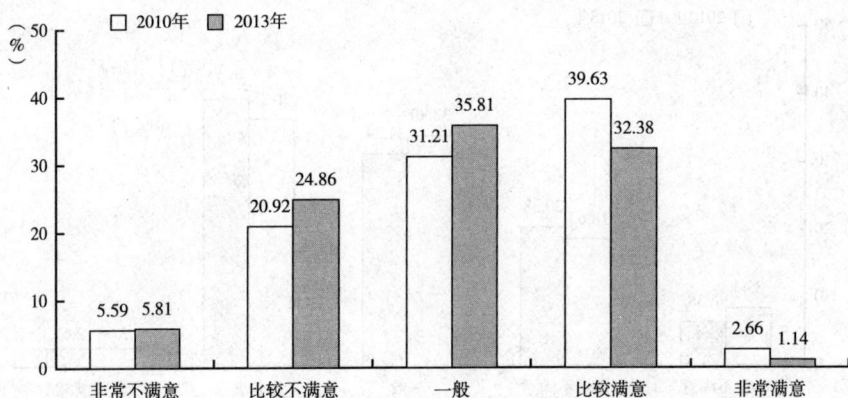

图 3 - 13 2010 年、2013 年上海居民对休闲环境或设施的满意度

（四）水质

上海 30% 的饮用水来自黄浦江上游，在没有采取根本性的工程措施前，这种开放式、多功能的水源地存在潜在的环境风险。虽然政府有关部门采取各种措施加强对这些风险源的日常监管，但交通流量大、内河船舶状况较差，生产事故引发的溢油等次生环境污染事件时有发生。[1]

---

① 程贤淑：《今年上海环保存在六大问题》，http://newspaper.jfdaily.com/xwwb/html/2013 - 12/26/content_ 20582.htm，最后访问日期：2013 年 12 月 26 日。

调查数据显示，近年来上海居民对水质的满意度并没有明显变化，对小区水质表示非常不满意或比较不满意的居民比例在 20% 以上。35% 以上的居民表示一般，40% 以上的居民表示比较满意或非常满意（见图 3 – 14）。

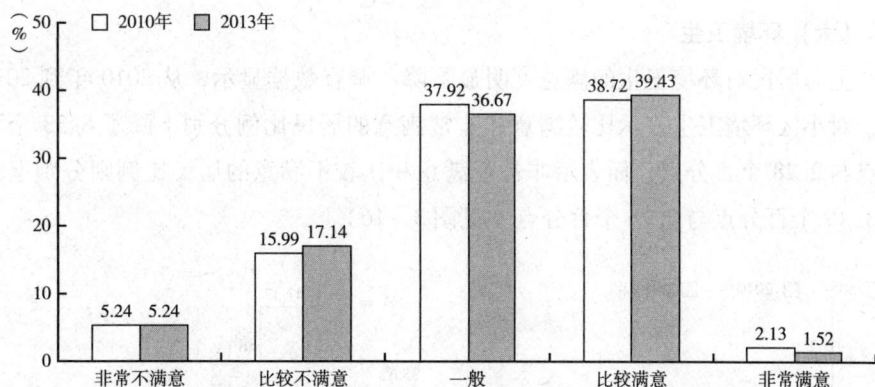

图 3 – 14　2010 年、2013 年上海居民对水质的满意度

（五）治安状况

上海居民对治安状况的满意度略有下降。调查数据显示，从 2010 年到 2013 年，对小区治安状况表示满意（包括比较满意或非常满意）的居民比例下降了 1.42 个百分点；而表示不满意的（包括非常不满意或比较不满意）的居民比例上升了 1.77 个百分点（见图 3 – 15）。

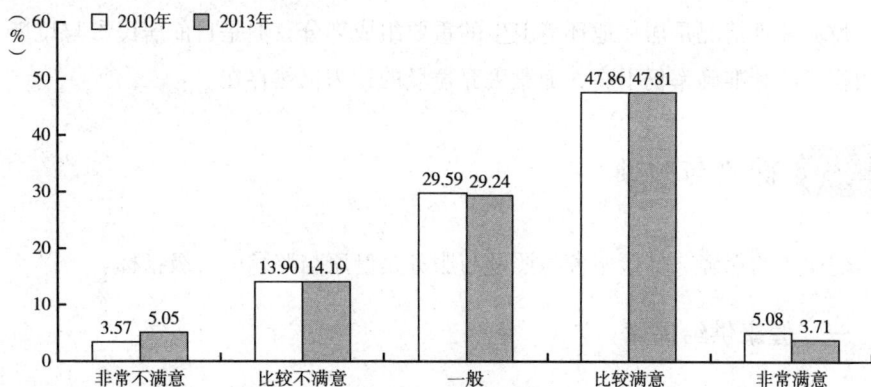

图 3 – 15　2010 年、2013 年上海居民对治安状况的满意度

为进一步维护上海社会治安的稳定、提高居民群众的安全感，相关部门应进一步开展治安整治工作。例如，加强旧居民小区的物业保安力量，增强居民防范意识，居民小区的电子防盗门应按规定关闭；加强对高档小区车辆的管理，实现小区公共区域监控全覆盖。

（六）环境卫生

上海居民对环境卫生的满意度明显下降。调查数据显示，从 2010 年到 2013 年，对小区环境卫生表示比较满意和非常满意的居民比例分别下降了 8.33 个百分点与 2.28 个百分点，而表示非常不满意和比较不满意的居民比例则分别上升了 1.19 个百分点与 2.28 个百分点（见图 3 - 16）。

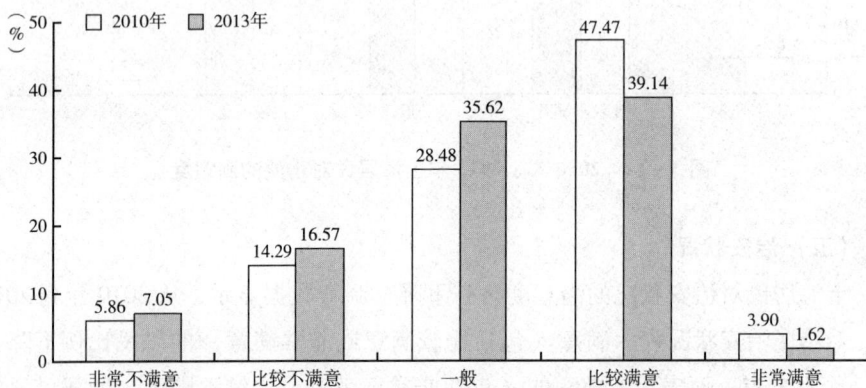

图 3 - 16　2010 年、2013 年上海居民对环境卫生的满意度

垃圾处理情况是居住地环境卫生的重要组成部分。但是目前居民参与垃圾分类的积极性和准确率仍不高，随意丢弃垃圾的行为仍然存在。

第三节　健康与照顾

健康供给保障、健康服务与照顾与服务是健康与照顾的二级指标。

一　健康供给保障

医疗保险所覆盖的人口数能够反映一个社会的健康供给保障水平。

上海居民医疗保障水平有所提升。根据《上海统计年鉴（2014）》（王建平、马俊贤，2014），从 2000 年到 2013 年，社会保险参保人数持续增长。其中，城镇职工参加医疗保险的人数从 431.27 万人增长至 922.43 万人，领取养老金的离退休人员数量也从 234.23 万人增长至 390.63 万人（见图 3 – 17）。

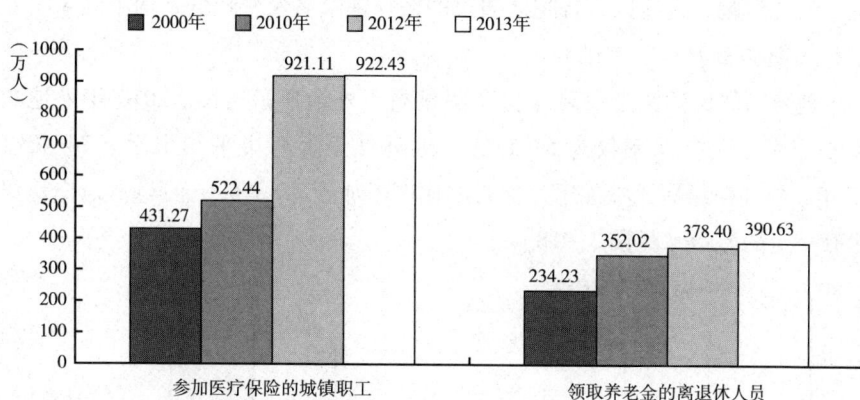

图 3 – 17　2010 ~ 2013 年上海市主要年份社会保险参保人数

资料来源：王建平、马俊贤，2014。

从居民医疗保险参保率来看，调查数据显示，2013 年上海居民医疗保险参保率为 83.57%，与 2010 年相比，增加了 9.17 个百分点。

1. 各区县居民医疗保险参保率

2010 年数据显示，虹口区、普陀区、浦东新区、杨浦区和长宁区居民医疗保险参保率在当年上海居民医疗参保平均水平之上，其中杨浦区居民医疗保险参保率最高，为 84.89%。宝山区居民医疗保险参保率最低，刚刚达到 60.00%（见表 3 – 34）。

表 3 – 34　2010 年、2013 年各区县居民医疗保险参保率

单位：%

区县	2010 年	2013 年	区县	2010 年	2013 年
宝山区	60.00	83.93	闸北区	62.20	90.00
虹口区	80.77	78.00	闵行区	73.97	88.89
黄浦区	71.07	76.92	长宁区	80.36	—
静安区	61.90	93.33	崇明县	—	81.40
普陀区	78.08	78.00	嘉定区	—	80.26
浦东新区	80.49	84.12	金山区	—	80.00
徐汇区	64.41	81.19	松江区	—	85.48
杨浦区	84.89	85.71			

2013 年，除虹口区、普陀区外，其他区县居民的医疗保险参保率均有不同程度的提高，其中 93.33% 的静安区居民参加了医疗保险，在 14 个区县中居于首位。而虹口区、黄浦区、普陀区居民的医疗保险参保率较低，均不到 80%。

2. 户籍与医疗保险参保率

本地户籍居民的医疗保险参保率明显高于外地户籍居民。2010 年外地户籍居民的医疗保险参保率仅为 51.11%，远远低于上海市平均水平（74.40%）。2013 年，外地户籍居民参加医疗保险的比例增加到 77.35%，但与本地户籍居民仍然有一定的差距（见图 3-18）。

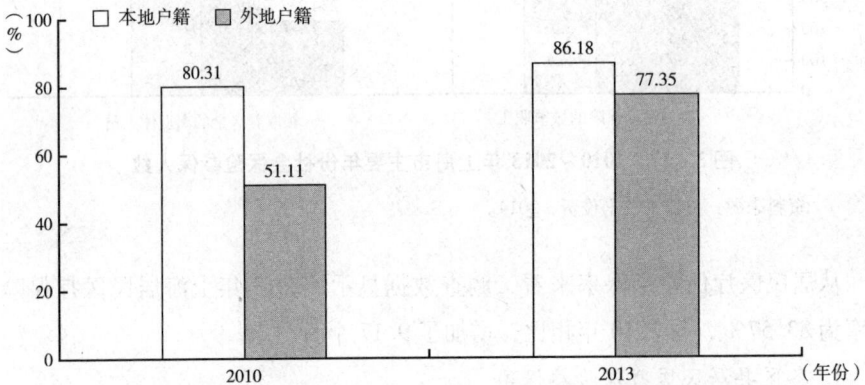

图 3-18　2010 年、2013 年不同户籍居民医疗保险参保率

3. 收入与医疗保险参保率

收入与医疗保险参保率相关。收入越高，医疗保险参保率越高。以 2010 年为例，个人年收入在 10000 元以下的居民，医疗保险参保率仅为 54.17%，而年收入在 40000 元及以上的居民，医疗保险参保率都在 80% 以上（见图 3-19）。在收入达到一定水平后，医疗保险参保率不再有明显变化。

4. 单位/企业类型与医疗保险参保率

根据 2010 年在职居民参加医疗保险的数据，党政机关、国有企业、国有事业、集体企业员工参保率较高，均在 90% 以上，其中集体企业员工参保率最高。外资/合资企业和股份制企业员工医疗保险参保率较高，分别为 86.87% 和 85.71%。个体经营者的医疗保险参保率不到 50%（见表 3-35）。

根据 2013 年在职居民参加医疗保险的数据，从单位/企业类型来看，党政机关、事业单位、国有企业员工的医疗保险参保率较高，而无单位/自雇/自办单位/企业员工的医疗保险参保率明显偏低。

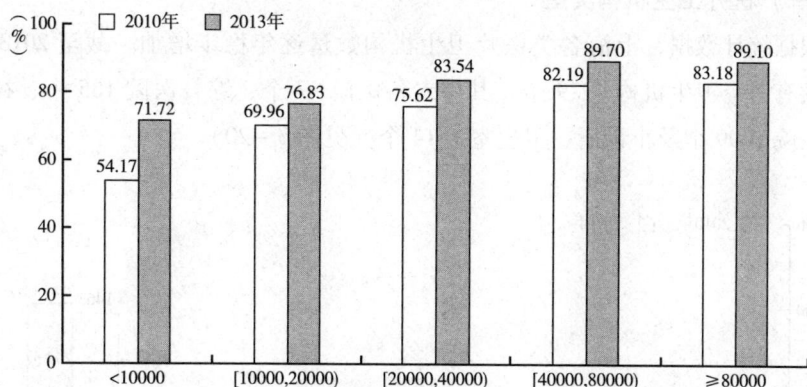

图 3 – 19　2010 年、2013 年不同年收入水平居民的医疗保险参保率

表 3 – 35　2010 年不同类型单位/企业员工医疗保险参保率（N = 1088）

单位：%

单位/企业类型	参保率	单位/公司类型	参保率
党政机关	94.74	私营企业	75.68
国有企业	91.51	外资/合资企业	86.87
国有事业	91.78	股份制企业	85.71
集体企业	100.00	其他	58.33
个体经营	48.39		

表 3 – 36　2013 年不同类型单位/企业员工医疗保险参保率（N = 990）

单位：%

单位/企业类型	参保率	单位/企业类型	参保率
党政机关	100.00	社会团体	85.71
企业	90.91	无单位/自雇/自办	68.75
事业单位	94.00	其他	68.00

二　健康服务

医疗卫生机构类型、就医便利性和就医满意度能够测量一个社会健康服务的水平。数据显示，上海的健康服务水平有所提升。

(一) 医疗卫生机构类型

根据统计数据，上海各类医疗卫生机构数量逐年稳步增加。截至 2013 年，上海共有医疗卫生机构 4929 个，其中专科医院 97 个、综合医院 185 个、社区/乡镇医院 1009 个及小诊所、卫生室 1514 个（见图 3 – 20）。

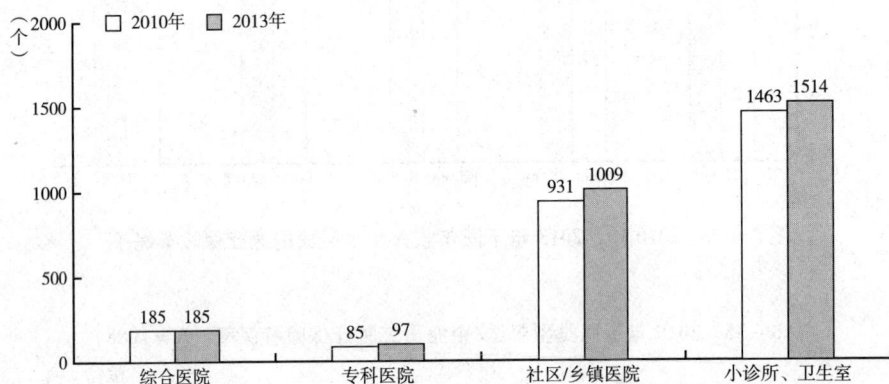

图 3 – 20 2010 年、2013 年上海各类医疗卫生机构数量

资料来源：王建平、马俊贤，2014。

数据显示，上海居民前往综合医院就医的比例最高，为 59.66%，另有 29.96% 的居民选择社区/乡镇医院就医，选择小诊所、卫生室就医的居民比例最低。与全国省会级城市相比，上海居民对社区/乡镇医院的使用率最高（见表 3 – 37）。尽管当前各大城市选择社区/乡镇医院就医的居民总量还不够大，但是比较而言，在各大城市中，上海居民选择社区/乡镇医院就医的比例最高，说明上海加强社区卫生服务中心建设、打造合理分级诊疗秩序，已取得一定成效。

1. 各区县与医院类型

2010 年，闸北区居民选择前往综合医院就医的比例最高，为 69.88%，黄浦区居民选择前往综合医院就医的比例最低，仅为 42.15%。介于两者之间，除宝山区外，其他区居民选择前往综合医院就医的比例在 50%～65% 之间（见表 3 – 38）。

在 2013 年调查的 14 个区县中，虹口区、闸北区居民选择前往综合医院就医的比例最高，均为 82.00%，崇明县最低，仅为 20.93%。

表 3 - 37　2010 年、2013 年上海居民选择医疗卫生机构情况

单位：%

医疗卫生机构	2010 年	2013 年
综合医院	59.66	60.06
专科医院	4.43	9.25
社区/乡镇医院	29.96	22.59
小诊所、卫生室	2.93	7.15
其他	3.01	0.95

表 3 - 38　2010 年、2013 年各区县选择前往综合医院就医的居民比例

单位：%

区县	2010 年	2013 年	区县	2010 年	2013 年
宝山区	69.09	65.18	闸北区	69.88	82.00
虹口区	53.85	82.00	闵行区	63.51	50.93
黄浦区	42.15	51.92	长宁区	57.14	—
静安区	53.49	60.00	崇明县	—	20.93
普陀区	64.84	72.00	嘉定区	—	64.47
浦东新区	59.04	41.18	金山区	—	57.78
徐汇区	64.41	75.25	松江区	—	57.14
杨浦区	56.74	73.74			

从 2010 年到 2013 年，除宝山区、浦东新区和闵行区外，其他区的居民选择前往综合医院就医的比例均有所上升，其中虹口区比例上升最为明显，上升了 28.15 个百分点，而浦东新区比例下降最为明显，下降了 17.86 个百分点。

2010 年，黄浦区居民选择前往专科医院就医的比例最高，为 9.09%，远高于其他区的居民。闸北区和长宁区居民选择前往专科医院就医的比例较低，分别为 1.20% 和 1.79%（见表 3 - 39）。

2013 年各区县居民选择前往专科医院就医的比例均有所上升，其中黄浦区比例最高，为 15.38%，虹口区和闸北区比例最低，均为 2.00%。

表3－39　2010年、2013年各区县选择前往专科医院就医的居民比例

单位：%

区县	2010年	2013年	区县	2010年	2013年
宝山区	5.45	8.93	闸北区	1.20	2.00
虹口区	3.85	2.00	闵行区	4.05	11.11
黄浦区	9.09	15.38	长宁区	1.79	—
静安区	2.33	10.00	崇明县	—	4.65
普陀区	4.11	6.00	嘉定区	—	10.53
浦东新区	4.82	15.29	金山区	—	8.89
徐汇区	5.93	5.94	松江区	—	9.52
杨浦区	2.84	7.07			

从2010年到2013年，除虹口区外，其他区居民选择前往专科医院就医的比例均有所上升，其中浦东新区比例增加最为明显，增加了10.47个百分点。

2010年，虹口区、黄浦区、浦东新区、杨浦区和长宁区居民选择前往社区/乡镇医院就医的比例较高，均在30%以上，闸北区最低，为18.07%，其他区均在25%～30%之间（见表3－40）。

2013年崇明县居民选择前往社区医院/乡镇医院就医的比例最高，达67.44%，徐汇区比例最低，为8.91%。

表3－40　2010年、2013年各区县选择前往社区/乡镇医院就医的居民比例

单位：%

区县	2010年	2013年	区县	2010年	2013年
宝山区	25.45	23.21	闸北区	18.07	12.00
虹口区	38.46	10.00	闵行区	25.68	25.00
黄浦区	42.15	26.92	长宁区	33.93	—
静安区	27.91	23.33	崇明县	—	67.44
普陀区	25.11	18.00	嘉定区	—	14.47
浦东新区	31.33	34.12	金山区	—	24.44
徐汇区	27.97	8.91	松江区	—	20.63
杨浦区	34.04	12.12			

从 2010 年到 2013 年，除浦东新区外，其他区居民选择前往社区/乡镇医院就医的比例均有不同程度的下降，尤其是虹口区、杨浦区、徐汇区下降尤为明显，分别下降了 28.46 个、21.92 个和 19.06 个百分点。

2010 年，静安区居民选择前往小诊所、卫生室就医的比例最高，为 13.95%，其他区居民选择前往小诊所、卫生室就医的比例均在 10% 以下。2013 年，闵行区和松江区居民选择前往小诊所、卫生室就医的比例较高，分别为 12.04% 和 11.11%；宝山区比例最低，仅为 1.79%（见表 3 – 41）。

表 3 – 41　2010 年、2013 年各区县选择前往小诊所、卫生室就医的居民比例

单位：%

区县	2010 年	2013 年	区县	2010 年	2013 年
宝山区	0	1.79	闸北区	8.43	4.00
虹口区	0	6.00	闵行区	2.70	12.04
黄浦区	3.31	5.77	长宁区	5.36	—
静安区	13.95	6.67	崇明县	—	6.98
普陀区	1.37	4.00	嘉定区	—	10.53
浦东新区	3.01	8.24	金山区	—	6.67
徐汇区	1.69	7.92	松江区	—	11.11
杨浦区	0.71	5.05			

从 2010 年到 2013 年，除静安区和闸北区外，其他区居民选择前往小诊所、卫生室就医的比例均有小幅上升，其中闵行区比例增加最为明显，增加了 9.34 个百分点。

2. 年龄与医疗卫生机构类型

2010 年，65% 左右的青年人（18～40 岁）选择前往综合医院就医，20% 以上的青年人选择前往社区/乡镇医院就医，选择前往专科医院、小诊所和卫生室的青年人比例较低。55% 以上的中年人（41～60 岁）选择前往综合医院就医，社区/乡镇医院是中年人的第二选择。选择前往综合医院和社区/乡镇医院就医的老年人（61～70 岁）比例相当，均在 45% 以上（见表 3 – 42）。

2013 年，18～30 岁青年人选择前往综合医院和社区/乡镇医院就医的比例降低了，而选择前往专科医院、小诊所和卫生室就医的比例上升了。51～60 岁居民选择前往综合医院、专科医院、小诊所和卫生室就医的比例均上升了，而选择

表 3 - 42　2010 年不同年龄群体选择医疗卫生机构类型情况

单位：%

年龄段	综合医院	专科医院	社区/乡镇医院	小诊所、卫生室	其他
18～30 岁	69.17	5.64	20.30	3.38	1.54
31～40 岁	64.22	5.88	22.06	3.43	4.41
41～50 岁	58.08	2.62	30.13	4.80	4.37
51～60 岁	55.03	4.03	37.25	1.34	2.35
61～70 岁	46.56	3.82	45.04	1.53	3.05

前往社区/乡镇医院就医的比例则下降了。老年人（61～70 岁）选择前往综合医院、专科医院、小诊所和卫生室就医的比例上升了，而选择前往社区/乡镇医院就医的比例明显下降（见表 3 - 43）。

表 3 - 43　2013 年不同年龄群体选择医疗卫生机构类型情况

单位：%

年龄段	综合医院	专科医院	社区/乡镇医院	小诊所、卫生室	其他
18～30 岁	61.18	14.77	13.08	9.28	1.69
31～40 岁	66.49	7.98	15.96	7.98	1.6
41～50 岁	57.71	6.47	27.36	7.96	0.5
51～60 岁	58.82	8.82	25.63	6.30	0.42
61～70 岁	56.22	7.03	32.43	3.78	0.54

从不同年龄群体来看，综合医院仍然是绝大多数居民的选择。40 岁以上群体选择前往社区/乡镇医院就医的比例明显高于 40 岁及以下的群体，其中老年人（61～70 岁）选择前往社区/乡镇医院就医的比例最高，31～40 岁居民选择前往综合医院就医的比例最高。

3. 户籍与医院类型

2010 年，不管是本地户籍居民还是外地户籍居民，均有近 60% 的人选择前往综合医院就医，本地户籍居民前往社区/乡镇医院就医的比例（32.15%）明显高于外地户籍居民（21.59%）。而外地户籍居民选择前往小诊所、卫生室就医的比例明显高于本地户籍居民。选择前往专科医院就医的本地户籍居民和外地户籍居民的比例在 5% 左右（见表 3 - 44）。

表 3 – 44　2010 年、2013 年不同户籍居民选择医疗卫生机构类型情况

单位：%

医疗卫生机构	本地户籍		外地户籍	
	2010 年	2013 年	2010 年	2013 年
综合医院	59.84	61.38	58.59	56.91
专科医院	4.12	8.67	5.73	10.61
社区/乡镇医院	32.15	25.61	21.59	15.43
小诊所、卫生室	1.67	4.07	7.93	14.47
其他	2.22	0.27	6.17	2.57

　　2013 年，本地户籍居民选择前往综合医院就医的比例比 2010 年上涨了 1.54 个百分点，而外地户籍居民的这一比例则降低了 1.68 个百分点，2013 年本地户籍居民和外地户籍居民选择前往社区/乡镇医院就医的比例与 2010 年相比都降低了。与 2010 年相比，2013 年不同户籍类型的居民选择前往专科医院就医的比例均上升了。

　　不同户籍的居民对医疗卫生机构类型的偏好略有不同。不管是本地户籍居民还是外地户籍居民，综合医院都是他们就医的首选，除此之外，本地户籍居民和外地户籍居民更倾向于到社区/乡镇医院就医。

（二）就医便利性

　　到达就诊地的时间和就诊等候时间是考量就医便利性的重要指标。数据显示，上海居民的就医便利性有所下降。从 2010 年至 2013 年，不管是到达就诊地的时间还是就诊等候时间均有不同幅度的延长。2013 年上海居民到达就诊地的平均时间为 30.33 分钟，而就诊等候时间则为 50.89 分钟（见图 3 – 21）。

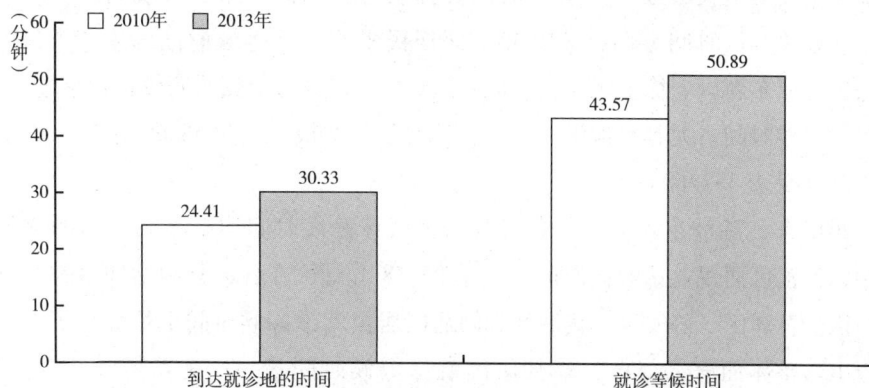

图 3 – 21　2010 年、2013 年上海居民就医便利性

1. 各区县与就医便利性

在到达就诊地的时间方面，2010 年，虹口区、浦东新区、闸北区和闵行区居民到达就诊地的时间较长，均超过上海市平均时间，其中闵行区居民到达就诊地花费的时间最长，为 33.71 分钟；长宁区居民花费的时间最短，为 17.38 分钟（见表 3 - 45）。

表 3 - 45　2010 年、2013 年各区县居民到达就诊地的时间

单位：分钟

区县	2010 年	2013 年	区县	2010 年	2013 年
宝山区	20.05	32.77	闸北区	25.48	22.10
虹口区	30.00	27.00	闵行区	33.71	46.19
黄浦区	23.44	22.37	长宁区	17.38	—
静安区	18.03	23.33	崇明县	—	26.00
普陀区	23.96	28.16	嘉定区	—	29.08
浦东新区	26.43	33.51	金山区	—	32.42
徐汇区	23.96	22.22	松江区	—	37.79
杨浦区	22.76	23.45			

2013 年各区县居民到达就诊地的时间均有不同程度的变化，中心城区（虹口区、黄浦区、徐汇区、闸北区）居民到达就诊地的时间减少了，而郊区（宝山区、静安区、普陀区、浦东新区、杨浦区、闵行区）居民到达就诊地的时间增加了，尤其是宝山区和闵行区居民到达就诊地的时间增加了 12 分钟以上。

在就诊等候时间方面，2010 年上海居民平均就诊等候时间为 43.57 分钟，普陀区、浦东新区、徐汇区、杨浦区和闵行区居民就诊等候时间较长，超过上海市平均等候时间。尤其是徐汇区居民就诊等候时间最长，为 58.65 分钟，接近 1 个小时（见表 3 - 46）。

2013 年，除浦东新区外，各区县居民就诊等候时间均有不同程度的增加。其中，徐汇区居民就诊等候时间增加了 22.58 分钟，在各区县中增加最为明显。虹口区、黄浦区、静安区、杨浦区和闸北区居民就诊等候时间也都增加了 10 分钟以上。整体而言，郊区、郊县居民就诊等候时间最短，尤其是崇明县，仅 33.40 分钟。

表3-46 2010年、2013年各区县居民就诊等候时间

单位：分钟

区县	2010年	2013年	区县	2010年	2013年
宝山区	35.27	40.43	闸北区	34.72	48.60
虹口区	37.88	52.38	闵行区	44.58	53.76
黄浦区	30.69	40.50	长宁区	42.91	—
静安区	26.48	45.00	崇明县	—	33.40
普陀区	44.21	45.10	嘉定区	—	53.39
浦东新区	53.75	46.40	金山区	—	40.24
徐汇区	58.65	81.23	松江区	—	49.02
杨浦区	44.64	59.23			

2. 医疗卫生机构类型与就医便利性

我们进一步分析居民前往不同类型的医疗卫生机构就诊对到达就诊地的时间和就诊等候时间的影响。

在到达就诊地的时间方面，2010年居民到达5类医疗卫生机构花费的时间由长到短依次为：专科医院（32.00分钟）、其他（27.75分钟）、综合医院（27.02分钟）、小诊所和卫生室（20.76分钟）、社区/乡镇医院（18.21分钟）。2013年，除小诊所和卫生室、其他外，到达其他类型医疗卫生机构的时间均有不同程度的增加，其中到达专科医院增加的时间最长（见表3-47）。

表3-47 2010年、2013年到达不同类型医疗卫生机构的时间

单位：分钟

医疗卫生机构	2010年	2013年
综合医院	27.02	33.38
社区/乡镇医院	18.21	20.80
小诊所、卫生室	20.76	20.31
专科医院	32.00	42.66
其他	27.75	12.50

在就诊等候时间方面，2010年在5类医疗卫生机构的就诊等候时间由长到短依次为：综合医院（53.11分钟）、专科医院（42.56分钟）、其他（35.91分钟）、社区/乡镇医院（28.06分钟）、小诊所和卫生室（15.27分钟）。2013年，除小诊所、卫生室及其他外，在其他类型医疗卫生机构的就诊等候时间均增加了，尤其是在综合医院和专科医院的就诊等候时间均超过1个小时。在社区/乡

镇医院的就诊等候时间较短，为半个小时，而在小诊所和卫生室仅需等候13.07分钟（见表3-48）。

表3-48　2010年、2013年在不同类型医疗卫生机构的就诊等候时间

单位：分钟

医疗卫生机构	2010年	2013年
综合医院	53.11	61.45
社区/乡镇医院	28.06	30.84
小诊所、卫生室	15.27	13.07
专科医院	42.56	62.41
其他	35.91	15.60

上海居民反映就诊等候时间过长等看病难问题，其实质是病人在三甲医院及对著名专家医生的等候时间过长，在一般二级医院和社区/乡镇医院，无论从到达所需时间还是等候时间来看均不长。造成这一问题的主要原因：①从需求方来看，涌入三甲医院就医的病人过多。由于二级医院和社区卫生服务中心功能发挥不足，其合理分流就医人流的作用并不明显，导致相当多的患者直接涌入三甲医院。另外，因为上海医疗水平全国领先，大量外来人口涌入上海就医，这部分人群主要选择三甲医院和著名专家医生就诊，患者数量剧增导致排队等候时间过长。②从供给方来看，高端医疗资源供给仍存在结构性问题。尽管上海高端医疗资源总量不少，但在医疗分科愈加细化的背景下，面对全市将近2400万常住人口以及大量外来人口的医疗需求，上海专科特色类高端医院的数量仍然不足，比如优质儿童医院、牙科医院、骨科医院、妇产科医院等的数量不足、规模明显不够，导致市民排号、排队就诊的难度较大。另外，如今医院诊疗中运用医疗设备检查较为普遍，但是检查、化验等往往只在本医院内进行，在同时有较多患者进行检查、化验的情况下，排队等待检查、化验的时间会很长甚至相当长，这也大大增加了患者看病难的痛苦。针对以上就医问题，相关部门应加大优质高端医疗资源供给力度，深入推进医疗卫生体制改革。

（三）就医满意度

居民对医护人员的态度、医生的水平、医院的环境、医院的设备、就医的秩序的满意度能够较好地反映居民就医的整体满意度。

数据显示，与 2010 年相比，2013 年居民在各方面的就医满意度都有较大提升，其中对医护人员态度的满意度上升最为明显。从 2013 年的数据来看，居民对医院的环境、医院的设备的满意度最高，对医生水平的满意度最低（见图 3 - 22）。

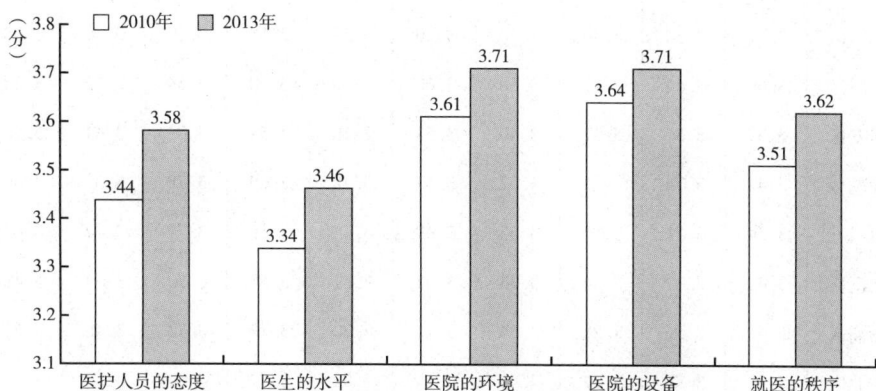

图 3 - 22　2010 年、2013 年上海居民的就医满意度

注：图中数据为基于 5 级量表的得分，分值越高表示满意度越高，5 分为非常满意，1 分为非常不满意。

1. 各区县居民就医满意度

在医护人员的态度方面，从 2010 年到 2013 年，居民就医满意度上升的区有虹口区、静安区、普陀区、浦东新区、杨浦区、闸北区。2013 年静安区居民对医护人员的态度最为满意，徐汇区居民最为不满（见表 3 - 49）。

在医生的水平方面，大部分区县的居民在此项上的满意度有所上升，但是宝山区、黄浦区、闵行区居民在此项上的满意度略有下降。整体而言，在 2013 年调查的 14 个区县中，浦东新区、松江区居民对医生水平的满意度最高，宝山区居民在此项上的满意度最低。

在医院的环境方面，宝山区、虹口区、黄浦区、杨浦区居民的满意度有所下降，浦东新区、闸北区、闵行区、普陀区居民的满意度则明显上升。从 2013 年的数据来看，闸北区居民对医院环境的满意度最高，嘉定区居民的满意度最低。

在医院的设备方面，除宝山区和黄浦区外，其他区居民的满意度均有不同程度的上升。2013 年闸北区居民对医院设备的满意度明显高于其他区县居民，而黄浦区、嘉定区居民在此项上的满意度则较低，与其他区县存在一定差距。

表 3-49　2010 年、2013 年各区县居民就医满意度

区县	医护人员的态度		医生的水平		医院的环境		医院的设备		就医的秩序	
	2010 年	2013 年	2010 年	2013 年	2010 年	2013 年	2010 年	2013 年	2010 年	2013 年
宝山区	3.40	3.38	3.27	3.24	3.87	3.60	3.84	3.59	3.75	3.55
虹口区	3.37	3.52	3.40	3.50	3.60	3.54	3.58	3.60	3.46	3.38
黄浦区	3.66	3.44	3.47	3.38	3.60	3.56	3.60	3.54	3.56	3.58
静安区	3.59	3.80	3.37	3.40	3.54	3.60	3.54	3.73	3.41	3.20
普陀区	3.43	3.74	3.28	3.62	3.57	3.78	3.60	3.78	3.51	3.80
浦东新区	3.24	3.71	3.20	3.63	3.49	3.78	3.56	3.77	3.42	3.65
徐汇区	3.42	3.37	3.34	3.34	3.62	3.62	3.65	3.70	3.43	3.48
杨浦区	3.40	3.56	3.28	3.54	3.71	3.70	3.72	3.72	3.48	3.61
闸北区	3.43	3.78	3.37	3.44	3.64	3.92	3.77	4.00	3.58	3.80
闵行区	3.64	3.64	3.56	3.54	3.69	3.81	3.63	3.73	3.61	3.62
长宁区	3.45	—	3.50	—	3.63	—	3.59	—	3.54	—
崇明县	—	3.52	—	3.33	—	3.79	—	3.72	—	3.67
嘉定区	—	3.47	—	3.39	—	3.53	—	3.55	—	3.68
金山区	—	3.67	—	3.29	—	3.76	—	3.73	—	3.76
松江区	—	3.71	—	3.63	—	3.87	—	3.85	—	3.85

注：表中数据为基于 5 级量表的得分，分值越高表示满意度越高，5 分为非常满意，1 分为非常不满意。

在就医的秩序方面，2010 年宝山区居民的满意度较其他区县的居民高，静安区、浦东新区、徐汇区居民的满意度偏低。2013 年，除宝山区、虹口区、静安区外，其他区县居民对就医秩序的满意度较 2010 年有所上升，其中松江区居民的满意度最高，静安区居民的满意度最低。

2. 年龄与就医满意度

2010 年数据显示，除对医生水平的满意度外，中老年人（41～70 岁）在其他各项上的就医满意度均高于青年人（18～40 岁），而 31～40 岁居民在各项上的就医满意度均为最低（见表 3-50）。

表 3 – 50   2010 年不同年龄段居民就医满意度

单位：分

	18 ~30 岁	31 ~40 岁	41 ~50 岁	51 ~60 岁	61 ~70 岁
医护人员的态度	3.38	3.28	3.51	3.52	3.51
医生的水平	3.36	3.26	3.39	3.35	3.32
医院的环境	3.55	3.49	3.65	3.66	3.77
医院的设备	3.58	3.52	3.70	3.71	3.67
就医的秩序	3.48	3.43	3.52	3.55	3.59

注：表中数据为基于 5 级量表的得分，分值越高表示满意度越高，5 分为非常满意，1 分为非常不满意。

在医生的水平方面，41 ~50 岁居民的满意度最高，其次为 18 ~30 岁的居民，31 ~40 岁居民的满意度最低。在医护人员的态度方面，51 ~60 岁居民的满意度最高。在医院的环境方面，61 ~70 岁居民的满意度最高。在医院的设备方面，51 ~60 岁居民的满意度最高。在就医的秩序方面，61 ~70 岁居民的满意度最高。

除在医院的设备方面 41 ~50 岁居民的满意度有所下降外，2013 年不同年龄段居民对就医各个方面的满意度均有所上升。但 31 ~40 岁居民的满意度在各年龄段居民中依然最低，而老年人（61 ~70 岁）在各项上的就医满意度均为最高（见表 3 – 51）。

表 3 – 51   2013 年不同年龄段居民就医满意度

单位：分

	18 ~30 岁	31 ~40 岁	41 ~50 岁	51 ~60 岁	61 ~70 岁
医护人员的态度	3.43	3.41	3.66	3.68	3.73
医生的水平	3.48	3.34	3.46	3.48	3.55
医院的环境	3.64	3.61	3.68	3.78	3.84
医院的设备	3.67	3.62	3.67	3.75	3.86
就医的秩序	3.61	3.49	3.66	3.66	3.69

注：表中数据为基于 5 级量表的得分，分值越高表示满意度越高，5 分为非常满意，1 分为非常不满意。

3. 户籍与就医满意度

调查数据显示，本地户籍居民在医护人员的态度、医院的环境和就医的秩序这三个方面的满意度均高于外地户籍居民，而外地户籍居民对于医生水平的满意度则更高。不同户籍居民对就医秩序的满意度差异不大（见表 3 – 52）。

表 3-52 2010 年、2013 年不同户籍居民就医满意度

单位：分

	2010 年		2013 年	
	本地户籍	外地户籍	本地户籍	外地户籍
医护人员的态度	3.46	3.35	3.62	3.48
医生的水平	3.33	3.37	3.45	3.50
医院的环境	3.63	3.55	3.74	3.64
医院的设备	3.65	3.58	3.74	3.65
就医的秩序	3.51	3.50	3.61	3.66

注：表中数据为基于 5 级量表的得分，分值越高表示满意度越高，5 分为非常满意，1 分为非常不满意。

从 2010 年到 2013 年，本地户籍居民和外地户籍居民对医护人员的态度、医生的水平、医院的环境、医院的设备、就医的秩序的满意度均有不同程度的上升。从 2013 年的数据来看，本地户籍居民对医院的环境和医院的设备的满意度最高，对医生的水平的满意度最低；外地户籍居民对就医的秩序的满意度最高，对医护人员的态度的满意度最低。

三　照顾与服务

上海是中国最早进入老龄化的城市之一，人口老龄化呈现程度高、发展速度快、高龄化突出等特点。独居老人、空巢老人等急需照顾的人群规模逐年扩大。根据《2012 年上海市老年人口和老龄事业监测统计信息》，上海市户籍人口 1462.93 万人，60 岁及以上老年人口 367.32 万人，占总人口的 25.1%。预计到 2025 年上海人口老龄化比例将在 35% 左右。[①]

调查数据显示，上海居民家里有成员需要其他人长期帮助（例如生理或心理残疾及老人）的比例在 10% 左右，2010 年为 13.56%，2013 年为 10.67%。大部分居民选择在家照顾需要帮助的成员，2010 年选择看护设施的居民比例为 19.23%，2013 年这一比例上升到 24.11%。

（一）各区县需要家庭照顾服务的情况

在 2010 年调查的区中，黄浦区有需要家庭长期照顾的居民比例最高，为

[①] 《上海市老龄化状况最严重》，http：//www.yinhang.com/a_2014_0514_220716.html，最后访问日期：2014 年 5 月 14 日。

22.31%；长宁区比例最低，不到5%，其他区基本在10%～15%。而2013年，有4个区（虹口区、静安区、普陀区、徐汇区）的居民反映家中有人需要长期照顾，比例在15%以上，与2010年相比数量有所增加。此外，黄浦区、浦东新区、杨浦区、闸北区和闵行区居民家中有人需要长期照顾的比例下降了，其中闸北区比例最低，为2.00%（见表3-53）。

表3-53 2010年、2013年各区县需要家庭照顾服务的居民比例

单位：%

区县	2010年	2013年	区县	2010年	2013年
宝山区	7.27	13.27	闸北区	12.05	2.00
虹口区	15.38	20.00	闵行区	10.81	5.56
黄浦区	22.31	9.62	长宁区	3.57	—
静安区	16.28	20.00	崇明县	—	9.30
普陀区	15.07	18.00	嘉定区	—	9.21
浦东新区	10.84	8.24	金山区	—	2.22
徐汇区	14.41	17.82	松江区	—	9.52
杨浦区	13.48	10.10			

（二）照顾服务水平

上海市政府对照顾服务一直都有持续的投入，以老年医疗服务资源为例，从2005年到2013年，机构数从13家增长至20家，建筑面积也翻倍增加，床位数增长了近一倍（见表3-54）。

表3-54 2005～2013年主要年份老年医疗服务情况

	2005年	2010年	2012年	2013年
机构数（家）	13	14	17	20
建筑面积（平方米）	59742	101048	221099	226806
床位数（张）	2353	3285	4035	4471
住院人次（人次）	4346	10322	9724	11084

资料来源：王建平、马俊贤，2014。

在居家养老服务方面，2013年上海市共有社区老年人日间服务机构340家、社区助老服务社230个，日托老年人1.2万人，社区居家养老服务月服务28.20万人，有13万老年人获得政府补贴（见表3-55）。

表 3 - 55　2005～2013 年主要年份上海市居家养老服务情况

	2005 年	2010 年	2012 年	2013 年
社区老年人日间服务机构数(家)	83	303	313	340
日托老年人数(万人)	0.21	0.90	1.10	1.20
社区助老服务社(个)	233	233	231	230
社区居家养老服务月服务人数(万人)	5.48	25.20	27.20	28.20
获得政府补贴的老年人(万人)	3.94	13.00	12.60	13.00

资料来源：王建平、马俊贤，2014。

相关研究表明，居家养老仍然是我国最主要的养老模式，而家庭照顾者是居家养老的主要照顾力量。

2010 年，上海居民不选择看护设施的原因依次是道德上觉得应由家人照顾好（51.64%）、其他（24.59%）、费用太贵（21.31%）、对那些设施不太满意（2.46%）（见表 3 - 56）。"其他"主要包括认为家庭成员虽然需要他人长期照顾，但是没有必要使用看护设施。

表 3 - 56　2010 年、2013 年上海居民不选择看护设施的原因

单位：%，个

原　因	2010 年	样本数	原　因	2013 年	样本数
道德上觉得应由家人照顾好	51.64	63	道德上觉得应由家人照顾好	53.57	45
费用太贵	21.31	26	费用太贵	21.43	18
对那些设施不太满意	2.46	3	对那些设施不太满意	5.95	5
其他	24.59	30	养老机构床位不足	4.76	4
			其他	14.29	12
合　计	100	122	合　计	100	84

2013 年调查数据显示，在没有选择使用看护设施的居民中，超过 50% 的居民认为道德上觉得应由家人照顾好，21.43% 的居民认为费用太贵，对那些设施不太满意或认为养老机构床位不足的比例仅在 5% 左右。

第四节　就业

就业保障和工作环境是就业的二级指标。

一 就业保障

就业保障（Employment Security）是指防止发生随意解雇现象、确保与经济活力相配的就业稳定性。

（一）全职就业率

就业直接关系到千家万户，与社会的和谐稳定息息相关。上海居民整体就业状况较好。调查数据显示，94%以上的拥有非农工作的受访者目前全职就业，非全职就业比例较低。与2010年相比，2013年全职就业率略有上升（见表3-57）。

表3-57 2010年、2013年上海居民全职就业情况

单位：%

	2010年	2013年
全职就业	94.39	94.44
非全职就业	5.61	5.56

1. 各区县居民全职就业率

2010年，闸北区居民全职就业率最低，为90.32%。闵行区、徐汇区、杨浦区和长宁区居民的全职就业率均在当年上海居民平均全职就业率以上（见表3-58）。

表3-58 2010年、2013年各区县居民全职就业率

单位：%

区县	2010年	2013年	区县	2010年	2013年
宝山区	92.11	96.20	杨浦区	94.79	94.83
虹口区	90.91	100.00	闸北区	90.32	92.86
黄浦区	93.15	91.67	长宁区	94.59	—
静安区	94.29	93.33	崇明县	—	82.61
闵行区	100.00	90.00	嘉定区	—	93.10
浦东新区	93.33	96.19	金山区	—	93.33
普陀区	94.16	92.86	松江区	—	97.83
徐汇区	100.00	98.33			

2013年，在所调查的14个区县中，虹口区居民的全职就业率最高，崇明县居民的全职就业率最低，仅为82.61%。此外，黄浦区、静安区、闵行区、普陀

区、闸北区、嘉定区和金山区居民的全职就业率均在当年上海居民平均全职就业率以下。

2. 受教育程度与全职就业率

全职就业率与受教育程度相关，受教育程度越高，全职就业率越高。

2010年，上海居民全职就业率为94.39%，大专及以上学历居民的全职就业率超过上海市平均水平。本科学历居民就业状况最好，97.40%的居民在上海全职就业。小学及以下受教育程度居民的全职就业率不到90%（见表3-59）。

表3-59　2010年、2013年不同受教育程度居民的全职就业情况

单位：%

受教育程度	2010年	2013年
小学及以下	88.46	87.50
初中	92.75	92.77
高中/中专/技校	93.40	94.92
大专	94.62	95.97
本科	97.40	98.17
研究生及以上	96.97	96.00

2013年调查数据显示，小学及以下受教育程度居民的全职就业率下降至87.50%，与其他受教育程度的居民相比明显偏低。本科学历居民的全职就业率最高，达到98.17%。

（二）失业保险参保率

2000年上海市城镇登记失业人数为20.08万人，2010年增长至27.73万人，2013年又降至25.37万人。其间，上海市的城镇登记失业率一直稳定在4%左右（见表3-60）。

表3-60　2000～2013年主要年份上海市城镇登记失业率

单位：%

2000年	2010年	2012年	2013年
3.5	4.2	4.2	4.2

资料来源：王建平、马俊贤，2014。

调查数据显示，2010 年上海居民参加失业保险的比例为 41.03%，2013 年下降至 33.65%。相比其他省会城市，上海居民参加失业保险的比例最高，说明上海的就业保障及相关工作的整体水平较高。

1. 各区县居民失业保险参保率

调查数据显示，2010 年闵行区居民失业保险参保率最高，达 50.68%，黄浦区、徐汇区、闸北区和长宁区偏低，略高于 30%。与 2010 年相比，虹口区、黄浦区、徐汇区、闸北区居民的失业保险参保率有不同程度的上升，其中杨浦区居民的失业保险参保率最高；松江区最低，不到 10% （见表 3-61）。

表 3-61 2010 年、2013 年上海市各区县居民失业保险参保率

单位：%

区县	2010 年	2013 年	区县	2010 年	2013 年
宝山区	43.64	40.18	闸北区	31.71	44.00
虹口区	44.23	46.00	闵行区	50.68	25.23
黄浦区	31.40	32.69	长宁区	32.14	—
静安区	40.48	36.67	崇明县	—	32.56
普陀区	45.21	34.00	嘉定区	—	22.37
浦东新区	44.51	27.81	金山区	—	46.67
徐汇区	31.36	36.63	松江区	—	9.26
杨浦区	48.92	46.94			

2. 户籍与失业保险参保率

本地户籍居民失业保险的参保率明显高于外地户籍居民。

2010 年本地户籍居民失业保险参保率为 46.42%，而外地户籍居民失业保险参保率却不到 20%。2013 年，不同户籍居民的失业保险参保率均有所上升，但外地户籍居民参保率上升得并不明显，且与本地户籍居民的差距进一步拉大（见图 3-23）。

城乡居民失业保险参保率差异明显。数据显示，农业户口居民的失业保险参保率远低于非农业户口居民。2013 年农业户口居民的失业保险参保率为 10.88%，而非农业户口居民的参保率则达到 45.44%，居民户口居民的参保率为 17.65% （见图 3-24）。

为推进上海城乡发展一体化，2015 年 4 月上海市人力资源和社会保障局与

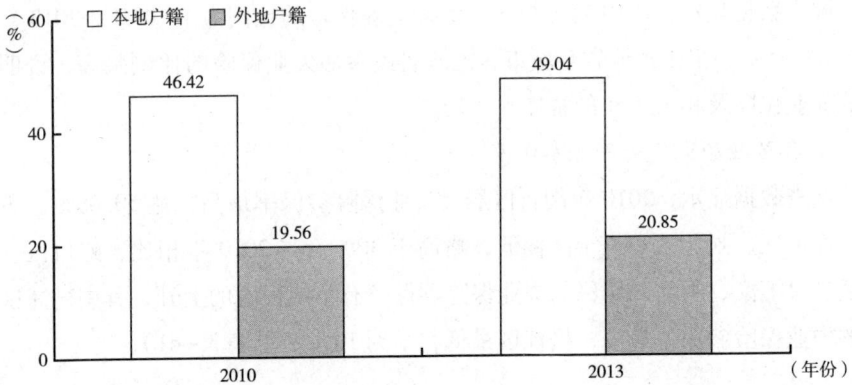

图 3 - 23　2010 年、2013 年不同户籍居民参加失业保险的情况

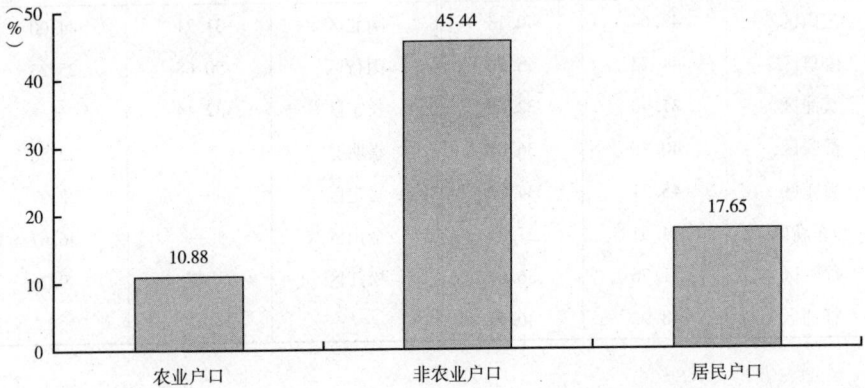

图 3 - 24　2013 年不同户籍居民参加失业保险情况

上海市财政局发文明确上海实施城乡职工统一的失业保险制度，上海农村户籍人员与城镇户籍人员履行相同的失业保险缴费义务，享受同等的失业保险待遇。

3. 单位/企业类型与失业保险参保率

不同类型单位/企业员工失业保险参保率差距较大。根据 2013 年在职居民的调查数据，各类型单位/企业员工失业保险参保率由高到低分别是：党政机关（84.62%）、事业单位（68.00%）、社会团体（57.14%）、企业（56.22%）、其他（16.00%）和无单位/自雇/自办（5.26%）。无单位/自雇/自办单位/企业员工失业保险参保率明显偏低，不到 10%（见表 3 - 62）。

表 3 - 62　2013 年不同类型单位/企业员工参加失业保险情况

单位：%，个

单位/企业类型	失业保险参保率	样本数
党政机关	84.62	13
企业	56.22	466
事业单位	68.00	50
社会团体	57.14	7
无单位/自雇/自办	5.26	95
其他	16.00	25
合　计	100	656

4. 单位/企业所有制性质与失业保险参保率

根据 2013 年在职居民的调查数据，2013 年国有或国有控股单位/企业员工失业保险参保率最高，为 43.69%，其次为私有/民营或私有/民营控股单位/企业员工，参保率为 31.72%。外资所有或外资控股单位/企业员工失业保险参保率较低，仅为 14.56%。集体所有或集体控股单位/企业和港澳台资所有或港澳台资控股单位/企业员工的失业保险参保率明显偏低（见表 3 - 63）。

表 3 - 63　2013 年不同所有制性质单位/企业员工参加失业保险情况

单位：%，个

单位/企业所有制性质	失业保险参保率	样本数
国有或国有控股	43.69	175
集体所有或集体控股	3.56	17
私有/民营或私有/民营控股	31.72	313
港澳台资所有或港澳台资控股	2.91	16
外资所有或外资控股	14.56	72
其他	3.56	50
合　计	100	643

（三）失业可能性

上海居民主观认为个人就业保障水平下降。数据显示，2010 年，只有 7.76% 的上海居民认为未来 6 个月内有可能（含非常有可能和有可能）失业，而2013年这一比例上升到15.64%。同时，主观认同自己不可能或非常不可能在未来6个月内失业的居民比例下降了7.12个百分点（见图3-25）。

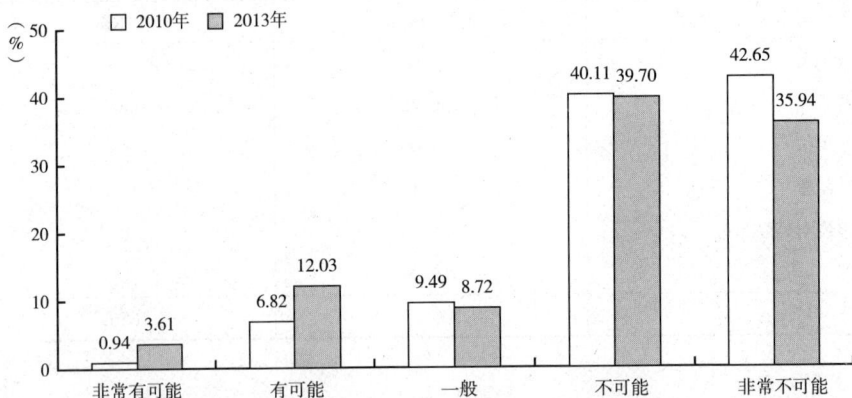

图3-25　2010年、2013年上海居民认为自己在未来6个月内失业的可能性

1. 户籍与失业可能性

与本地户籍居民相比，外地户籍居民对就业的稳定性更为悲观，认为未来6个月内失业的可能性更大（见表3-64）。

表3-64　2010年、2013年不同户籍居民主观的失业可能性

单位：%

	2010年		2013年	
	本地户籍居民	外地户籍居民	本地户籍居民	外地户籍居民
非常有可能	0.53	2.20	3.39	3.97
有可能	5.85	9.89	9.20	16.67
一般	9.40	9.89	7.02	11.51
不可能	38.48	44.51	39.95	39.29
非常不可能	45.74	33.52	40.44	28.57

2010年数据显示，84.22%的本地户籍居民认为未来6个月内不可能失业，而外地户籍居民的这一比例则不到80%。同时，有超过10%的外地户籍居民认为未来6个月内有可能或非常有可能失业，远高于本地户籍居民。

2013年，不同户籍居民认为未来6个月内失业的可能性都增加了。认为未来6个月内有可能或非常有可能失业的外地户籍居民的比例超过了20%，

而认为不可能或非常不可能失业的外地户籍居民比例则下降了 10 个百分点以上。

2. 职业与失业可能性

2010 年数据显示，机关单位负责人、事业单位负责人和农林牧渔业人员的就业稳定性较高。服务业人员、产业工人的就业稳定性较差。专业技术人员、企业负责人、办事人员、商业人员认为未来 6 个月内有可能和非常有可能失业的比例均在 10% 以内，而认为不可能或非常不可能失业的比例则超过了 80%（见表 3 - 65）。

表 3 - 65　2010 年不同职业居民收入稳定性

单位：%

职业类别	非常有可能	有可能	一般	不可能	非常不可能
机关单位负责人	0.00	0.00	0.00	75.00	25.00
事业单位负责人	0.00	0.00	0.00	40.00	60.00
专业技术人员	0.54	6.52	8.70	36.41	47.83
企业负责人	0.00	3.70	7.41	40.74	48.15
办事人员	1.08	3.78	6.49	36.76	51.89
商业人员	1.47	6.62	11.76	45.59	34.56
服务业人员	0.76	11.45	12.98	38.93	35.88
农林牧渔业人员	0.00	0.00	0.00	100.00	0.00
产业工人	2.04	8.16	8.16	55.10	26.53
未分类职业	0.00	12.00	16.00	28.00	44.00

2013 年，国家机关、党群组织、事业单位负责人的就业稳定性最好，其次为企业管理人员和中、高级专业技术人员，一般工人的就业稳定性最差。数据显示，89.66% 的企业管理人员认为未来 6 个月内不可能或非常不可能失业，而一般工人中仅有 65.63% 的人持这一观点。与此同时，一般工人中有超过 25% 的人认为未来 6 个月内非常有可能或有可能失业，明显高于其他职业群体（见表 3 - 66）。从 2010 年到 2013 年，总体而言，各职业类别从业人员的就业稳定性均有所下降。

表 3－66　2013 年不同职业居民收入稳定性

单位：%

职业类别	非常有可能	有可能	一般	不可能	非常不可能
国家机关、党群组织、事业单位负责人	0	0	0	0	100
企业管理人员	1.72	6.9	1.72	39.66	50.00
中、高级专业技术人员	4.05	5.41	9.46	37.84	43.24
一般专业技术人员	0	11.94	11.94	41.79	34.33
小业主、自雇者	2.27	11.36	6.82	36.36	43.18
办事人员和有关人员	4.26	7.45	9.57	42.55	36.17
技术工人	2.27	15.45	9.55	41.82	30.91
一般工人	9.38	15.63	9.38	35.42	30.21
其他（军人及其他不便分类从业人员）	0	33.33	0	0	66.67

（四）提前得到终止劳动合同的通知的平均时间

雇主在终止劳动合同前通知被雇者的时间长度能够反映社会就业保障的程度。调查数据显示，在有被解聘或被迫辞职经历的受访者中，2010 年提前得到终止劳动合同的通知的平均时间为 46.98 天，2013 年为 43.94 天。

2010 年数据显示，在各种所有制性质的单位/企业中，党政机关员工提前得到终止劳动合同的通知的平均时间最长，为 55.4 天，股份制企业、集体企业员工提前得到终止劳动合同的通知的平均时间最短，不到 10 天。值得注意的是，国有事业单位员工提前得到终止劳动合同的通知的平均时间也较短，仅 15 天（见图 3－26）。

2013 年的总体趋势与 2010 年一致，员工提前得到终止劳动合同的通知的平均时间由长到短依次为国有或国有控股单位/企业、外资所有或外资控股单位/企业、私有/民营或私有/民营控股单位/企业、集体所有或集体控股单位/企业、其他单位/企业（见图 3－27）。

二　工作环境

全职工作的员工每周工作的小时数是测量工作环境的重要指标。上海居民工作强度增加。数据显示，2010 年上海居民中全职工作的员工每周工作的小时数为 42.73 小时，2013 年则增加至 47.59 小时。

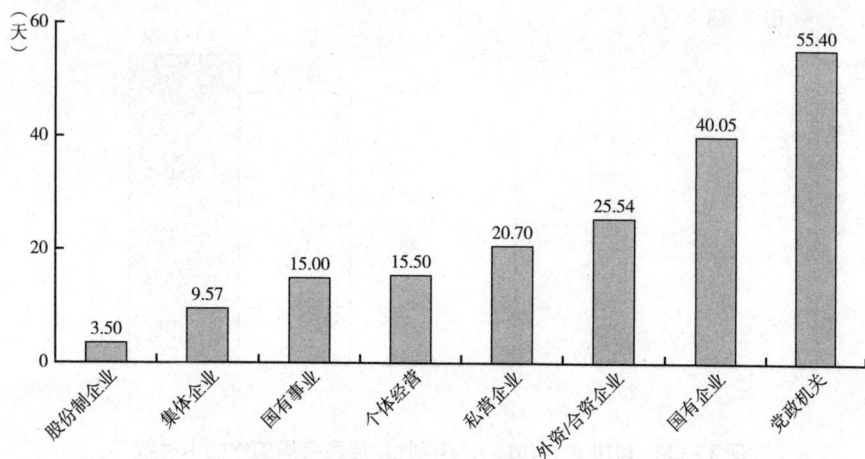

**图 3 – 26　2010 年不同所有制性质的单位/企业员工提前得到
终止劳动合同的通知的平均时间**

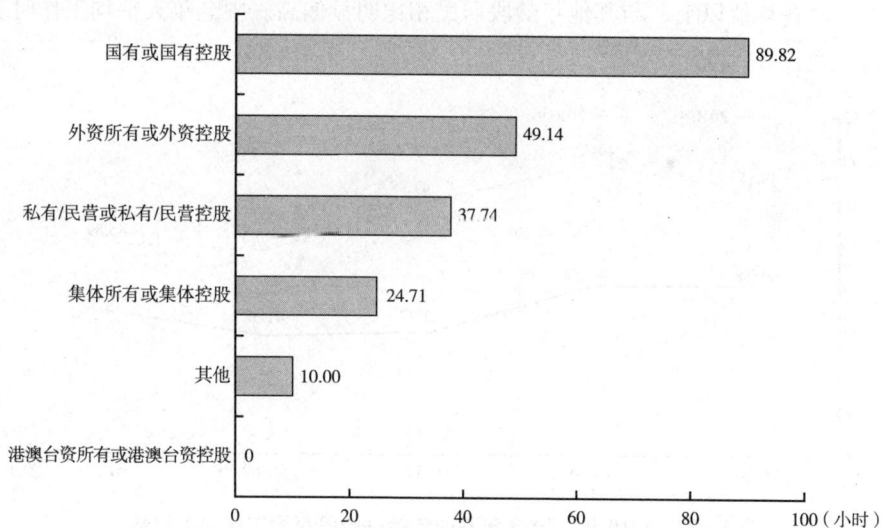

**图 3 – 27　2013 年不同所有制性质的单位/企业职工提前得到
终止劳动合同的通知的平均时间**

1. 性别与每周工作的小时数

调查数据显示，从 2010 年到 2013 年，不管是男性还是女性每周工作时间都增
加了 5 小时左右。总体而言，女性工作时间比男性工作时间更长（见图 3 – 28）。

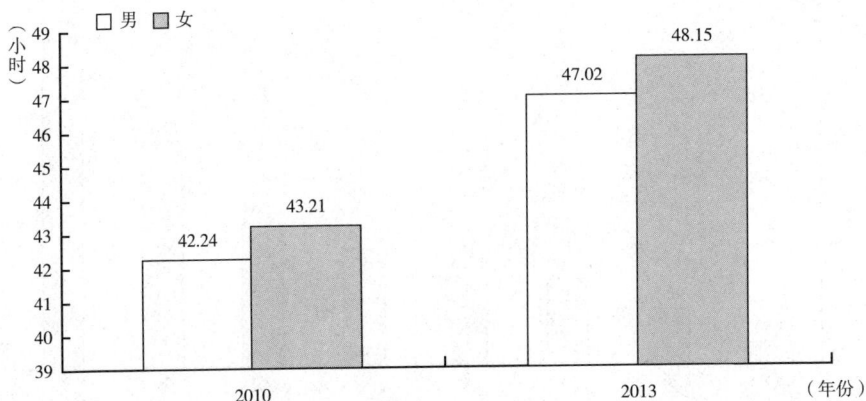

图 3 - 28　2010 年、2013 年不同性别居民每周工作的小时数

2. 年龄与每周工作的小时数

2010 年上海居民每周平均工作时长为 42.73 分钟，青年人（18～40 岁）的工作时间在均值以上，与其他年龄段居民相比明显偏高。中老年人平均工作时长较短（见图 3 - 29）。

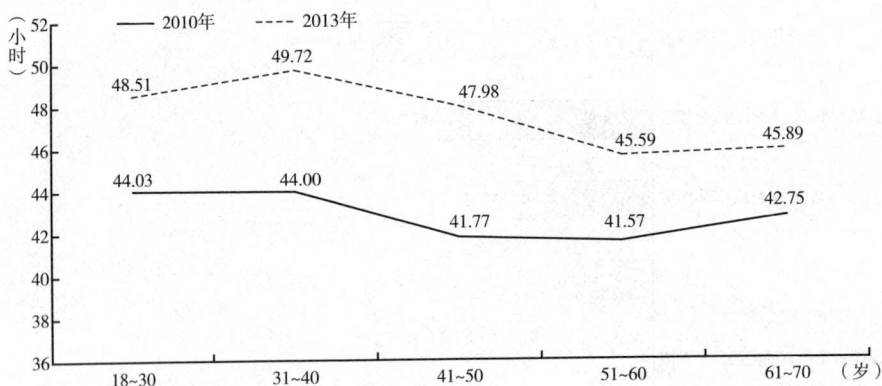

图 3 - 29　2010 年、2013 年不同年龄段居民每周工作的小时数

2013 年，31～40 岁居民每周工作时长最长，为 49.72 小时；51～60 岁居民每周工作时长最短，为 45.59 小时。

从 2010 年到 2013 年，各年龄段居民每周工作时长均有不同程度的增加，其中 41～50 岁居民每周工作时间的绝对值增加最多。总体而言，青年人工作强度明显大于中老年人。

3. 职业与每周工作的小时数

2010 年调查数据显示，农林牧渔业从业人员每周工作的小时数最长，为 49.69 小时，其次为服务业人员和产业工人。其他类型职业从业人员工作时长差异不大（见图 3－30）。

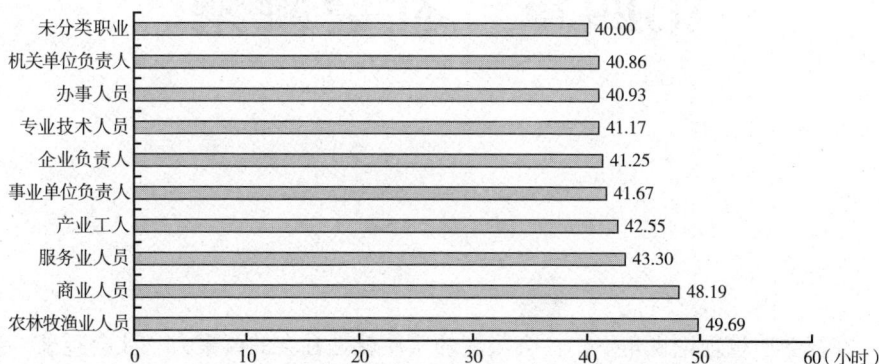

图 3－30　2010 年不同职业群体每周工作的小时数

2013 年的职业分类与 2010 年略有不同。小业主、自雇者每周工作时长在 60 小时以上，明显高于其他职业从业人员。农民每周工作时长也较长，为 54.95 小时；国家机关、党群组织、事业单位负责人每周工作时间最短，以一周工作 5 天来计算，平均每天工作 8 小时（见图 3－31）。

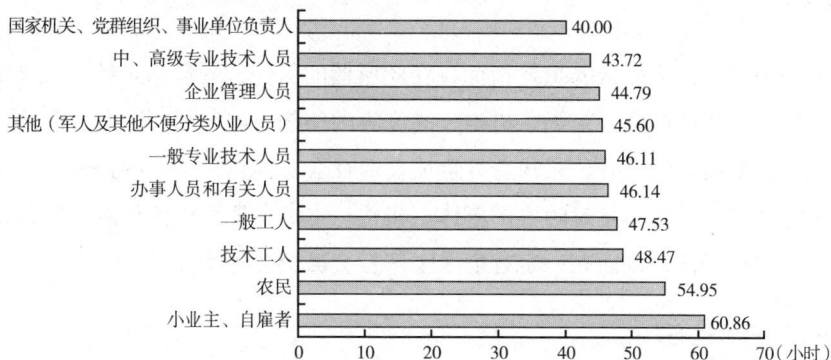

图 3－31　2013 年不同职业群体每周工作的小时数

第四章　社会凝聚

在社会质量理论视角下，社会凝聚的实质就是社会的凝聚力。社会凝聚，指的是以团结为基础的集体认同，揭示的是基于共享价值和规范的社会关系的本质，并考察一个社会的关系在何种程度上能够保有整体性、维系基本价值规范。人们对社会整体的信任度、参与度等都能在一定意义上体现当前社会的社会凝聚程度。社会凝聚的一级指标包括信任、其他整合的规范与价值观、社会网络、社会认同与社会宽容。

第一节　信任

信任是测量社会质量的重要指标，在此所谓的信任，既包括对社会大众的信任，也包括对特殊群体、组织、机构、制度等的信任，如教师、朋友、政府、政党等。社会凝聚力的提升，意味着社会成员对社会总体信任水平的提升，不论是对熟识的群体、机构还是对陌生的群体、机构。本章主要分析信任的二级指标一般信任与特殊信任，进而在一定程度上了解社会凝聚的情况。

一　一般信任

在一般信任指标上，在此主要用"您对社会上大多数人的态度是值得信任还是需要小心"这一问题进行测量。了解受访者对社会上大多数人的信任情况，有助于我们了解其一般信任情况。如图 4-1 所示，在 2010 年调查中，当问及社会上大多数人是值得信任还是需要小心时，表示值得信任的受访者所占比例为41.49%，同时表示需要小心的受访者所占比例为58.51%。而在2013年的调查中，持上述两种观点的人数基本持平，其中表示值得信任的受访者所占比例上升至49.33%，认为需要小心的受访者比例则相应地有所下降，为50.67%。从整体上说，社会成员对社会的总体信任度有所提升，但仍值得我们重视的是持需要小心观点的人所占比例仍旧过半，均高于认为社会上大多数人值得信任的人所占的比例。因此，为进一步提升社会凝聚力、增强社会成员对社会的信任感，政府相关部门应对此进行深入的调查研究，针对具体问题出台相应的整改措施。

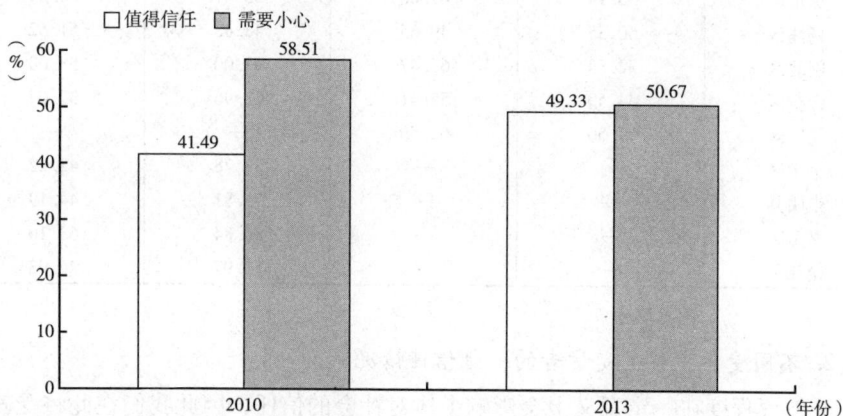

图4-1 受访者对社会上大多数人的信任情况

1. 各区县受访者的一般信任情况

如表4-1所示，上海市各区县受访者认为社会上大多数人值得信任的比例存在差异。2010年，持社会上大多数人值得信任观点的受访者所占比例不足50%的区占绝大多数，仅有宝山区和杨浦区的比例相对较高，分别为52.73%、50.35%。将2013年数据与2010年数据进行比较，我们发现，在各区中，除4个区外，表示值得信任的受访者所占比例有所上升，因此我们可以说，2013年上海市大多数区县的社会信任度得到明显的提升，其中获得较大提升的区为闵行区、黄浦区和徐汇区。然而我们应该重视的是，持需要小心观点的受访者比例在8个区中均超过半数。总之，虽然社会一般信任度有一定的提升，但任重而道远。应通过政府与社会全体成员的共同努力，不断提升社会总体的信任度，维系良好的社会关系，共同建设和谐社会。

表4-1　2010年、2013年各区县受访者的一般信任情况

单位：%

区县	2010年		2013年	
	值得信任	需要小心	值得信任	需要小心
宝山区	52.73	47.27	41.59	58.41
虹口区	44.23	55.77	40.00	60.00
黄浦区	38.84	61.16	55.77	44.23
静安区	46.51	53.49	36.67	63.33
普陀区	39.73	60.27	50.00	50.00
浦东新区	39.16	60.84	48.82	51.18
徐汇区	38.14	61.86	53.47	46.53
杨浦区	50.35	49.65	48.48	51.52
闸北区	32.53	67.47	42.00	58.00
闵行区	44.59	55.41	62.96	37.04
长宁区	37.50	62.50	—	—
金山区	—	—	57.78	42.22
崇明县	—	—	55.81	44.19
嘉定区	—	—	36.84	63.16
松江区	—	—	53.97	46.03

2. 不同受教育程度受访者的一般信任情况

受教育程度在一定意义上会影响个体对社会的信任，因此我们在此将受教育程度与受访者对社会上大多数人的信任情况进行交互分析，得到表4-2。2010年的调查数据显示，在持社会上大多数人值得信任观点的受访者中，占比最高的为没有接受正式教育的受访者，为66.67%，其次为研究生及以上受教育程度的受访者，而持值得信任观点且所占比例相对较低的受访者的受教育程度主要集中于小学、初中、高中/中专/技校。将2013年数据与2010年数据进行比较，从持值得信任观点受访者所占比例来看，社会总体信任度有明显上升。其中，持值得信任观点的受访者的受教育程度集中于没有接受正式教育与研究生及以上，拥有研究生及以上学历的人所占比例最高，为64.00%。同样，持值得信任观点、所占比例偏低的受访者的受教育程度偏低。对这一情况的解释是：受教育程度偏低，一方面影响了受访者看问题的角度与深度，另一方面对其向上流动造成诸多阻碍，致使该群体以较为消极的态度看待社会，进而影响了其对社会总体的信任度；与之相反，受教育程度相对较高的群体，在接受教育的过程中往往会形成科学的价值观、人生观，并且宽广的眼界也能够帮助他们以更加积极的心态看待社

会。而对那些没有接受正式教育的受访者而言，他们所占比例在半数以上的原因则可能与他们所处的地域有密切的关系。由于他们中的大多数处于偏远、穷苦的农村，生性淳朴、善良，所接触的事务较为单纯，因此对社会的信任度较高。

表4-2 2010年、2013年不同受教育程度受访者的一般信任情况

单位：%

受教育程度	2010年		2013年	
	值得信任	需要小心	值得信任	需要小心
没有接受正式教育	66.67	33.33	58.33	41.67
小学	34.00	66.00	50.91	49.09
初中	34.48	65.52	46.67	53.33
高中/中专/技校	40.06	59.94	48.59	51.41
大专	45.05	54.95	49.09	50.91
本科	47.76	52.24	50.77	49.23
研究生及以上	51.43	48.57	64.00	36.00

3. 不同户籍受访者的一般信任情况

通过比较两年调查数据（见表4-3）的结果可发现，拥有外地户籍的、认为社会上大多数人值得信任的受访者所占比例由2010年的48.02%下降至2013年的43.73%；相反，持社会上大多数人值得信任观点的本地户籍受访者所占比例有较大的提升，达到51.69%。这一情况出现的原因很可能与外地户籍的受访者在上海享受的福利、待遇等不如本地户籍的受访者有密切的关系。因此，在努力提升上海本地居民的福利、待遇水平时，政府还应该适当地对外地户籍人口给予一定的关注，根据现状制定相应的政策，改善外地户籍人口在沪的境况，以促进上海更好地朝和谐社会的方向迈进。

表4-3 2010年、2013年不同户籍受访者的一般信任情况

单位：%

户籍	2010年		2013年	
	值得信任	需要小心	值得信任	需要小心
本地户籍	39.82	60.18	51.69	48.31
外地户籍	48.02	51.98	43.73	56.27

4. 不同个人年收入受访者的一般信任情况

如表4-4所示，通过将个人年收入与一般信任度进行交互分析不难发现，除年收入在100000元及以上的受访者，2013年认为社会上大多数人值得信任的受访者所占比例普遍高于2010年。其中，收入在100000元及以上与收入低于15000元的受访者，持社会上大多数人值得信任的观点的比例都处于相对较高的水平。这一分布的状况，与表4-2不同受教育程度受访者的一般信任度相似。收入与受教育程度在一定程度上相关联，受教育程度越高，收入也相应地有所增加，进而人们的一般信任度也随之有所提升。不容忽视的是，尽管个人年收入低于15000元，但是在2013年认同社会上大多数人值得信任的受访者所占比例过半，为51.55%。可将这一现象解释为：这类低收入的群体往往属于底层劳动人民，他们生活在熟人社会当中，因此对社会的信任度处于较高的水平。总之，我们应当通过施行相应的政策，缓和社会矛盾，进一步提升社会成员的信任度，促进政治、经济、文化等各方面协调发展。

表4-4　2010年、2013年不同个人年收入受访者的一般信任情况

单位：%

个人年收入	2010年		2013年	
	值得信任	需要小心	值得信任	需要小心
<15000	42.08	57.92	51.55	48.45
[15000,30000)	38.52	61.48	48.08	51.92
[30000,50000)	39.22	60.78	48.52	51.48
[50000,100000)	43.72	56.28	49.73	50.27
≥100000	56.58	43.42	50.00	50.00

二　特殊信任

（一）对各类社会角色的信任

通过了解受访者对包括家人、邻居、朋友、不同信仰的人、医生以及警察等在内的社会角色的信任情况，进一步了解社会大众对不同社会角色的信任度差异。

表4-5的数据显示，在上述社会角色中，对家人表示完全信任的受访者所占比例最高，为80.10%。其次为朋友，对其持比较信任观点的受访者所占比例

为 63.71%。再次为教师，对其持比较信任观点的受访者所占比例为 54.48%。医生与警察的情况相近，对其持比较信任观点的受访者所占比例分别为 46.76%、46.62%。相比之下，在比较信任方面，选择老乡的受访者所占比例高于选择政府官员的受访者比例，为 42.19%，而对政府官员，有 43.05% 的受访者表示对其的信任度处于一般水平。而在问及对跟自身有不同信仰的人与外地人的信任度方面，对前者表示完全信任的受访者所占比例会稍微高于后者。对以血缘关系为基础的家人的信任度高是毋庸置疑的。古语云"远亲不如近邻"，但是我们所得到的数据显示，受访者对邻居的信任度相比朋友而言处于相对较低的水平。因此，社区应该多开展活动，增进邻里之间的了解，进而提升邻里间的信任度，建立良好的邻里关系。此外，受访者对政府官员的低信任度问题需要引起重视。如今腐败问题较为严峻，虽说反腐行动在持续不断地进行，但是仍旧需要加强对政府官员的监督，实现政务公开、透明，同时政府官员应走进人民群众，坚持"从群众中来，到群众中去"的指导思想，为民众办实事，才能得到社会大众的认可，提升政府官员的公信力。

表 4-5　2013 年受访者对各类社会角色的信任情况

单位：%

社会角色	完全不信任	不太信任	一般	比较信任	完全信任
家人	0.00	0.29	1.71	17.90	80.10
邻居	0.57	4.48	37.33	50.29	7.33
朋友	0.10	1.52	25.14	63.71	9.52
不同信仰的人	1.81	13.24	59.90	23.14	1.90
医生	1.14	9.14	36.95	46.76	6.00
警察	1.81	8.77	35.37	46.62	7.44
教师	0.76	4.76	32.10	54.48	7.90
政府官员	6.57	23.33	43.05	25.33	1.71
外地人	3.14	16.67	55.90	23.81	0.48
老乡	0.57	3.62	50.38	42.19	3.24

从 4-6 表中，我们不难看出，除朋友外，对上述社会角色持比较信任与完全信任观点的受访者所占比例普遍有所提升，其中比例上升幅度最大的为对不同信仰的人持比较信任观点的受访者所占比例，从 2010 年的 6.39%，迅速提升至 2013 年的 23.14%，虽然相比上述其他群体而言所占比例仍旧处于较低的水平，

但是我们不能否认对这类人群表示比较信任的受访者比例上升的事实。这一现象的出现意味着社会大众的包容度有相应的提升，当然，我们还需要进一步鼓励社会大众以更加包容的心态对待他人。

表4-6　2010年、2013年受访者对各类社会角色的信任情况

单位：%

社会角色	完全不信任		不太信任		一般		比较信任		完全信任	
	2010年	2013年	2010年	2013年	2010年	2013年	2010年	2013年	2010年	2013年
家人	0.27	0.00	0.27	0.29	2.75	1.71	16.84	17.90	79.88	80.10
邻居	0.35	0.57	5.59	4.48	43.00	37.33	43.79	50.29	7.27	7.33
朋友	0.18	0.10	1.51	1.52	25.02	25.14	59.63	63.71	13.66	9.52
不同信仰的人	5.06	1.81	17.76	13.24	69.98	59.90	6.39	23.14	0.80	1.90
医生	2.04	1.14	8.87	9.14	42.82	36.95	43.17	46.76	3.10	6.00
警察	3.19	1.81	9.22	8.77	37.50	35.37	42.73	46.62	7.36	7.44

1. 各区县受访者对各类社会角色的信任情况

从表4-7中，我们可以得知2010年、2013年各区县中对各类社会角色持信任观点的受访者所占比例的变化情况。首先，各区县中对各类社会角色持信任观点的受访者所占比例在总体上有所提升，其中比例上升最快的为对与自身有不同信仰的人表示信任的受访者的比例。其次，对各类社会角色持信任观点的受访者所占比例，从高到低依次为家人、朋友、邻居、警察、医生及与自身有不同信仰的人。最后，2013年，除与自身有不同信仰的人外，相比2010年，虹口区对上述社会角色持信任观点的受访者所占比例均有所下降，其中下降最快的为对邻居持信任观点的受访者比例，从2010年的55.77%下降至2013年的38.00%，对此，可能的解释是：由于较多的外来人口租住在此区域，人口流动性较大，邻里的熟悉度较低，因此对其持信任观点的受访者所占比例有所下降。

表4-7　2010年、2013年各区县受访者对各类社会角色的信任情况

单位：%

区县	家人		邻居		朋友	
	2010年	2013年	2010年	2013年	2010年	2013年
宝山区	96.37	99.12	60.00	46.90	70.91	72.56
虹口区	94.23	94.00	55.77	38.00	73.08	62.00
黄浦区	96.70	99.94	45.45	53.84	72.50	61.54
静安区	95.35	100.00	46.51	40.00	67.44	73.33
普陀区	98.17	94.00	50.23	66.00	70.77	78.00

续表

区县	家人		邻居		朋友	
	2010 年	2013 年	2010 年	2013 年	2010 年	2013 年
浦东新区	96.99	98.82	51.21	69.41	71.09	76.47
徐汇区	100.00	98.02	52.54	52.47	77.12	81.19
杨浦区	95.03	97.98	46.10	54.54	74.47	69.70
闸北区	92.77	98.00	59.03	62.00	69.88	74.00
闵行区	100.00	97.22	55.41	57.41	76.79	70.37
长宁区	92.86	—	48.21	—	76.79	—
金山区	—	97.78	—	62.22	—	56.00
崇明县	—	100.00	—	81.40	—	83.72
嘉定区	—	96.05	—	46.05	—	61.84
松江区	—	100.00	—	69.84	—	79.37
总计	96.72	98.00	51.06	57.62	73.29	73.23

区县	不同信仰的人		医生		警察	
	2010 年	2013 年	2010 年	2013 年	2010 年	2013 年
宝山区	3.64	22.12	60.00	50.44	61.82	46.90
虹口区	7.84	18.00	46.15	32.00	46.16	46.00
黄浦区	9.92	21.16	48.76	53.84	43.80	55.77
静安区	9.31	20.00	55.81	43.33	39.54	44.83
普陀区	6.85	26.00	48.41	62.00	47.03	66.00
浦东新区	6.02	31.18	40.36	58.83	52.41	61.17
徐汇区	7.63	27.72	34.75	48.51	51.69	49.50
杨浦区	7.14	24.24	45.39	44.44	48.93	37.37
闸北区	7.23	26.00	38.55	56.00	53.01	48.00
闵行区	5.40	29.63	64.87	53.70	62.16	58.34
长宁区	8.93	—	42.86	—	48.22	—
金山区	—	26.67	—	44.45	—	62.22
崇明县	—	34.88	—	55.81	—	62.80
嘉定区	—	13.16	—	52.63	—	51.32
松江区	—	19.05	—	73.02	—	69.84

2. 不同受教育程度的受访者对各类社会角色的信任情况

从表 4-8 中我们可以看出，受教育程度为高中/中专/技校、大专、本科的受访者，对警察表示信任的比例有所下降，其中下降幅度最大的为本科学历的受访者比例，从 2010 年的 46.76% 下降至 2013 年的 40.77%。2013 年，除受教育程度为高中/中专/技校的受访者外，其他受教育程度的受访者对家人表示信任的比例均高于95%；没有接受正式教育的受访者表示信任邻居的比例高于其他受教育程度的受访者，尽管从2010年至2013年，该类受教育程度的受访者对邻居表示信任的比例有所下降；表示信任朋友、不同信仰的人的受访者中，比例相对较高的为本科及以上学历的受访者，其中受教育程度为研究生及以上的受访者表示信任朋友的比例高达96.00%。对此，可能的解释是，由于受教育程度较高，其所接触的朋友都属于综合素养相对较高的人，且他们对生活与工作持严谨的态度，一旦与他人建立朋友关系，就意味着他们早已经过考量且认可朋友的人品，对朋友的信任度自然处于较高水平。2013年，表示信任医生与警察的受访者所占比例较有规律。从小学到初中，随着受教育程度的提升，表示信任上述两类社会角色的受访者所占比例随之下降。总之，通过对表4-8的分析，我们可大体得出一个结论，即受教育程度属于没有接受正式教育与研究生及以上的人，相较其他受教育程度的人，表示信任上述各类社会角色的受访者所占比例均处于较高的水平。

表4-8 2010年、2013年不同受教育程度的受访者对各类社会角色的信任情况

单位：%

受教育程度	家人		邻居		朋友	
	2010年	2013年	2010年	2013年	2010年	2013年
没有接受正式教育	100.00	100.00	83.33	69.45	58.33	72.23
小学	92.00	99.09	64.00	66.37	70.00	69.09
初中	95.79	96.67	48.28	56.33	63.46	68.34
高中/中专/技校	96.54	94.83	48.99	55.98	70.02	69.01
大专	97.74	100.00	49.10	54.55	79.28	79.40
本科	98.50	99.23	55.72	56.93	83.09	85.38
研究生及以上	94.29	100.00	48.57	60.00	94.42	96.00

受教育程度	不同信仰的人		医生		警察	
	2010年	2013年	2010年	2013年	2010年	2013年
没有接受正式教育	8.33	27.78	66.67	72.23	66.66	80.56
小学	6.00	30.00	46.00	69.09	42.00	78.18
初中	4.62	23.67	43.68	59.00	53.64	56.67
高中/中专/技校	6.65	21.12	46.68	46.48	51.58	49.47
大专	8.11	26.06	46.39	47.27	49.10	46.06
本科	9.96	29.23	48.26	41.54	46.76	40.77
研究生及以上	11.43	32.00	42.86	44.00	40.00	52.00

3. 不同户籍的受访者对各类社会角色的信任情况

表 4 - 9 的数据显示，2010 年外地户籍的受访者表示信任各类社会角色的比例均高于本地户籍的受访者，而 2013 年，外地户籍的受访者表示信任邻居、朋友、不同信仰的人的比例都低于本地户籍的受访者。对此，可能的解释是，随着外来人口的增多，外来人口在所获得的社会保障等方面都不如上海本地人。他们缺乏安全感与保障，因此，对社会的信任度有所下降。所以，政府在保障上海本地人利益的同时，也要颁布相应的法律、法规，保障外地户籍的人在沪的利益，当然也要适度控制上海的总人口数，进而缓和本地人与外地人之间的矛盾。

表 4 - 9　2010 年、2013 年不同户籍的受访者对各类社会角色的信任情况

单位：%

户籍	家人		邻居		朋友	
	2010 年	2013 年	2010 年	2013 年	2010 年	2013 年
本地户籍	96.66	97.97	50.73	59.54	71.97	75.23
外地户籍	96.91	98.07	52.86	53.06	78.32	68.49

户籍	不同信仰的人		医生		警察	
	2010 年	2013 年	2010 年	2013 年	2010 年	2013 年
本地户籍	7.02	26.79	45.83	52.36	48.72	52.84
外地户籍	7.93	20.90	48.46	53.70	55.94	56.91

4. 不同个人年收入的受访者对各类社会角色的信任情况

从表 4 - 10 中我们可以看出，2010 年，收入在 50000 元及以上的受访者表示信任各类社会角色的比例普遍较高，而 2013 年个人年收入低于 15000 元的受访者表示信任各类社会角色的比例也较高。2013 年，对警察、医生这类社会角色，随着受访者收入的增长，对其表示信任的受访者所占比例有所下降，其中收入在 100000 元及以上的受访者对警察与医生表示信任的比例较低，分别为 42.62%、39.35%。由于近年来医患关系、贪污腐败等问题受到网络等媒体的揭露，而收入较高的群体的受教育程度也普遍处于较高的水平，他们使用互联网等媒体的频率很高，在网络等媒体的影响下，他们对这两类社会角色的信任度较低。

表4-10 2010年、2013年不同个人年收入的受访者对各类社会角色的信任情况

单位：%

个人年收入	家人		邻居		朋友	
	2010年	2013年	2010年	2013年	2010年	2013年
<15000	95.48	97.43	49.77	63.40	70.45	77.31
[15000,30000)	96.04	97.76	53.83	55.77	68.34	68.59
[30000,50000)	98.27	98.32	45.69	56.96	76.29	69.20
[50000,100000)	97.27	97.84	52.46	57.29	81.42	75.14
≥100000	96.06	99.18	55.26	54.92	78.95	83.61

个人年收入	不同信仰的人		医生		警察	
	2010年	2013年	2010年	2013年	2010年	2013年
<15000	7.73	27.32	43.89	60.31	48.86	65.98
[15000,30000)	7.93	25.32	47.75	56.09	52.50	58.19
[30000,50000)	5.17	21.94	45.69	56.54	51.72	53.59
[50000,100000)	4.92	23.78	47.00	43.24	46.99	42.70
≥100000	14.47	28.69	53.95	39.35	47.37	42.62

（二）对社会组织/媒体的信任

除了对各类社会角色的信任外，对社会组织/媒体的信任度也不容忽视。通过询问受访者对各类社会组织/媒体的信任度，我们可了解社会大众对不同社会组织/媒体的信任度处于何种水平。

如表4-11所示，相比2010年，2013年受访者表示信任地方政府与慈善机构的比例在一定程度上有明显的下降，其中，表示比较信任慈善机构的受访者所占比例下降得更为明显，从2010年的41.67%下降至2013年的28.00%，这可能与之前被新闻媒体披露的个别公益组织贪污腐败的丑闻有关。由数据可知，受访者表示信任军队与中央政府的比例远高于对其他社会组织/媒体的信任，对其表示完全信任的受访者比例2013年高达25.52%。紧随其后的为对司法机关与地方政府表示信任的受访者比例，其中对司法机关与地方政府表示比较信任的受访者2013年所占比例分别为39.81%、35.24%。而表示信任宗教团体、电视、网络的受访者所占比例相对较小，其中表示信任网络的受访者所占比例最小。这一现象的出现与网络的开放性和匿名化的特点有关，很多人会选择在网络上隐藏自己的真实身份，畅所欲言，并且随着近年来网络诈骗事件层出不穷，人们对网络的信任度自然会受到影响。

表4-11　2010年、2013年受访者对各类社会组织/媒体的信任情况

单位：%

社会组织/媒体	完全不信任		不太信任		一般		比较信任		完全信任	
	2010年	2013年	2010年	2013年	2010年	2013年	2010年	2013年	2010年	2013年
宗教团体	7.24	3.62	23.68	19.43	55.32	54.38	11.53	20.57	2.23	2.00
军队	1.24	1.52	3.02	3.90	28.31	28.38	47.91	40.67	19.52	25.52
电视	2.75	2.96	17.29	21.26	49.29	42.33	27.75	28.22	2.93	5.24
司法机关	1.77	1.71	8.69	9.90	39.80	39.14	42.11	39.81	7.62	9.43
地方政府	2.48	2.38	9.13	14.00	38.12	42.00	42.55	35.24	7.71	6.38
中央政府	1.33	1.33	4.79	5.90	29.26	28.38	47.43	38.86	17.20	25.52
慈善机构	1.42	5.43	9.22	20.10	43.35	43.62	41.67	28.00	4.34	2.86
网络	11.02	8.11	34.58	36.26	45.78	44.75	7.82	9.92	0.80	0.95

1. 各区县受访者对各类社会组织/媒体的信任情况

从表4-12中我们可以看出，相比2010年，2013年各区县受访者表示信任慈善机构的比例有所下降。另外，相比其他区县，普陀区受访者表示信任各类社会组织/媒体（除慈善机构外）的比例有所上升。而徐汇区、杨浦区、闸北区与闵行区受访者表示信任军队、司法机关、地方政府、中央政府、慈善机构的比例均有所下降，此外，闵行区的受访者表示信任网络的比例也有所下降。然而，相比其他区而言，崇明县受访者表示信任各类社会组织/媒体的比例较高。

表4-12　2010年、2013年各区县受访者对各类社会组织/媒体的信任情况

单位：%

区县	宗教团体		军队		电视		司法机关	
	2010年	2013年	2010年	2013年	2010年	2013年	2010年	2013年
宝山区	7.27	21.23	81.81	56.63	36.37	25.66	60.00	41.59
虹口区	15.38	10.00	59.61	72.00	34.62	22.00	40.39	44.00
黄浦区	18.33	26.92	59.51	67.31	34.71	28.84	55.37	44.23
静安区	16.28	36.66	58.14	56.67	32.56	30.00	34.88	43.34
普陀区	11.87	26.00	70.78	86.00	33.33	54.00	53.42	66.00
浦东新区	14.11	23.53	71.08	67.06	23.49	36.09	50.60	57.64
徐汇区	12.93	19.80	66.10	60.39	26.27	24.75	43.22	38.61
杨浦区	15.94	21.21	63.58	62.62	27.66	30.30	42.55	42.42
闸北区	4.82	16.00	74.70	68.00	31.33	38.00	50.60	44.00

续表

区县	宗教团体		军队		电视		司法机关	
	2010 年	2013 年	2010 年	2013 年	2010 年	2013 年	2010 年	2013 年
闵行区	14.86	26.85	71.27	69.44	37.84	39.81	62.16	53.71
长宁区	21.43	—	58.93	—	28.57	—	44.64	—
金山区	—	11.11	—	60.00	—	24.45	—	48.89
崇明县	—	41.86	—	83.72	—	53.49	—	62.79
嘉定区	—	17.10	—	55.26	—	23.68	—	36.85
松江区	—	25.39	—	77.78	—	47.62	—	68.26

区县	地方政府		中央政府		慈善机构		网络	
	2010 年	2013 年	2010 年	2013 年	2010 年	2013 年	2010 年	2013 年
宝山区	47.27	36.28	69.09	59.29	47.27	23.89	5.45	8.85
虹口区	42.31	40.00	61.54	58.00	40.39	16.00	17.65	2.00
黄浦区	53.72	38.46	67.77	65.39	45.46	34.62	10.75	7.69
静安区	32.56	40.00	46.51	70.00	46.52	16.67	9.30	20.00
普陀区	52.97	60.00	63.47	82.00	50.23	46.00	6.43	14.00
浦东新区	51.20	47.06	63.86	69.42	49.40	33.53	6.63	8.28
徐汇区	45.77	38.61	62.72	57.42	41.52	26.73	5.93	7.00
杨浦区	44.68	36.36	61.00	57.57	43.97	20.20	12.14	15.15
闸北区	61.44	38.00	75.91	54.00	38.55	26.00	4.82	10.00
闵行区	63.51	47.22	77.03	70.37	47.29	35.18	13.51	10.19
长宁区	42.86	—	57.14	—	48.21	—	8.93	—
金山区	—	33.33	—	55.55	—	37.77	—	13.33
崇明县	—	55.81	—	81.40	—	41.86	—	23.26
嘉定区	—	27.63	—	53.94	—	25.00	—	13.16
松江区	—	46.03	—	79.37	—	53.97	—	12.70

2. 不同受教育程度的受访者对各类社会组织/媒体的信任情况

从表4-13中我们可以看出，相比2010年，2013年研究生及以上学历的受访者表示信任各类社会组织/媒体的比例有所下降。其中表示信任慈善机构的受访者比例下降得最为明显。同时，相比受教育程度较高的受访者，受教育程度偏低的受访者表示信任各类社会组织/媒体的比例更高，特别是没有接受正式教育的受访者。总之，从表4-13中我们可以发现信任的两极分化现象：2013年，学历较高者对宗教团体等社会组织/媒体的信任度偏低，而没有接受正式教育的受访者对宗教团体等社会组织/媒体的信任度偏高。

表4-13 2010年、2013年不同受教育程度的受访者对各类社会组织／媒体的信任情况

单位：%

受教育程度	宗教团体		军队		电视		司法机关	
	2010年	2013年	2010年	2013年	2010年	2013年	2010年	2013年
没有接受正式教育	9.09	30.56	75.00	86.11	33.34	55.55	75.00	69.44
小学	10.00	36.36	74.00	80.91	36.00	48.62	52.00	75.46
初中	10.81	20.66	68.84	70.00	36.02	38.00	49.05	51.33
高中/中专/技校	12.79	20.78	68.87	68.66	33.14	33.81	51.30	50.36
大专	15.00	18.18	65.32	56.97	25.22	23.03	50.90	32.73
本科	16.00	23.86	64.68	48.46	24.38	20.00	45.78	38.46
研究生及以上	31.43	16.00	60.00	52.00	28.57	16.00	42.85	32.00

受教育程度	地方政府		中央政府		慈善机构		网络	
	2010年	2013年	2010年	2013年	2010年	2013年	2010年	2013年
没有接受正式教育	66.67	55.55	75.00	83.34	50.00	58.34	8.33	8.57
小学	56.00	67.27	70.00	87.27	44.00	53.63	8.16	9.09
初中	52.11	39.33	65.52	68.33	49.81	39.33	9.23	10.37
高中/中专/技校	52.45	45.78	68.59	63.73	46.40	27.81	8.36	10.56
大专	49.10	39.09	63.06	52.73	40.99	12.73	6.31	10.91
本科	44.28	30.00	57.22	49.23	45.27	19.23	11.00	15.39
研究生及以上	42.85	32.00	60.00	52.00	51.42	4.00	8.57	8.00

3. 不同户籍的受访者对各类社会组织／媒体的信任情况

从表4-14中我们可以看出，一方面，2013年，不论是本地户籍还是外地户籍，受访者表示信任军队、地方政府与慈善机构的比例，相较2010年均有所下降；另一方面，将2013年本地户籍的受访者与外地户籍的受访者表示信任各类社会组织／媒体的比例与2010年进行比较不难发现，外地户籍的受访者表示信任各类社会组织／媒体（除慈善机构、网络外）的比例，均比本地户籍受访者的比例低，这在一定程度上意味着外地人比本地人缺乏更多的安全感，而这正与他们缺乏社会保障有较大的关系。所以，应提升对来沪的外地户籍人口的保障水平，提升他们的安全感。

表4-14　2010年、2013年不同户籍的受访者对各类社会组织/媒体的信任情况

单位：%

户籍	宗教团体		军队		电视		司法机关	
	2010年	2013年	2010年	2013年	2010年	2013年	2010年	2013年
本地户籍	13.82	24.36	67.70	67.25	30.93	37.13	49.17	51.01
外地户籍	13.65	18.33	66.96	62.38	29.96	24.76	52.42	45.01

户籍	地方政府		中央政府		慈善机构		网络	
	2010年	2013年	2010年	2013年	2010年	2013年	2010年	2013年
本地户籍	50.61	45.61	64.29	65.49	45.28	29.63	8.48	11.11
外地户籍	49.34	32.15	66.07	61.73	49.34	33.77	9.25	10.32

4. 不同个人年收入的受访者对各类社会组织/媒体的信任情况

从表4-15中我们可以发现，2013年个人年收入在100000元及以上的受访者表示信任各类社会组织/媒体的比例相比2010年均有所下降，其中对慈善机构表示信任的受访者所占比例下降得最快。收入高低在一定程度上受到受教育程度的影响，二者之间存在正相关关系。个人年收入低于15000元的受访者信任各类社会组织/媒体的比例均处于较高的水平。对此现象，我们的解释是：个人年收入低的群体的认知受到受教育程度的限制，且他们对上述社会组织/媒体的了解通常来自学校或者电视新闻联播的报道，而学校与电视新闻联播往往是传递正能量的渠道，进而这类人群的价值观容易受其影响，因而呈现积极、正面的心态。

表4-15　2010年、2013年不同个人年收入的受访者对各类社会组织/媒体的信任情况

单位：%

个人年收入	宗教团体		军队		电视		司法机关	
	2010年	2013年	2010年	2013年	2010年	2013年	2010年	2013年
<15000	15.66	32.47	64.70	68.04	30.32	37.82	50.22	56.19
[15000,30000)	10.67	21.47	70.63	73.72	35.62	40.38	52.77	58.97
[30000,50000)	11.26	19.83	72.84	64.98	28.45	32.91	52.58	48.10
[50000,100000)	14.76	19.46	65.03	62.70	26.23	25.94	44.26	38.38
≥100000	27.63	19.67	59.21	51.64	26.31	21.31	43.42	31.97

个人年收入	地方政府		中央政府		慈善机构		网络	
	2010年	2013年	2010年	2013年	2010年	2013年	2010年	2013年
<15000	45.24	47.42	61.99	67.01	43.44	43.30	8.14	13.99
[15000,30000)	56.20	49.68	67.04	72.43	48.29	38.46	7.17	11.54
[30000,50000)	53.02	40.93	68.53	63.71	46.56	30.38	10.77	9.29
[50000,100000)	44.81	33.51	61.20	56.75	43.72	16.76	7.65	9.19
≥100000	44.74	25.41	60.52	52.46	50.00	13.94	13.33	9.92

第二节 其他整合的规范与价值观

其他整合的规范与价值观的二级指标包括利他主义与社会契约。其中，利他主义（altruism）是指个体在特定的时间和空间下，为了增加社会利益或他人的利益而牺牲个人利益的生活态度和行为。利他主义可被看作从某种所谓人的本性，例如从爱心出发，或者为了更有利于实现个人利益而关心他人利益，甚至为了他人利益牺牲某些个人利益。除此之外，利他主义在一定程度上与社会凝聚存在正相关关系。利他主义能够促进社会凝聚力的提升，原因在于人与人之间的凝聚力来自人与人之间的联结。如社会成员之间存在相互帮助等意识，那么社会凝聚力就存在。在此，利他主义的三级测量指标主要包括自愿献血与志愿活动。

一 利他主义

（一）自愿献血

通过参与献血，能够帮助许多挣扎于生死线的人摆脱生命危险，因此献血在一定程度上是利他主义的主要表现之一。而且，参与献血在一定意义上属于自愿行为，倘若自身无献血的意愿，那么也不会参与献血，因此我们认为献血均出于个人意愿。从图4-2中我们可了解受访者参与自愿献血的情况。具体来看，从2010年至2013年，参与自愿献血的受访者比例有所下降，从34.04%下降至26.95%。对于此现象的出现，我们认为，一方面，这与社会大众对献血知识了解甚少有着密切的关系。社会上大多数人往往担心献血会对自身的健康造成危害，从而陷入献血的

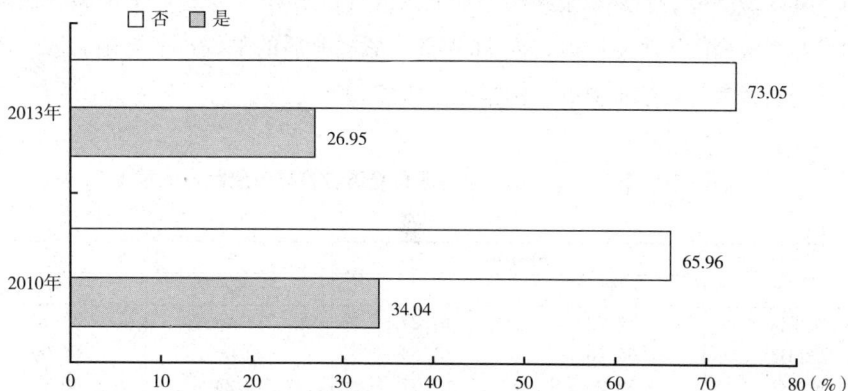

图4-2 2010年、2013年受访者参与自愿献血的情况

误区。另一方面，这还与近年来由于献血而染上传染病的事件有关，这些事件使人们产生恐惧的心理，进而对献血有抵触心理。因此，我们需要进一步普及献血知识，引导人们走出献血的误区，同时加强对献血组织、机构的卫生监督工作，保证献血的安全性，鼓励更多的人加入献血的队伍中。

如图4-3所示，从2010年至2013年，献血次数在3次及以上的受访者所占比例从17.19%下降至15.55%；献血次数少于3次的受访者所占比例从82.81%上升至84.45%。

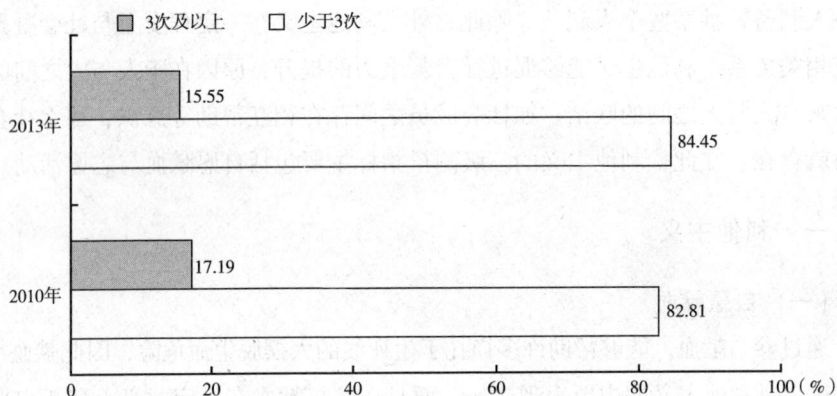

图4-3 2010年、2013年受访者参与自愿献血的次数

1. 各区县受访者参与自愿献血的情况

从表4-16中我们可以看出，从2010年至2013年，只有闸北区的受访者参与自愿献血的比例提升了11.9个百分点，其余各区的受访者参与自愿献血的比例都有所下降。2013年，自愿献血参与率最低的区县是崇明县，仅为11.63%，而自愿献血参与率最高的区为金山区，为44.44%，紧随其后的是虹口区与闸北区。剩下各区的受访者参与自愿献血的比例相近，均在20%左右。

表4-16 2010年、2013年各区县受访者参与自愿献血的情况

单位：%

区县	2010年		2013年	
	是	否	是	否
宝山区	32.73	67.27	31.86	68.14
虹口区	38.46	61.54	36.00	64.00
黄浦区	32.23	67.77	19.23	80.77
静安区	27.91	72.09	26.67	73.33

续表

区县	2010 年		2013 年	
	是	否	是	否
普陀区	36.53	63.47	22.00	78.00
浦东新区	37.95	62.05	24.12	75.88
徐汇区	32.20	67.80	28.71	71.29
杨浦区	33.33	66.67	30.30	69.70
闸北区	24.10	75.90	36.00	64.00
闵行区	33.78	66.22	25.00	75.00
长宁区	39.29	60.71	—	—
金山区	—	—	44.44	55.56
崇明县	—	—	11.63	88.37
嘉定区	—	—	21.05	78.95
松江区	—	—	22.22	77.78

2. 不同受教育程度受访者参与自愿献血的情况

根据受教育程度与参与自愿献血情况的交互分析得到表 4-17。从表 4-17 中我们可以看出，从 2010 年至 2013 年，除了没有接受正式教育的受访者外，其余受教育程度的受访者参与自愿献血的比例均有所下降，以受教育程度为研究生及以上的受访者比例下降最为明显，从 57.14% 降至 20.00%。这意味着，尽管受教育程度高，仍旧有很大一部分人陷入献血误区，对献血存在抵触心理，所以普及献血知识显得尤为迫切。

表 4-17　2010 年、2013 年不同受教育程度受访者参与自愿献血的情况

单位：%

受教育程度	2010 年		2013 年	
	是	否	是	否
没有接受正式教育	8.33	91.67	13.89	86.11
小学	26.00	74.00	17.27	82.73
初中	26.44	73.56	24.67	75.33
高中/中专/技校	34.01	65.99	28.52	71.48
大专	35.14	64.86	33.94	66.06
本科	42.29	57.71	33.08	66.92
研究生及以上	57.14	42.86	20.00	80.00

3. 不同户籍的受访者参与自愿献血的情况

根据表 4-18 所显示的数据，从 2010 年至 2013 年，本地户籍的受访者与外地户籍的受访者参与自愿献血的比例都有所下降。具体来说，尽管受访者参与自愿献血的比例均处于较低的水平，且呈现下降趋势，但是本地户籍的受访者参与自愿献血的比例还是高于外地户籍的受访者。综合来说，政府、学校、媒体等仍需加大献血活动宣传的力度，培养更多的人的利他主义精神，让人们了解献血的无害性。

表 4-18　2010 年、2013 年不同户籍受访者参与自愿献血的情况

单位：%

户籍	2010 年		2013 年	
	是	否	是	否
本地户籍	36.60	63.40	30.45	69.55
外地户籍	23.35	76.65	18.65	81.35

4. 不同个人年收入的受访者参与自愿献血的情况

通过将个人年收入与参与自愿献血情况做交互分析得到表 4-19。基于表 4-19，我们可以得出以下结论。首先，自愿献血的参与率不论 2010 年还是 2013 年均低于 50%，处于较低的水平；其次，从 2010 年数据来看，个人年收入与自愿献血的参与率基本呈正比关系，年收入在 50000～100000 元的受访者自愿献血的参与率最高，为 46.99%；最后，个人年收入在 100000 元及以上的受访者，2013 年自愿献血的参与率相比其他收入群体要高。

表 4-19　2010 年、2013 年不同个人年收入的受访者参与自愿献血的情况

单位：%

个人年收入	2010 年		2013 年	
	是	否	是	否
<15000	26.70	73.30	20.62	79.38
[15000,30000)	30.34	69.66	25.96	74.04
[30000,50000)	31.90	68.10	29.54	70.46
[50000,100000)	46.99	53.01	27.03	72.97
≥100000	46.05	53.95	34.43	65.57

（二）志愿活动

参与志愿活动是利他主义的主要行为之一。通过利用个人的空闲时间，参加一些有意义的志愿活动，不仅能够给予他人帮助，而且能够提升自身的能力，尽到公民的责任与义务。如图 4-4 所示，参与志愿活动的受访者比例从 2010 年的 24.56% 上升至 2013 年的 29.52%，这表明受访者对志愿活动的参与积极性有一定的提高。同时，我们也应当注意到70%以上的受访者均表示未参加过志愿活动。由此可见，社会仍需要加大宣传乐于奉献等相关利他主义精神的力度，鼓励更多的人加入志愿服务的队伍中，以促进良好社会道德风尚的形成。

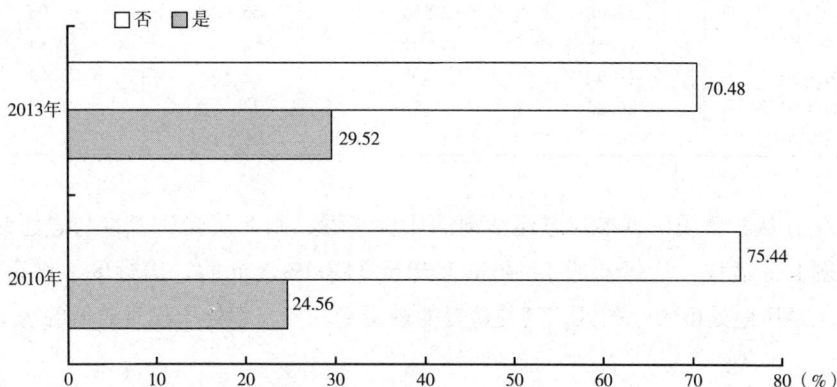

图4-4　2010年、2013年受访者参与志愿活动的情况

1. 各年龄段受访者参与志愿活动的情况

从表4-20中我们可以看出，不论哪个年龄段，参与志愿活动的受访者比例远低于未参与志愿活动的受访者比例，志愿活动参与率仍旧处于较低的水平。参与志愿活动的受访者的年龄主要集中在18～30岁，2010年比例为33.08%，2013年比例为37.97%。紧随其后的为51～60岁的受访者，2010年比例为26.85%，2013年比例为28.15%。此外，在各年龄段中，31～50岁的受访者未参加志愿活动的比例较高。对于上述现象，可能的解释是：在18～30岁的受访者中，很大一部分人仍旧处于受教育的阶段，且由于各类高校对志愿活动均较为重视，鼓励学生积极参与志愿活动，因此这一群体参与志愿活动的比例高。而年龄段为51～60岁的受访者参与志愿活动的比例高的原因与他们的退休状态有着密切的关系。而参与志愿活动比例低的受访者则与他们繁忙的工作有着一定的联系。总之，社会仍旧需要鼓励与号召更多的人参与志愿活动，让他们在帮助他人的过程中，自身也能获得幸福感，促进自我价值的实现。

2. 各区县受访者参与志愿活动的情况

如表4-21所示，通过将2013年各区县受访者参与志愿活动的情况与2010年相比可以看出，仅宝山区参与志愿活动的受访者比例有所下降，从32.73%下降至28.32%，其他各区参与志愿活动的受访者比例均有所上升。从2010年至

表4-20　2010年、2013年各年龄段受访者参与志愿活动的情况

单位：%

年龄段	是		否	
	2010年	2013年	2010年	2013年
18~30岁	33.08	37.97	66.92	62.03
31~40岁	17.65	30.16	82.35	69.84
41~50岁	17.90	26.37	82.10	73.63
51~60岁	26.85	28.15	73.15	71.85
61~70岁	24.43	23.24	75.57	76.76

2013年，从各区受访者参与志愿活动的比例来看，闸北区受访者参与志愿活动的比例上升最快，从最初的14.46%上升至34.00%。同时，闵行区、嘉定区、松江区相比地处市中心的区，其受访者的志愿活动参与率处于相对较低的水平。

表4-21　2010年、2013年各区县受访者参与志愿活动的情况

单位：%

区县	2010年		2013年	
	是	否	是	否
宝山区	32.73	67.27	28.32	71.68
虹口区	25.00	75.00	30.00	70.00
黄浦区	19.01	80.99	26.92	73.08
静安区	25.58	74.42	33.33	66.67
普陀区	22.83	77.14	38.00	62.00
浦东新区	29.52	70.48	31.18	68.82
徐汇区	29.66	70.34	38.61	61.39
杨浦区	28.37	71.63	33.33	66.67
闸北区	14.46	85.54	34.00	66.00
闵行区	17.57	82.43	19.44	80.56
长宁区	23.21	76.79	—	—
金山区	—	—	33.33	66.67
崇明县	—	—	39.53	60.47
嘉定区	—	—	21.05	78.95
松江区	—	—	14.29	85.71

3. 不同受教育程度的受访者参与志愿活动的情况

通过将受教育程度与志愿活动的参与情况进行交互分析得到表4-22。从表4-22中我们可以看出，从2010年至2013年，仅受教育程度为小学的受访者参与志愿活动的比例有所下降，下降了2.91个百分点。与此同时，其他受教育程

度的受访者参与志愿活动的比例均有所上升。总体而言，随着受教育程度的提高，志愿活动的参与率也随之有所提高，受教育程度为研究生及以上的受访者的参与率最高。我们知道，较高的志愿活动参与率，在一定程度上与乐于奉献等利他主义精神紧密相联。受教育程度越高者，其对事物的认知越深刻，并且普遍处于社会的中层及以上，因此在经济实力、文化实力等多种因素综合影响下，对志愿活动的参与率高于受教育程度低者。

表 4 – 22　2010 年、2013 年不同受教育程度的受访者参与志愿活动的情况

单位：%

受教育程度	2010 年		2013 年	
	是	否	是	否
没有接受正式教育	8.33	91.67	13.89	86.11
小学	12.00	88.00	9.09	90.91
初中	17.62	82.38	20.67	79.33
高中/中专/技校	21.33	78.67	27.82	72.18
大专	27.93	72.07	41.82	58.18
本科	35.32	64.68	53.08	46.92
研究生及以上	48.57	51.53	64.00	36.00

4. 不同户籍的受访者参与志愿活动的情况

从表 4 – 23 中可得知，从 2010 年至 2013 年，本地户籍的受访者与外地户籍的受访者参与志愿活动的比例均有所提升，其中本地户籍受访者的参与率高于外地户籍受访者。与此同时，通过进一步分析表 4 – 23 中的数据我们可以得出，从 2010 年至 2013 年，参与志愿活动的外地户籍受访者比例提升的速度比本地户籍的受访者更快。

表 4 – 23　2010 年、2013 年不同户籍的受访者参与志愿活动的状况

单位：%

户籍	2010 年		2013 年	
	是	否	是	否
本地户籍	26.81	73.19	32.07	67.93
外地户籍	15.86	84.14	23.47	76.53

5. 不同个人年收入的受访者参与志愿活动的情况

从表 4 – 24 中我们可以看出，从 2010 年至 2013 年，仅个人年收入低于

15000 元的受访者参与志愿活动的比例有所下降，从 24.89% 下降至 22.16%，其余收入在 15000 元及以上的受访者参与志愿活动的比例均有所上升，其中以收入在 100000 元及以上的受访者比例提高最快，提高了 24.35 个百分点。2013 年，总体而言，随着收入水平的提升，受访者参与志愿活动的比例也随之提高。对此，我们的解释是：低收入群体由于连自身的温饱都难以保证，因此无暇参与志愿活动。相比之下，高收入群体有足够的文化与经济实力，足以支撑他们参与志愿活动。总之，志愿活动的参与率仍旧处于较低的水平。为此，应当加强宣传、鼓励、支持与引导更多的人参与志愿活动，促进和谐社会的建设。

表 4-24 2010 年、2013 年不同个人年收入的受访者参与志愿活动的情况

单位：%

个人年收入	2010 年		2013 年	
	是	否	是	否
<15000	24.89	75.11	22.16	77.84
[15000,30000)	22.43	77.57	25.64	74.36
[30000,50000)	21.98	78.02	24.47	75.53
[50000,100000)	31.69	68.31	38.92	61.08
≥100000	22.37	77.63	46.72	53.28

二 社会契约

随着社会的发展，社会契约逐步演进为一种互助、互利的行为规则。因此，在社会契约这一模块，我们主要将致贫原因、帮助弱势群体的意愿、社区服务意愿、见义勇为意愿作为三级指标。下边分别展开论述。

（一）致贫原因

由于指标的表述较为抽象，因此在评述的过程中，通过更具体地了解受访者对社会经济地位提升（成功）的归因（即询问"您觉得一个人是否有可能通过自己的努力获得更高的社会经济地位"），进而逆推出受访者对失败（致贫）的归因。通过分析，得出图 4-5。从图 4-5 中我们可以看出，不论 2010 年还是 2013 年，均有超过半数的受访者认可通过自己努力可以提升社会经济地位的说法。2010 年、2013 年，分别有高达 57.45%、58.48% 的受访者对此表示"有可能"。因此，大多数受访者认为社会经济地位的提升（成功），在一定意义上是

个人努力的结果，即社会大众普遍认为贫困问题是个体化的，而非结构化的，即社会大众普遍认为只要自身肯努力，就有可能摆脱贫困的处境。据此可逆推出，社会上大多数人认为致贫的原因在很大程度上与个人不努力有着密切的关系。

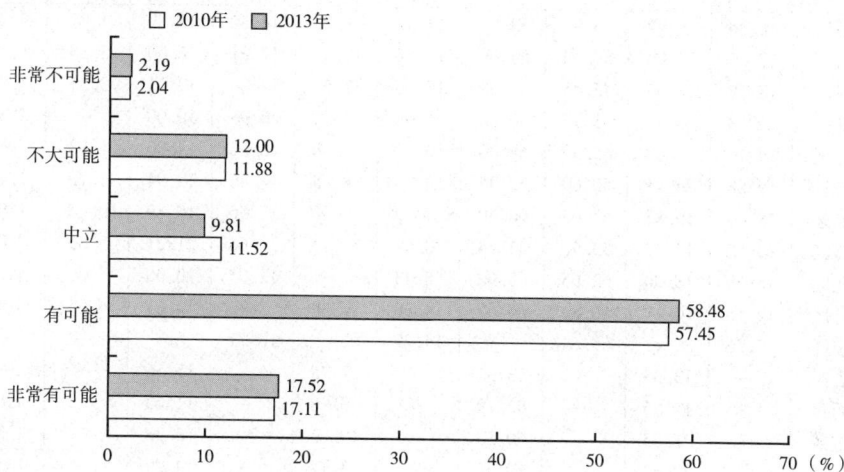

图4-5　2010年、2013年受访者对致贫原因的认知

1. 各区县受访者对致贫原因的认知

如表4-25所示，2010年、2013年，除黄浦区外，其他区均有超过半数的受访者表示"有可能"通过努力提升自己的社会经济地位。其中2013年以普陀区比例最高，为68.00%，比例最低的为浦东新区（52.35%）。在对该说法持"非常不可能"观点的受访者中，2010年与2013年的比例均不到10%，且有5个区的比例有所下降。2013年，普陀区与金山区选择"非常不可能"的受访者为0。总体来说，社会大众对通过自己的努力提升社会经济地位有较大的信心。换言之，社会大众普遍认为通过个人努力能够摆脱贫困的处境。

2. 不同受教育程度受访者对致贫原因的认知

比较2010年与2013年的数据，总体上，认为通过自己的努力提升社会经济地位是"有可能"的与"非常有可能"的受访者所占比例普遍有所上升。同时，2013年，认为"非常有可能"与"有可能"的研究生学历的受访者比例分别为24.00%、72.00%，高于其他受教育程度的受访者，并且他们没有一人做出"不大可能"与"非常不可能"的选择，因此，我们可以推断出受教育程度为研究生及以上的受访者，在通过自己的努力提升社会经济地位上主要持积极的态度。

表4-25　2010年、2013年各区县受访者对致贫原因的认知

单位：%

区县	非常有可能		有可能		中立		不大可能		非常不可能	
	2010年	2013年	2010年	2013年	2010年	2013年	2010年	2013年	2010年	2013年
宝山区	16.36	19.47	50.91	53.98	14.55	9.73	16.36	12.39	1.82	4.42
虹口区	17.31	22.00	50.00	54.00	11.54	12.00	17.31	6.00	3.85	6.00
黄浦区	18.18	11.54	45.45	57.69	15.70	11.54	17.36	17.31	3.31	1.92
静安区	20.93	23.33	65.12	60.00	6.98	3.33	6.98	10.00	—	3.33
普陀区	14.16	12.00	65.30	68.00	10.05	6.00	8.68	14.00	1.83	—
浦东新区	19.88	24.71	50.60	52.35	13.86	8.82	14.46	12.94	1.20	1.18
徐汇区	18.64	16.83	57.63	60.40	9.32	9.90	13.56	10.89	0.85	1.98
杨浦区	23.40	12.12	53.90	53.54	8.51	11.11	10.64	21.21	3.55	2.02
闸北区	15.66	18.00	62.65	68.00	8.43	—	12.05	10.00	1.20	4.00
闵行区	12.16	10.19	66.22	66.67	14.86	17.59	2.70	4.63	4.05	0.93
长宁区	5.36	—	69.64	—	14.29	—	10.71	—		
金山区	—	13.33	—	53.33	—	17.78	—	15.56		
崇明县	—	13.95	—	62.79	—	6.98	—	11.63		4.65
嘉定区		21.05		60.53		10.53		6.58		1.32
松江区		20.63		60.32		3.17		14.29		1.59

众所周知，教育是人们实现向上流动的主要途径，需要通过不断努力才能够达到更高的受教育水平，实现向上流动。由于绝大多数受过高等教育的受访者自身就是这样通过自身的努力实现向上流动的，因此对于通过自己的努力提升社会经济地位、摆脱贫困境遇自然持肯定的态度。

表4-26　2010年、2013年不同受教育程度受访者对致贫原因的认知

单位：%

受教育程度	非常有可能		有可能		中立		不大可能		非常不可能	
	2010年	2013年	2010年	2013年	2010年	2013年	2010年	2013年	2010年	2013年
没有接受正式教育	16.67	16.67	33.33	47.22	33.33	11.11	8.33	22.22	8.33	2.78
小学	18.00	13.64	64.00	65.45	8.00	7.27	10.00	11.82	—	1.82
初中	12.64	12.67	53.64	57.00	11.88	9.00	17.62	16.67	4.21	4.67
高中/中专/技校	17.29	19.01	54.76	55.63	14.12	11.27	12.39	12.32	1.44	1.76
大专	17.12	18.18	58.56	62.42	11.26	9.09	11.26	9.70	1.80	0.61
本科	19.90	26.92	66.17	57.69	6.97	12.31	5.97	3.08	1.00	—
研究生及以上	31.43	24.00	54.29	72.00	8.57	4.00	5.71	—		

3. 不同户籍受访者对致贫原因的认知

通过分析表 4-27 我们可以看出，2013 年，64.63% 的外地户籍受访者认为通过自己的努力提升社会经济地位是"有可能"的，认为"非常有可能"与"有可能"的外地户籍受访者比例均高于本地户籍受访者。对此结果的解释是：一方面，本地户籍的人在上海实现向上流动可以依赖的因素相比外地户籍的人多，具有先天的优势，如本地户籍的人可能不需要努力就能够继承父母的房产；另一方面，绝大多数的外地人需要自食其力，通过自己的努力，逐步积攒财富才能够买一套房子。

表 4-27 2010 年、2013 年不同户籍受访者对致贫原因的认知

单位：%

户籍	非常有可能		有可能		中立		不大可能		非常不可能	
	2010 年	2013 年	2010 年	2013 年	2010 年	2013 年	2010 年	2013 年	2010 年	2013 年
本地户籍	15.68	16.37	56.73	55.89	12.24	10.83	13.24	14.07	2.11	2.84
外地户籍	22.91	20.26	59.91	64.63	8.81	7.40	6.61	7.07	1.76	0.64

4. 不同个人年收入受访者对致贫原因的认知

分析表 4-28 中的数据我们发现，2013 年，随着收入水平的提高，总体上，认可该说法的受访者所占比例也随之上升。具体来说，个人年收入在 100000 元及以上的受访者认可通过自己的努力提升社会经济地位的比例远超过其他收入水平的受访者。尽管这些高收入者中可能存在一定比例的"富二代"，但需要明确的是，在中国十多亿的人口中，所谓的"富二代"、"官二代"群体所占的比例非常小。因此，高收入人群中的绝大多数是通过自己的努力达到现今的收入水平，进而高收入者对通过自己的努力提升社会经济地位、摆脱贫困境遇的说法持高度认可态度也可以理解。

表 4-28 2010 年、2013 年不同个人年收入受访者对致贫原因的认知

单位：%

个人年收入	非常有可能		有可能		中立		不大可能		非常不可能	
	2010 年	2013 年	2010 年	2013 年	2010 年	2013 年	2010 年	2013 年	2010 年	2013 年
<15000	18.10	19.07	49.77	50.00	15.38	11.86	14.03	17.53	2.71	1.55
[15000,30000)	12.93	13.46	57.78	57.69	10.82	9.94	15.30	14.42	3.17	4.49
[30000,50000)	14.22	17.30	57.33	57.81	14.66	10.13	12.50	12.66	1.29	2.11
[50000,100000)	20.77	17.84	66.67	65.41	6.56	9.19	5.46	7.03	0.55	0.54
≥100000	32.89	25.41	52.63	64.75	6.58	6.56	6.58	3.28	1.32	0.00

（二）帮助弱势群体的意愿

为了解受访者帮助弱势群体的意愿，我们主要通过询问受访者"您是否愿意多缴10%的税去帮助失业者、残疾人、老人等群体"进行了解。通过分析图4-6可以看出，从2010年至2013年，受访者表示愿意帮助失业者、老年人、穷人的比例均有所上升，而表示愿意帮助残疾人、孤儿和灾民的受访者比例有所下降。2010年、2013年，表示愿意帮助灾民的受访者所占比例最高，分别为86.08%、83.05%；表示愿意帮助失业者的受访者所占比例最低，分别为31.21%、37.33%。总之，我们仍旧需要鼓励社会大众给予贫困人群与困难人群适当的帮助，同时政府、各类社会组织/媒体也应给予相应的支持，通过出台相关的政策，帮助更多的人脱贫致富，最终实现共同富裕的目标。

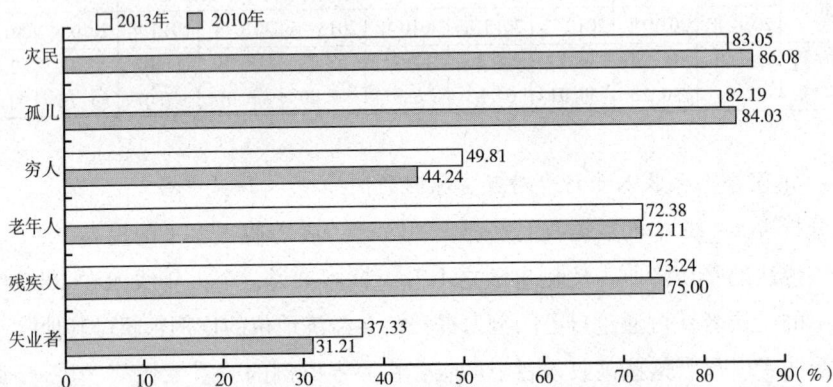

图4-6 2010年、2013年受访者帮助弱势群体的意愿

从表4-29中我们可以得知，上海市失业人口所占比例近年来处于4.20%的水平，尽管如此，我们还是需要对失业问题引起重视。政府有关部门应通过出台各项政策，专项治理失业问题，尽可能地降低失业率，减少失业人口，进一步促进社会稳定。

表4-29 主要年份上海市城镇登记失业人数和城镇登记失业率

年份	2000	2010	2012	2013
城镇登记失业人数（万人）	20.08	27.73	27.05	26.37
区	18.86	26.97	26.30	25.63
县	1.22	0.76	0.75	0.74
城镇登记失业率（%）	3.50	4.20	4.20	4.20

资料来源：王建平、马俊贤，2014。

1. 各区县受访者帮助弱势群体的意愿

从表4-30中我们可以看出，从2010年至2013年，杨浦区表示愿意帮助弱势群体的受访者所占比例均有所下降。首先来分析2010年的数据。表示愿意帮助失业者、残疾人、老年人、穷人、孤儿、灾民的受访者所占比例最高的为闵行区。其次来分析2013年的数据。表示愿意帮助失业者、残疾人、穷人的受访者所占比例最高的为崇明县；表示愿意帮助老年人的受访者所占比例最高的为静安区；表示愿意帮助孤儿的受访者所占比例最高的为嘉定区。

表4-30 2010年、2013年各区县受访者帮助弱势群体的意愿

单位：%

区县	失业者		残疾人		老年人	
	2010 年	2013 年	2010 年	2013 年	2010 年	2013 年
宝山区	30.91	36.28	69.09	68.14	70.91	63.72
虹口区	38.46	26.00	76.92	76.00	75.00	72.00
黄浦区	30.58	44.23	78.51	80.77	79.34	80.77
静安区	25.58	36.67	79.07	76.67	74.42	86.67
普陀区	32.42	32.00	77.17	60.00	76.04	58.00
浦东新区	32.53	35.88	79.52	77.06	74.70	72.35
徐汇区	25.42	35.64	77.12	74.26	70.34	75.25
杨浦区	33.33	23.25	77.30	64.65	75.89	69.70
闸北区	22.89	38.00	53.01	66.00	53.01	56.00
闵行区	45.95	57.41	85.14	76.85	82.43	74.00
长宁区	21.43	—	55.36	—	39.29	—
金山区	—	20.00	—	71.11	—	77.78
崇明县	—	58.14	—	81.40	—	81.40
嘉定区	—	27.63	—	78.95	—	77.63
松江区	—	47.62	—	73.02	—	79.37

区县	穷人		孤儿		灾民	
	2010 年	2013 年	2010 年	2013 年	2010 年	2013 年
宝山区	34.55	40.71	81.82	75.22	85.45	75.22
虹口区	46.15	48.00	84.62	82.00	86.54	86.00
黄浦区	45.45	51.92	85.95	86.54	86.78	92.31
静安区	30.23	40.00	83.72	86.67	83.72	83.33
普陀区	47.49	46.00	85.78	72.00	85.84	78.00
浦东新区	48.19	54.71	85.54	84.12	87.95	85.88
徐汇区	38.93	44.55	82.20	83.17	83.05	87.13
杨浦区	46.81	43.33	86.52	77.78	87.94	75.76
闸北区	32.53	34.00	75.90	70.00	83.13	70.00

区县	穷人		孤儿		灾民	
	2010 年	2013 年	2010 年	2013 年	2010 年	2013 年
闵行区	60.81	66.67	90.54	86.11	90.54	85.19
长宁区	33.93	—	71.43	—	82.14	—
金山区	—	17.78	—	82.22	—	80.00
崇明县	—	72.09	—	88.37	—	86.05
嘉定区	—	55.26	—	90.79	—	90.79
松江区	—	63.49	—	85.71	—	85.71

2. 不同受教育程度受访者帮助弱势群体的意愿

如表 4-31 所示，从 2010 年至 2013 年，在受教育程度为没有接受正式教育与本科、研究生及以上的受访者中，表示愿意帮助失业者、残疾人、老年人、穷人、孤儿、灾民的比例有所下降（在孤儿一项上，两个年度比例相同）。具体分析 2013 年数据我们可以看出，在表示愿意帮助上述六类人群的受访者中，小学及以下受教育程度的受访者所占比例普遍高于受教育程度高的受访者。

表 4-31　2010 年、2013 年不同受教育程度受访者帮助弱势群体的意愿

单位：%

受教育程度	失业者		残疾人		老年人	
	2010 年	2013 年	2010 年	2013 年	2010 年	2013 年
没有接受正式教育	66.67	55.56	91.67	83.33	91.67	77.78
小学	38.00	55.45	66.00	80.91	66.00	80.91
初中	31.42	41.00	69.35	75.33	65.13	73.67
高中/中专/技校	33.43	35.21	74.93	71.48	73.12	72.89
大专	27.03	29.70	79.73	67.88	77.83	66.06
本科	27.86	25.38	77.61	70.77	72.64	69.23
研究生及以上	31.43	24.00	80.00	68.00	77.14	64.00

受教育程度	穷人		孤儿		灾民	
	2010 年	2013 年	2010 年	2013 年	2010 年	2013 年
没有接受正式教育	83.33	69.44	91.67	91.67	91.67	88.89
小学	48.00	66.36	70.00	83.64	78.00	88.18
初中	43.68	55.00	78.16	82.33	85.06	84.67
高中/中专/技校	44.09	50.00	84.68	82.04	85.59	84.51
大专	40.54	35.76	88.74	78.79	87.84	76.97
本科	44.28	39.23	87.06	82.31	87.56	78.46
研究生及以上	54.29	32.00	91.43	84.00	88.57	80.00

3. 不同户籍受访者帮助弱势群体的意愿

如表 4－32 所示，2010 年，在表示愿意帮助失业者的受访者中，外地户籍受访者所占比例高于本地户籍受访者，而 2013 年则与 2010 年情况相反，本地户籍的受访者所占比例略高于外地户籍的受访者。除此之外，从 2010 年至 2013 年，表示愿意帮助残疾人、老年人、穷人、孤儿、灾民的外地户籍受访者所占比例均高于本地户籍受访者，且二者之间差距较为明显。

表 4－32　2010 年、2013 年不同户籍受访者帮助弱势群体的意愿

单位：%

户籍	失业者		残疾人		老年人	
	2010 年	2013 年	2010 年	2013 年	2010 年	2013 年
本地户籍	29.70	37.35	73.75	69.69	70.46	70.64
外地户籍	37.00	37.30	79.74	81.67	78.41	76.53

户籍	穷人		孤儿		灾民	
	2010 年	2013 年	2010 年	2013 年	2010 年	2013 年
本地户籍	42.27	49.39	82.29	78.89	85.21	80.65
外地户籍	51.98	50.80	90.75	90.03	89.43	88.75

4. 不同个人年收入受访者帮助弱势群体的意愿

通过分析表 4－33 中的数据我们发现，总体而言，2013 年表示愿意帮助失业者、残疾人、老年人、穷人、灾民且个人年收入低于 15000 元的受访者所占比例高于其他收入水平的受访者。换言之，在表示愿意帮助上述 5 类人群的受访者中，高收入者所占比例相对低于低收入者。总之，对于帮助弱势群体的问题，我们不仅需要号召全社会参与其中，而且需要采取有效的监督措施，防止一些组织/机构或个人从中非法谋取利益，最终使更多的人实现脱贫致富。

表 4－33　2010 年、2013 年不同个人年收入的受访者帮助弱势群体的意愿

单位：%

个人年收入	失业者		残疾人		老年人	
	2010 年	2013 年	2010 年	2013 年	2010 年	2013 年
<15000	41.18	50.00	76.92	81.44	75.57	76.80
[15000,30000)	31.40	38.14	72.30	72.44	67.72	72.12

个人年收入	失业者		残疾人		老年人	
	2010 年	2013 年	2010 年	2013 年	2010 年	2013 年
[30000,50000)	26.29	36.29	75.00	73.00	68.97	74.68
[50000,100000)	28.96	27.03	77.05	67.03	78.14	66.49
≥100000	26.32	32.79	78.95	72.13	81.58	70.49

个人年收入	穷人		孤儿		灾民	
	2010 年	2013 年	2010 年	2013 年	2010 年	2013 年
<15000	55.66	61.34	82.81	84.02	85.52	84.54
[15000,30000)	45.65	53.53	81.53	81.41	86.28	84.29
[30000,50000)	33.19	47.68	85.34	82.28	89.22	83.54
[50000,100000)	43.17	39.46	87.98	78.92	85.25	80.54
≥100000	43.42	41.80	88.16	86.07	84.21	80.33

（三）社区服务意愿

通过分析图 4 - 7 我们可以看出，表示愿意参与社区服务的受访者所占比例均处于较高的水平。从 2010 年至 2013 年，表示愿意帮助邻居/老年人/残疾人/生病的人购物的受访者所占比例有所上升，从 92.55% 上升至 93.81%，而表示愿意帮助打扫街道/门廊/门口的受访者所占比例有所下降，从 86.97% 下降至 84.29%。

由此我们可推断出，受访者愿意帮助社区中特定的人群尤其是社区中的弱势群体的比例明显高于为社区大众服务的比例。无论如何，我们仍需要鼓励更多的社会成员参与到社区服务中，进而为友好邻里关系与和谐社区的建设奠定基础。

1. 各区县受访者的社区服务意愿

如表 4 - 34 所示，从 2010 年至 2013 年，表示愿意帮助邻居/老年人/残疾人/生病的人购物的受访者所占比例最高的区，从静安区变为松江区；表示愿意帮助打扫街道/门廊/门口的受访者所占比例最高的区县，从闵行区变为崇明县。与此同时，虹口区、静安区、普陀区、徐汇区的受访者表示愿意参与上述两种社区服务的比例均有所下降。因此，针对各区县的不同情况，我们需要具体问题具体分析，充分发挥街道、社区居委会的作用，尽可能地多开展社区服务志愿者活动，让更多的居民意识到和谐社区建设的重要性。

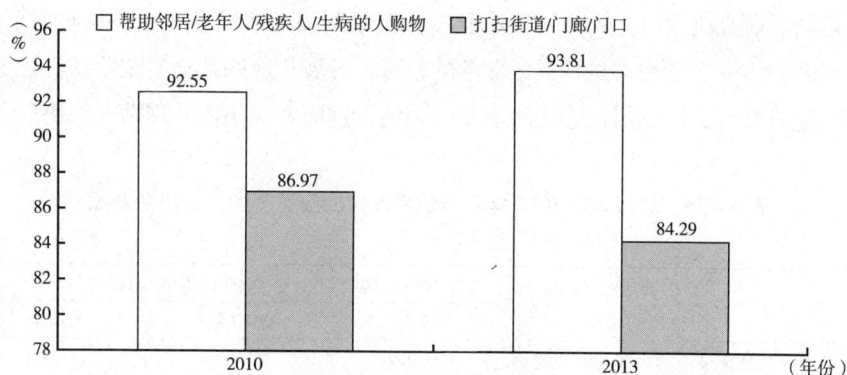

图 4 - 7　2010 年、2013 年受访者社区服务意愿

表 4 - 34　2010 年、2013 年各区县受访者的社区服务意愿

单位：%

区县	帮助邻居/老年人/残疾人/生病的人购物		打扫街道/门廊/门口	
	2010 年	2013 年	2010 年	2013 年
宝山区	85.45	92.92	85.45	80.53
虹口区	96.15	92.00	92.31	84.00
黄浦区	94.21	94.23	84.30	78.85
静安区	100.00	96.67	86.05	80.00
普陀区	94.52	92.00	88.13	80.00
浦东新区	93.98	94.71	86.75	87.65
徐汇区	92.37	91.09	89.83	75.25
杨浦区	88.65	91.92	81.56	85.86
闸北区	89.16	90.00	81.93	80.00
闵行区	89.16	96.30	100.00	90.74
长宁区	80.36	—	83.93	—
金山区	—	86.67	—	75.56
崇明县	—	97.67	—	95.35
嘉定区	—	97.37	—	89.47
松江区	—	98.41	—	88.89

2. 不同受教育程度受访者的社区服务意愿

通过将受教育程度与社区服务意愿做交互分析得到表 4 - 35。从表 4 - 35 中，我们发现，总体而言，随着受教育程度的提高，表示愿意参与社区服务的受访者所占比例有所下降。2013 年，没有接受正式教育的受访者愿意参与上述两种社区服务的比例最高，分别为 100.00%、97.22%。从 2010 年至 2013 年，受教育程度为大

专、本科、研究生及以上的受访者愿意参与上述两种社区服务的比例均有所下降。对此，我们需要在学校多进行社区服务的教育，开展相应的社会实践活动，让更多的学生走进社区，帮助居民做力所能及的事情，进而意识与体会到助人的快乐。

表 4 – 35　2010 年、2013 年不同受教育程度受访者的社区服务意愿

单位：%

受教育程度	帮助邻居/老年人/残疾人/生病的人购物		打扫街道/门廊/门口	
	2010 年	2013 年	2010 年	2013 年
没有接受正式教育	100.00	100.00	91.67	97.22
小学	96.00	96.36	92.00	88.18
初中	90.42	96.33	87.74	88.00
高中/中专/技校	91.35	91.55	86.17	82.39
大专	94.14	92.12	85.59	80.61
本科	94.53	92.31	87.06	80.00
研究生及以上	91.43	88.00	88.57	72.00

3. 不同户籍受访者的社区服务意愿

如表 4 – 36 所示，从 2010 年至 2013 年，本地户籍的受访者表示愿意参与社区服务的比例均高于外地户籍的受访者，尽管在愿意帮助打扫街道/门廊/门口方面所占比例有所下降（下降了 2.76 个百分点）。对此，可能的解释是：外地户籍的受访者中有一部分人的住房属于租住性质，并且他们的流动性相对较大，因而他们的邻居、所在的社区发生变动的可能性相对较大，进而出现上述结果，即外地户籍的受访者愿意参与社区服务的比例低于本地户籍的受访者。

表 4 – 36　2010 年、2013 年不同户籍受访者的社区服务意愿

单位：%

户籍	帮助邻居/老年人/残疾人/生病的人购物		打扫街道/门廊/门口	
	2010 年	2013 年	2010 年	2013 年
本地户籍	92.66	94.18	87.88	85.12
外地户籍	92.07	92.93	83.26	82.32

4. 不同个人年收入受访者的社区服务意愿

如表 4 – 37 所示，从 2010 年至 2013 年，在帮助邻居/老年人/残疾人/生病的人购物这一方面，个人年收入在 30000~50000 元以及 100000 元及以上的受访

者所占比例均有所下降；2013 年，在该方面表示愿意给予帮助的，以个人年收入在 15000 ~ 30000 元的受访者所占比例最高。另外，从 2010 年至 2013 年，在打扫街道/门廊/门口方面，各收入水平的受访者表示愿意参与此项社区服务的比例均有所下降。相比之下，2013 年，表示愿意参与社区服务的受访者，以个人年收入在 15000 ~ 30000 元的受访者所占比例最高。综合而言，我们可以推断出，低收入群体的社区服务意愿总体上普遍高于高收入的群体。这一情况的出现，可能与高收入群体日常工作繁忙等因素有着密切的联系。最后，我们需要强调的是，社区服务不仅是为他人服务，也是为自己服务，所谓"赠人玫瑰，手留余香"，多为社区做一点事，也能够给自己与他人带来多一点的温暖和欢乐。

表 4 - 37　2010 年、2013 年不同个人年收入受访者的社区服务意愿

单位：%

个人年收入	帮助邻居/老年人/残疾人/生病的人购物		打扫街道/门廊/门口	
	2010 年	2013 年	2010 年	2013 年
< 15000	93. 21	94. 85	85. 97	85. 57
[15000,30000)	91. 03	95. 51	88. 39	87. 82
[30000,50000)	94. 83	93. 25	88. 36	82. 70
[50000,100000)	90. 71	91. 35	85. 25	80. 54
≥100000	94. 74	92. 62	85. 53	81. 97

（四）见义勇为意愿

如图 4 - 8 所示，2010 年、2013 年，在下述事件发生时，受访者表示愿意给予帮助的比例。这些做法均体现了一种社会公德心，为此，我们将这一部分的内容置于社会契约指标中。通过分析我们发现，从 2010 年至 2013 年，对于"遇见有人摔倒，扶她/他起来"的行为，表示"会这样做"的受访者所占比例有所下降，这可能与近年来频频出现的"碰瓷"有着较大的关系；而对其他情况，表示会这样做的受访者所占比例均有所上升。下面我们主要选取受访者"会这样做"比例相对较低的两种情况，与受访者"会这样做"比例相对较高的两种情况进行比较，分别是："遇见别人遭到抢劫，挺身而出"、"有人遭遇交通事故，送她/他去医院"、"看见有人轻生，设法相救"、"遇上述情况或火灾等，打电话报警"。

1. 各区县受访者的见义勇为意愿

从表 4 - 38 中我们可以得知，相比 2010 年，2013 年表示愿意在遇到上述情况时给予帮助的受访者所占比例均有所提升。进一步而言，表示愿意在遇到上述

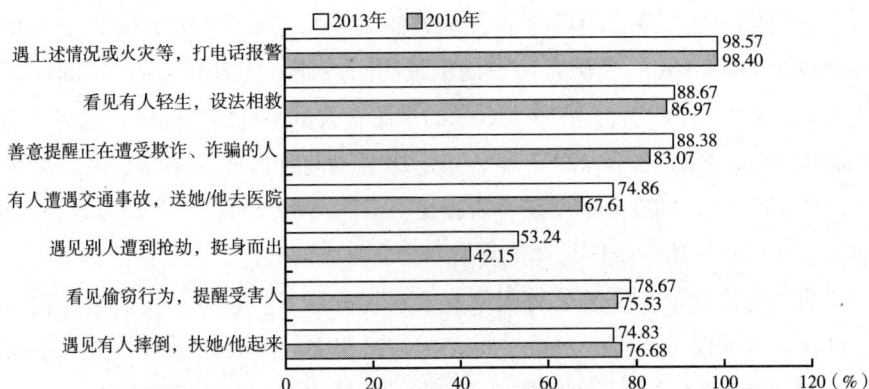

图 4-8　2010 年、2013 年受访者见义勇为的意愿

情况时给予帮助的受访者比例，从高到低依次为"遇上述情况或火灾等，打电话报警"、"看见有人轻生，设法相救"、"有人遭遇交通事故，送她/他去医院"、"遇见别人遭到抢劫，挺身而出"。具体来看，从 2010 年至 2013 年，相比其他区，闸北区表示愿意在遇到上述 3 种情况（"遇上述情况或火灾等，打电话报警"、"看见有人轻生，设法相救"、"遇见别人遭到抢劫，挺身而出"）时给予帮助的受访者所占比例有所下降。同时，2013 年崇明县受访者表示愿意在遇到上述情况时给予帮助的比例均高于其他区，其中以"遇上述情况或火灾等，打电话报警"的比例最高，为100%。与此同时，各区县受访者在"遇上述情况或火灾等，打电话报警"这一项上的比例普遍在 90% 以上。总之，我们仍需继续提倡互帮互助的精神，进而营造良好的社会风气。

表 4-38　2010 年、2013 年各区县受访者见义勇为的意愿

单位：%

区县	遇见别人遭到抢劫，挺身而出		有人遭遇交通事故，送她/他去医院		看见有人轻生，设法相救		遇上述情况或火灾等，打电话报警	
	2010 年	2013 年	2010 年	2013 年	2010 年	2013 年	2010 年	2013 年
宝山区	40.00	47.79	61.82	74.34	80.00	84.07	100.00	98.23
虹口区	38.46	40.00	67.31	68.00	88.46	76.00	96.15	94.00
黄浦区	45.45	51.92	73.55	75.00	86.78	90.38	97.52	94.23
静安区	30.23	53.33	58.14	60.00	83.72	93.33	100.00	100.00
普陀区	36.07	52.00	61.19	76.00	86.76	90.00	99.09	98.00
浦东新区	43.37	63.53	79.52	80.59	92.77	91.76	98.19	98.82

续表

区县	遇见别人遭到抢劫，挺身而出		有人遭遇交通事故，送她/他去医院		看见有人轻生，设法相救		遇上述情况或火灾等,打电话报警	
	2010 年	2013 年	2010 年	2013 年	2010 年	2013 年	2010 年	2013 年
徐汇区	42.74	44.55	63.56	74.26	84.75	89.11	96.61	100.00
杨浦区	43.26	38.38	65.00	66.67	86.52	83.84	97.87	100.00
闸北区	38.55	36.00	55.42	62.00	83.13	74.00	98.80	98.00
闵行区	67.57	66.67	90.54	86.11	93.24	93.52	100.00	100.00
长宁区	37.50	—	60.71	—	82.14	—	100.00	—
金山区	—	40.00	—	71.11	—	93.33	—	100.00
崇明县	—	72.09	—	90.70	—	97.67	—	100.00
嘉定区	—	59.21	—	69.74	—	89.47	—	98.68
松江区		65.08		74.60		93.65		96.83

2. 不同受教育程度受访者的见义勇为意愿

从表 4-39 中可以看出，相比 2010 年，2013 年没有接受正式教育的受访者在"遇见别人遭到抢劫，挺身而出"一项上表示愿意给予帮助的比例下降幅度较大，从 83.33% 下降至 38.89%。另外，在面对下述情况时，表示愿意给予帮助且受教育程度为小学与初中的受访者所占比例较高。

表 4-39　2010 年、2013 年不同受教育程度受访者见义勇为的意愿

单位：%

受教育程度	遇见别人遭到抢劫，挺身而出		有人遭遇交通事故，送她/他去医院		看见有人轻生，设法相救		遇上述情况或火灾等,打电话报警	
	2010 年	2013 年	2010 年	2013 年	2010 年	2013 年	2010 年	2013 年
没有接受正式教育	83.33	38.89	91.67	72.22	100.00	88.89	100.00	100.00
小学	44.00	78.11	74.00	85.45	88.00	92.73	100.00	97.27
初中	43.85	58.33	64.75	77.33	86.21	90.00	96.93	99.00
高中/中专/技校	39.19	51.41	68.50	73.59	83.00	87.68	98.27	97.89
大专	40.99	47.88	67.57	72.73	90.54	87.88	99.10	99.39
本科	42.29	38.46	68.16	66.92	89.05	85.38	100.00	99.23
研究生及以上	48.57	36.00	60.00	72.00	91.43	88.00	94.29	96.00

3. 不同户籍受访者见义勇为意愿

如表4－40所示，从2010年至2013年，在面对下述情况时表示愿意给予帮助的受访者所占比例普遍有所上升。在面对下述情况时表示愿意给予帮助的外地户籍受访者所占比例总是高于本地户籍的受访者。为此，我们应该大力提倡助人精神，改变本地人对外地人的看法，进一步缓和本地人与外地人之间的矛盾，消除二者之间的隔阂。

表4－40　2010年、2013年不同户籍受访者见义勇为的意愿

单位：%

户籍	遇见别人遭到抢劫，挺身而出		有人遭遇交通事故，送她/他去医院		看见有人轻生，设法相救		遇上述情况或火灾等，打电话报警	
	2010年	2013年	2010年	2013年	2010年	2013年	2010年	2013年
本地户籍	41.09	51.83	66.04	74.02	85.65	86.47	98.11	98.24
外地户籍	46.26	56.59	73.57	76.85	92.07	93.89	99.56	99.36

4. 不同个人年收入受访者见义勇为意愿

如表4－41所示，从2010年至2013年，在"看见有人轻生，设法相救"与"遇上述情况或火灾等，打电话报警"两项上，表示愿意给予帮助且个人年收入在15000～30000元的受访者所占比例有所下降。2013年，除"遇见别人遭到抢劫，挺身而出"这一项外，在面对上述其他三种情况时表示愿意给予帮助的受访者比例最高的为个人年收入低于15000元的受访者。对此，相应的解释为，收入低者，往往处于社会的中下层，他们的交际圈以及对事物的认知均较为单纯，因此有着较高的助人意愿。综合来说，虽说当今社会大众表示愿意助人的比例在

表4－41　2010年、2013年不同个人年收入受访者见义勇为的意愿

单位：%

个人年收入	遇见别人遭到抢劫，挺身而出		有人遭遇交通事故，送她/他去医院		看见有人轻生，设法相救		遇上述情况或火灾等，打电话报警	
	2010年	2013年	2010年	2013年	2010年	2013年	2010年	2013年
<15000	46.61	55.67	72.40	78.87	86.43	92.27	98.64	100.00
[15000,30000)	37.57	51.60	65.34	75.96	86.28	85.58	98.42	97.76
[30000,50000)	39.22	53.59	66.38	73.00	86.64	88.61	98.71	98.31
[50000,100000)	44.26	50.81	65.57	72.43	87.43	90.27	97.81	98.92
≥100000	56.58	56.56	72.37	72.95	89.47	88.52	97.37	98.36

不断提升，但是我们仍旧需要继续号召更多的人加入助人者的队伍中，学会助人自助。与此同时，对于近年来层出不穷的"碰瓷"事件，则需要对其进行严惩，以维护良好的社会风气。

第三节 社会网络

在社会凝聚领域中，社会网络二级指标为网络，其中网络的测量指标是社会组织的参与情况。我们知道，社会组织在社会建设中发挥着不可替代的作用，是参与基层社会建设、促进社会良性运转的重要力量。参与文化娱乐、职业技能及兴趣团体等社会组织，不仅有利于营造和谐的人际关系、增强居民凝聚力和归属感、促进社区建设，而且能够为和谐社会建设奠定良好的社会基础。图4-9显示了2010年受访者参与各类社会组织的相关情况，其中参与率最高的为工会，为27.00%，这与工会制度有着密切的关系。但值得注意的是，工会组织往往形同虚设，并没有发挥实际效能。其次是校友会，比例为17.11%。再次为政党，比例为14.45%。相比之下，受访者参与率相对较低的是宗亲会/家族会、教会/宗教、非政府组织，分别为3.63%、3.10%和2.93%。

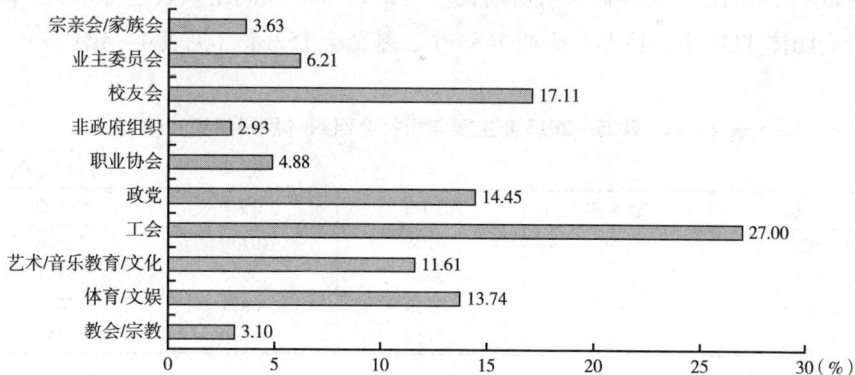

图4-9 2010年受访者参与各类社会组织的情况

通过询问受访者除单位外还参加了何种社会组织，我们得到图4-10。图4-10显示了2013年受访者参与各类社会组织的情况，其中以宗亲会/家族会/老乡会的参与率最高，为100%；以经济类型的协会参与率最低，为3.08%。通过分析2010年与2013年的数据，我们可以发现，2013年宗亲会/家族会/老乡会的参与

率为100%，而2010年宗亲会/家族会的参与率仅为3.63%。上述二者之间存在
如此大的差距，可能与2013年增添的老乡会选项有着密切的关系。换言之，我
们可以在一定程度上推断出，老乡会的参与率处于相对较高的水平。总体来看，
社会组织的参与率处于较低的水平，因此，需要鼓励社会大众积极参与社会组
织，丰富自身的物质文化生活与精神生活。

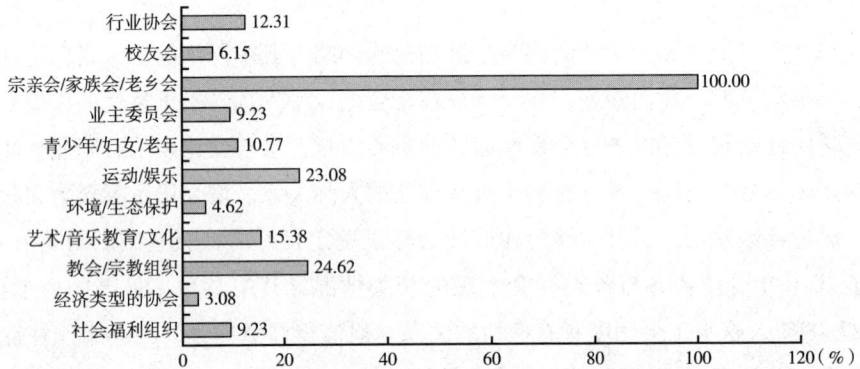

图4-10　2013年受访者参与各类社会组织的情况

《上海统计年鉴（2014）》的数据显示，从2005年至2013年，社会组织
（民间组织）的数量总体而言有所增长。至2013年，民间组织数达11626个，其
中社会团体3791个、民办非企业7683个、基金会152个（见表4-42）。

表4-42　2005～2013年主要年份社会组织（民间组织）情况

单位：个

指标	2005年	2010年	2012年	2013年
民间组织数（个）	7556	10104	10730	11626
社会团体	2952	3634	3693	3791
民办非企业	4537	6353	6897	7683
基金会	67	117	140	152

资料来源：王建平、马俊贤，2014。

1. 各区县受访者参加社会组织的情况

表4-43的数据显示，参与社会组织的受访者所占比例均处于较低的水平。
比较各区县的情况，社会组织参与率最高的为徐汇区，为12.87%；紧随其后的
为松江区、金山区与浦东新区，分别为12.70%、11.11%、10.00%。最低的为
宝山区，仅为0.88%。由此可见，各区县受访者的社会组织参与率存在一定的差

异。针对这一情况，各类社会组织应多开展有趣、有意义的活动，吸引更多的人参
与其中；我们还需要通过舆论、媒体，鼓励社会大众参与社会组织，让更多的人从
中找到志同道合的朋友，获得欢乐。

表4-43　2013年各区县受访者参与社会组织的情况

单位：%

区县	参与	未参与	区县	参与	未参与
宝山区	0.88	99.12	普陀区	6.00	94.00
崇明县	4.65	95.35	浦东新区	10.00	90.00
虹口区	6.00	94.00	松江区	12.70	87.30
黄浦区	1.92	98.08	徐汇区	12.87	87.13
嘉定区	3.95	96.05	杨浦区	5.05	94.95
金山区	11.11	88.89	闸北区	2.00	98.00
静安区	3.33	96.67	闵行区	1.85	98.15

2. 不同受教育程度受访者参与社会组织的情况

通过分析表4-44我们了解到，2013年，相比受教育程度低的受访者，受
教育程度较高的受访者对各类社会组织的参与率较高，其中以受教育程度为本科
的受访者的参与率最高，为11.54%；其次是受教育程度为研究生及以上的受访
者。社会组织参与率最低的是受教育程度为大专的受访者，为4.24%。

表4-44　2013年不同受教育程度受访者参与社会组织的情况

单位：%

受教育程度	参与	未参与
没有接受正式教育	5.56	94.44
小学	6.36	93.64
初中	5.00	95.00
高中/中专/技校	5.99	94.01
大专	4.24	95.76
本科	11.54	88.46
研究生及以上	8.00	92.00

3. 不同户籍受访者参与社会组织的情况

由表4-45可知，2013年，本地户籍受访者的社会组织参与率相对高于外地
户籍的受访者，为6.63%。但是从总体来看，不论是本地户籍受访者还是外地户
籍受访者，社会组织的参与率都处于极低的水平。因此需要进一步调动社会成员参
与社会组织的积极性，促进各类社会组织发展，进而推动文化的传播与发展。

表4-45 2013年不同户籍受访者参与社会组织的情况

表 4 – 45　2013 年不同户籍受访者参与社会组织的情况

单位：%

户籍	参与	未参与
本地户籍	6.63	93.37
外地户籍	5.14	94.86

4. 不同个人年收入的受访者参与社会组织的情况

表 4 – 46 的数据显示，2013 年，收入在 100000 元及以上的受访者的社会组织参与率最高，为 12.30%；其次为个人年收入低于 15000 元的受访者，参与率为 9.28%。从个人年收入来看社会大众的社会组织参与率可发现，社会组织的参与率呈现两头高、中间低的特点。这与受教育程度有一定的关系，即受教育程度在一定程度上会影响收入。总之，通过上述几方面的分析可知，目前社会大众的社会组织参与率仍较低，对此，政府、媒体以及社会都应引起重视。

表 4 – 46　2013 年不同个人年收入受访者参与社会组织的情况

单位：%

个人年收入	参与	未参与
<15000	9.28	90.72
[15000,30000)	4.49	95.51
[30000,50000)	4.64	95.36
[50000,100000)	3.78	96.22
≥100000	12.30	87.7

第四节　社会认同

社会认同是衡量社会质量的重要指标。社会认同是指个体认识到他（或她）属于特定的社会群体，同时也认识到作为群体成员带给他（或她）的情感和价值意义。人们总是争取积极的社会认同。而这种积极的社会认同是通过在内群体和相关的外群体的比较中获得的。如果没有获得满意的社会认同，个体就会离开群体或想办法实现积极的区分。考虑到中国和欧洲社会的情况不同，居民的国籍比较单一，因此在测量社会认同时，我们仅以国家的/欧洲的认同作为二级指标，通过分析民族自豪感和移民意愿两方面的数据，了解受访者国家的/欧洲的认同情况。

一 民族自豪感

通过询问您作为中国人是否感到自豪，来了解受访者的民族自豪感，以及对国家的/欧洲的认同情况。如图4-11所示，从2010年至2013年，表示非常自豪与自豪的受访者所占比例有所下降。由图4-11我们可得知，2010年、2013年，在该问题上，做出"自豪"选择的受访者所占比例均为最高，分别为48.62%、47.81%；做出"非常不自豪"选择的受访者所占比例从0.44%上升至1.24%，上升了0.8个百分点。为此，我们需要对民族自豪感降低现象的出现进行深刻的反思；此外，还应不断为增强我国综合国力而努力，进而促进民族自豪感的提升。

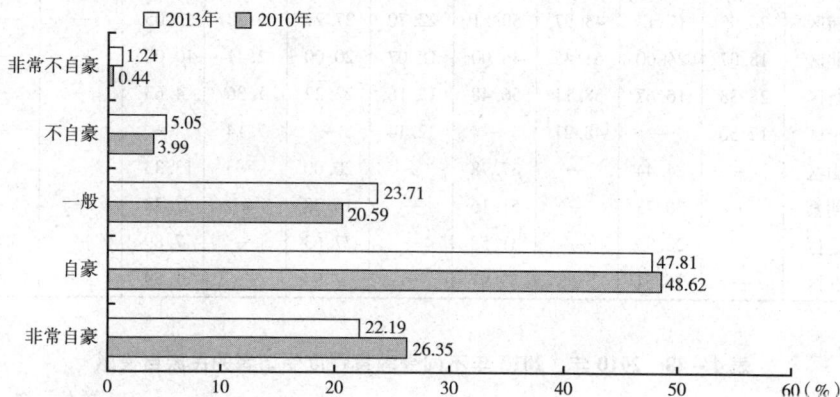

图4-11 2010年、2013年受访者的民族自豪感

1. 各区县受访者的民族自豪感

通过分析表4-47，我们可以得出以下结论。首先，相比2010年，2013年，超过半数区县的受访者在作为中国人感到"非常自豪"这一项上的比例有所下降，其中，徐汇区比例最低，为7.92%；松江区比例最高，为36.51%。其次，在"自豪"这一项上，2013年，徐汇区受访者所占比例最高，为57.43%；嘉定区受访者所占比例最低，为31.58%。最后，在"非常不自豪"这一项上，2013年金山区受访者所占比例最高，为4.44%。综合来看，各区县受访者的民族自豪感均有所下降。针对这一情况，政府方面应采取相应的措施。

2. 不同受教育程度受访者的民族自豪感

表4-48的数据显示，作为中国人感到"自豪"，为各受教育程度受访者比例最高的选项，同时，在2010年与2013年，均以没有接受正式教育的受访者

表 4 - 47　2010 年、2013 年各区县受访者的民族自豪感

单位：%

区县	非常自豪		自豪		一般		不自豪		非常不自豪	
	2010 年	2013 年	2010 年	2013 年	2010 年	2013 年	2010 年	2013 年	2010 年	2013 年
宝山区	16.36	16.81	54.55	46.90	23.64	30.97	1.82	2.65	3.64	2.65
虹口区	17.31	18.00	51.92	42.00	21.15	2.00	9.62	2.00	—	—
黄浦区	30.58	19.23	49.59	51.92	17.36	26.92	1.65	1.92	0.83	—
静安区	23.26	20.00	41.86	40.00	27.91	33.33	6.98	3.33	—	3.33
普陀区	30.14	24.00	45.66	50.00	19.63	18.00	4.57	8.00	—	—
浦东新区	25.90	31.18	48.19	44.12	22.29	19.41	3.01	4.12	0.60	1.18
徐汇区	35.90	7.92	42.74	57.43	17.95	26.73	2.56	6.93	0.85	0.99
杨浦区	26.95	17.17	43.97	50.51	22.70	27.27	6.38	5.05	—	—
闸北区	18.07	24.00	61.45	46.00	18.07	20.00	2.41	10.00	—	—
闵行区	28.38	16.67	58.11	56.48	12.16	22.22	1.36	4.63	—	—
长宁区	12.50	—	48.21	—	32.14	—	7.14	—	—	—
金山区	—	24.44	—	37.78	—	20.00	—	13.33	—	4.44
崇明县	—	30.23	—	51.16	—	16.28	—	2.33	—	—
嘉定区	—	28.95	—	31.58	—	27.63	—	7.89	—	3.95
松江区	—	36.51	—	53.97	—	7.94	—	1.59	—	—

表 4 - 48　2010 年、2013 年不同受教育程度受访者的民族自豪感

单位：%

受教育程度	非常自豪		自豪		一般		不自豪		非常不自豪	
	2010 年	2013 年	2010 年	2013 年	2010 年	2013 年	2010 年	2013 年	2010 年	2013 年
没有接受正式教育	33.33	19.44	58.33	61.11	8.33	13.89	—	5.56	—	—
小学	36.00	36.36	48.00	50.91	12.00	9.09	4.00	2.73	—	0.91
初中	29.50	29.38	45.98	49.33	19.54	16.33	4.21	3.67	0.77	1.33
高中/中专/技校	27.67	22.18	49.28	48.24	19.60	22.89	2.88	5.28	0.58	1.41
大专	22.52	11.52	49.55	47.27	22.52	32.73	4.95	7.27	0.45	1.21
本科	21.50	12.31	51.00	39.23	23.00	40.77	4.50	6.92	0.00	0.77
研究生及以上	25.71	0.00	40.00	40.00	28.57	52.00	5.71	4.00	0.00	4.00

所占比例最高，分别为 58.33%、61.11%。在选择"不自豪"的受访者中，以受教育程度为大专的受访者所占比例最高，分别为 4.95%、7.27%。在 2013 年，

选择"非常不自豪"的以研究生及以上学历的受访者所占比例最高。由此可见，受教育程度的提高并不意味着民族自豪感也会有所提升。因此，我们需要在学校中对学生进行爱国教育，不断增强学生的民族自豪感。

3. 不同户籍受访者的民族自豪感

通过将户籍与民族自豪感做交互分析，得到表 4-49。从表 4-49 中我们可以看出，相比 2010 年，2013 年做出"非常自豪"选择的受访者中，外地户籍的受访者所占比例均高于本地户籍的受访者，2013 年为 23.47%。2013 年，在做出"非常不自豪"选择的受访者中，本地户籍受访者所占比例高于外地户籍受访者，为 1.35%。

表 4-49　2010 年、2013 年不同户籍受访者的民族自豪感

单位：%

户籍	非常自豪		自豪		一般		不自豪		非常不自豪	
	2010 年	2013 年	2010 年	2013 年	2010 年	2013 年	2010 年	2013 年	2010 年	2013 年
本地户籍	25.47	21.65	49.94	50.47	20.24	22.46	3.89	4.06	0.44	1.35
外地户籍	30.09	23.47	43.36	41.48	21.68	26.69	4.42	7.40	0.44	0.96

4. 不同个人年收入受访者的民族自豪感

通过将个人年收入与民族自豪感做交互分析，得到表 4-50。表 4-50 的数据显示，收入相对较低的受访者的民族自豪感相对高于收入较高的受访者。如在 2013 年，一方面，在做出"非常自豪"选择的受访者中，以收入在 15000~30000 元的受访者所占比例最高，为 31.09%；其次是收入低于15000 元的受访者，所占比例为 25.26%。另一方面，在做出"非常不自豪"选择的受访者中，以收入在 100000 元及以上的受访者所占比例最高，为 3.28%。针对这一情况，可与移民意愿相联系，即收入高的受访者移民意愿最为强烈。因此，在移民意愿等诸多因素的影响下，在民族自豪感方面，高收入者普遍比低收入者低。综合而言，我们需要针对现阶段社会大众民族自豪感下降的问题，进行深入的研究，相应地调整政策，政府部门应真正做到权为民所用、情为民所系、利为民所谋，促进政治、经济、文化协调发展，同时努力提高社会大众的生活幸福指数，进而增强社会大众的民族自豪感，构建和谐社会。

表4-50　2010年、2013年不同个人年收入受访者的民族自豪感

单位：%

个人年收入	非常自豪		自豪		一般		不自豪		非常不自豪	
	2010年	2013年	2010年	2013年	2010年	2013年	2010年	2013年	2010年	2013年
<15000	29.86	25.26	44.80	47.42	20.36	22.16	4.98	4.12	0.00	1.03
[15000,30000)	30.87	31.09	47.76	48.72	17.68	15.06	3.17	4.81	0.53	0.32
[30000,50000)	21.21	21.94	51.95	48.95	21.65	22.36	4.33	5.06	0.87	1.69
[50000,100000)	19.67	11.89	53.01	46.49	22.40	34.05	4.92	6.49	0.00	1.08
≥100000	28.95	10.66	42.11	45.90	26.32	35.25	2.63	4.92	0.00	3.28

二　移民意愿

根据对"如果有机会和条件，您是否会选择移民"这一问题的回答，我们了解到受访者的移民意愿（如图4-12所示）。相比2010年，2013年表示会移民的受访者所占比例略低，为30.95%，超过半数的受访者表示不会选择移民，因此我们可以说，社会大众对移民主要还是持保留态度，不会轻易做出移民的选择。

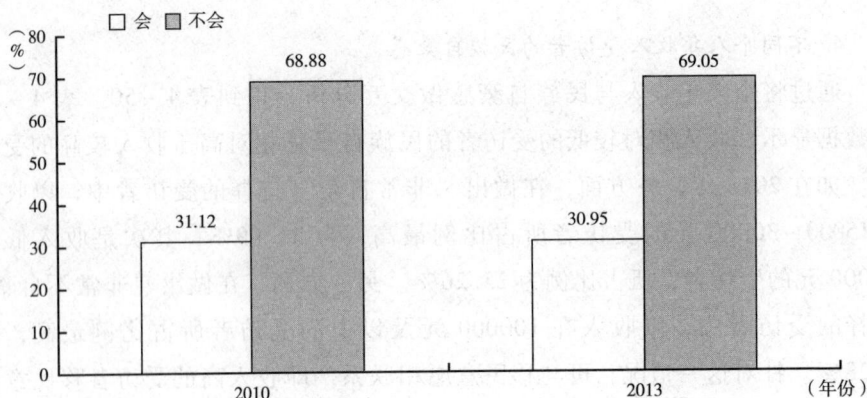

图4-12　2010年、2013年受访者的移民意愿

1. 各年龄段受访者的移民意愿

通过分析各年龄段受访者的移民意愿，我们得出表4-51。从2010年到2013年，表示会移民的受访者所占比例有所下降（见表4-51）。在各年龄段中，仅有年龄在41~60岁的受访者表示会移民的比例有所下降，而其余年龄段的受

访者表示会移民的比例均有所上升。我们认为，这与 41~60 岁的受访者在生活、工作上的稳定性有密切的联系。

表 4-51 2010 年、2013 年各年龄段受访者的移民意愿

单位：%

年龄段	2010 年		2013 年	
	会	不会	会	不会
18~30 岁	43.98	56.02	46.84	53.16
31~40 岁	31.86	68.14	37.04	62.96
41~50 岁	33.19	66.81	30.85	69.15
51~60 岁	26.85	73.15	23.53	76.47
61~70 岁	9.92	90.08	14.05	85.95

2. 各区县受访者的移民意愿

表 4-52 的数据显示，相比 2010 年，2013 年上海市静安区、普陀区、浦东新区与杨浦区的受访者表示会移民的比例有所下降，其余区则均有所上升。2013 年的数据显示，在上海各区县中，表示会移民的受访者所占比例最高的区与最低的区分别是黄浦区与松江区，分别为 42.31% 与 20.63%。总体而言，居住在中心城区、表示会移民的受访者所占比例相对高于上海市郊区、郊县的受访者。

表 4-52 2010 年、2013 年各区县受访者的移民意愿

单位：%

区县	2010 年		2013 年	
	会	不会	会	不会
宝山区	21.82	78.18	25.66	74.36
虹口区	38.46	61.54	42.00	58.00
黄浦区	23.97	76.03	42.31	57.69
静安区	41.86	58.14	30.00	70.00
普陀区	28.77	71.23	28.00	72.00
浦东新区	31.33	68.67	26.47	73.53
徐汇区	27.12	72.88	37.62	62.38
杨浦区	40.43	59.57	32.32	67.68
闸北区	28.92	71.08	38.00	62.00
闵行区	27.03	72.97	31.48	68.52
长宁区	42.86	57.14	—	—

续表

区县	2010 年		2013 年	
	会	不会	会	不会
金山区	—	—	37.78	62.22
崇明县	—	—	23.26	76.74
嘉定区	—	—	28.95	71.05
松江区	—	—	20.63	79.37

3. 不同受教育程度受访者的移民意愿

表 4-53 中的数据显示，从 2010 年到 2013 年，除没有接受正式教育的受访者外，表示会移民且受教育程度为小学、高中/中专/技校、大专的受访者所占比例都有所下降，其他受教育程度的受访者比例则相对有所上升。2013 年，表示会移民且受教育程度为小学的受访者所占比例最低，为 15.45%；相应地，表示会移民且受教育程度为研究生及以上的受访者所占比例最高，为 64.00%。对此，可能的解释是：受教育程度高的群体中，有为数不少的人是从国外留学归来，他们通过在国外相当长一段时间的学习与生活，适应了当地的生活方式。因此，他们可能一方面认为移民能够在一定程度上提高自身的生活质量；另一方面则认为国外教育优于国内，可以让子女接受更好的教育。因此，我国不仅要给社会大众传递正确的观念，帮助他们摒弃崇洋媚外的思想，而且应当不断增强本国的综合国力与国际竞争力，进而让更多的人才愿意留在国内，为祖国的发展贡献一己之力。

表 4-53　2010 年、2013 年不同受教育程度受访者的移民意愿

单位：%

受教育程度	2010 年		2013 年	
	会	不会	会	不会
没有接受正式教育	33.33	66.67	27.78	72.22
小学	30.00	70.00	15.45	84.55
初中	21.46	78.54	23.00	77.00
高中/中专/技校	31.12	68.88	30.28	69.72
大专	36.49	63.51	35.76	64.24
本科	36.32	63.68	52.31	47.69
研究生及以上	40.00	60.00	64.00	36.00

4. 不同户籍受访者的移民意愿

从表 4 – 54 中我们可以看出，从 2010 年至 2013 年，表示会移民的本地户籍受访者所占比例从 31.92% 下降至 29.63%，而外地户籍受访者所占比例从 27.75% 提升至 34.08%。对此，我们认为，之所以表示会移民的外地户籍受访者所占比例会有所上升，可能与其中本来就有外籍人士有关。随着中国经济不断发展，来中国的外籍人士所占比例逐年上升。上海作为国际金融中心，生活在沪的外籍人士自然不在少数，这些外籍人士在沪生活多年，可能被中国传统文化所吸引，进而产生移民中国的想法。

表 4 – 54　2010 年、2013 年不同户籍受访者的移民意愿

单位：%

户籍	2010 年		2013 年	
	会	不会	会	不会
本地户籍	31.92	68.08	29.63	70.37
外地户籍	27.75	72.25	34.08	65.92

5. 不同个人年收入受访者的移民意愿

通过将个人年收入与移民意愿进行交互分析得到表 4 – 55。如表 4 – 55 所示，从 2010 年至 2013 年，表示会移民且个人年收入在 15000 ~ 30000 元的受访者所占比例最低。此外，个人年收入在 100000 元及以上的受访者的移民意愿最为强烈，在 2010 年与 2013 年，表示会移民的受访者所占比例分别为 42.11% 与 47.54%。紧随其后的为年收入在 50000 ~ 100000 元的受访者，所占比例为 42.16%。对于这一现象，可能的解释是：移民国外在一定程度上意味着要有一定的能力与财富，这会影响到人们的移民意愿，尤其是对具有一定经济实力的人而言。

表 4 – 55　2010 年、2013 年不同个人年收入受访者的移民意愿

单位：%

个人年收入	2010 年		2013 年	
	会	不会	会	不会
<15000	29.86	70.14	32.99	67.01
[15000,30000)	25.86	74.14	18.59	81.41
[30000,50000)	32.33	67.67	28.27	71.73
[50000,100000)	34.43	65.57	42.16	57.84
≥100000	42.11	57.89	47.54	52.46

第五节 社会宽容

社会的宽容度指的是一定时期人们对其他各种类型社会成员的接受程度，是人们对特定人群的主观认知和容忍程度的反映。例如，人们对不同背景的外来人口、不同的文化和风俗的态度就是社会宽容度的具体表现。俗话说宽容不仅是待人之道，也是社会之氧；同时，在一定意义上，社会宽容能够增强社会凝聚力。社会是多元的，文化是多元的，只有当我们学会用宽容的心态去看待不同事物的时候，社会才能更加和谐，社会凝聚力才能有所提升。在此，测量社会宽容的二级指标为对移民和文化差异的接受程度。具体用三个指标进行测量：①与边缘/弱势群体做邻居的意愿；②对城里人、农村人的看法；③对本地人、外地人的看法。

一 与边缘/弱势群体做邻居的意愿

通过询问是否愿意与边缘/弱势群体（精神病患者、有犯罪记录者、同性恋者、外地务工者/移民、吸毒者）做邻居，了解受访者对边缘群体的接纳度，进而帮助我们更好地了解他们的社会宽容度。根据受访者的回答得到图 4 – 13。总体来看，除外地务工者/移民外，受访者表示能接纳其他边缘/弱势群体做邻居的比例均处于较低水平。相比 2010 年，2013 年仅在愿意与外地务工者/移民做邻居这一项上，受访者所占比例有所上升，从 62.91% 上升至 70.86%。其中表示愿意与吸毒者做邻居的受访者所占比例最低，为 5.14%。进一步分析 2013 年的数据我们可以发现，有 19.52% 的受访者表示愿意与同性恋者做邻居，分别有 15.14% 与 7.33% 的受访者表示愿意与有犯罪记录者及精神病患者做邻居。综合来说，我们可以看出社会大众对这些特殊群体的接纳度仍旧处于很低的水平。例如，愿意与吸毒者做邻居的受访者所占比例即处于很低的水平。其实，与吸毒者做邻居并不意味着他们会对我们造成伤害；反之，我们应当正确地引导他们，帮助他们走出毒品的"牢笼"。对于同性恋者，我们也不应该戴着有色眼镜看待他们。总之，我们应当学会反思、学会以宽容的心态看待他人。

1. 各区县受访者与边缘/弱势群体做邻居的意愿

如表 4 – 56 所示，从受访者对与边缘/弱势群体做邻居的意愿中可看出对他们的接纳度由低到高分别是吸毒者、精神病患者、有犯罪记录者、同性恋者与外地务工者/移民。对于吸毒者，2010 年静安区的受访者表示愿意与其做邻居的比例为 0；到了 2013 年，则是闵行区、崇明县的受访者所占比例为 0。相比之下，

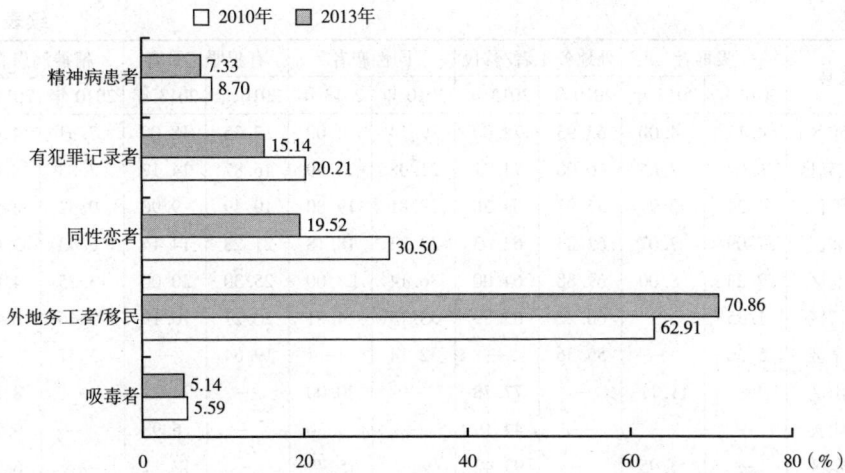

图 4 - 13　2010 年、2013 年受访者与边缘/弱势群体做邻居的意愿

表示愿意与吸毒者做邻居的受访者所占比例以金山区最高，为 11.11%，其余各区县受访者所占比例均不到 10%。对于外地务工者/移民，受访者愿意与其做邻居的比例为地处市中心的区低于地处上海市边缘的区县（如嘉定区），这与郊区/县外地务工者/移民所占比例高于城市中心区有一定的关系。对于同性恋者，相比 2010 年，2013 年，各区县受访者表示愿意与其做邻居的比例都在一定程度上有所下降，且各区县受访者表示愿意与同性恋者做邻居的比例均低于 30%，其中以崇明县比例最低，为 9.30%；在愿意与有犯罪记录者做邻居方面，以徐汇区的受访者所占比例最低，为 9.90%；最后，对于精神病患者，各区县受访者对该群体的接纳度仅高于吸毒者，2013 年只有宝山区的受访者表示愿意与其做邻居的比例超过了 10%。综上，当前社会对边缘/弱势群体的接纳度仍处于较低的水平，我们需要不断努力，以提高社会整体的接纳度。

表 4 - 56　2010 年、2013 年各区县受访者与边缘/弱势群体做邻居的意愿

单位：%

区县	吸毒者		外地务工者/移民		同性恋者		有犯罪记录者		精神病患者	
	2010 年	2013 年	2010 年	2013 年	2010 年	2013 年	2010 年	2013 年	2010 年	2013 年
宝山区	7.27	9.73	67.27	74.34	40.00	25.66	23.64	17.70	12.73	12.39
虹口区	9.62	2.00	57.69	66.00	40.38	26.00	25.00	10.00	9.62	4.00
黄浦区	8.26	1.92	65.29	71.15	28.10	23.08	23.97	15.38	12.40	9.62
静安区	—	6.67	69.77	73.33	27.91	26.67	13.28	16.67	4.65	6.67

区县	吸毒者		外地务工者/移民		同性恋者		有犯罪记录者		精神病患者	
	2010年	2013年	2010年	2013年	2010年	2013年	2010年	2013年	2010年	2013年
普陀区	4.11	4.00	63.93	72.00	30.14	14.00	17.35	18.00	7.31	4.00
浦东新区	6.02	7.65	60.00	74.71	21.08	20.59	16.87	14.12	7.83	8.82
徐汇区	4.24	2.97	55.93	64.36	28.81	19.80	19.49	9.90	9.32	6.93
杨浦区	7.09	7.07	63.83	62.63	33.33	18.18	21.28	14.14	6.43	3.03
闸北区	7.23	8.00	69.88	64.00	36.14	28.00	25.30	20.00	13.25	4.00
闵行区	1.35	—	66.22	63.89	33.78	14.81	20.27	10.19	9.46	6.48
长宁区	5.36	—	55.36	—	32.14	—	19.64	—	3.57	—
金山区	—	11.11	—	77.78	—	20.00	—	22.22	—	8.89
崇明县	—	—	—	44.19	—	9.30	—	6.98	—	9.30
嘉定区	—	3.95	—	93.42	—	15.79	—	17.11	—	6.58
松江区	—	2.97	—	82.54	—	12.70	—	26.98	—	7.94

2. 不同受教育程度受访者与边缘/弱势群体做邻居的意愿

如表4－57所示，从2013年的数据看，受教育程度为研究生及以上的受访者表示愿意同各类边缘/弱势群体做邻居的比例处于相对较低的水平，特别是在愿意与吸毒者、有犯罪记录者及精神病患者做邻居方面，比例均为0。另外，受教育程度为本科的受访者表示愿意与同性恋者做邻居的比例则相对高于其他受教育程度的受访者。总体而言，我们发现，尽管社会总体对边缘/弱势群体的接纳度处于较低的水平，但是接受过高等教育的受访者对边缘/弱势群体的接纳度仍旧低于未受过高等教育的受访者。因此，我们需要重视高等教育中宽容教育的部分，让更多的当代大学生、研究生学会宽容待人，接纳他人。

表4－57　2010年、2013年不同受教育程度受访者与边缘/弱势群体做邻居的意愿

单位：%

受教育程度	吸毒者		外地务工者/移民		同性恋者		有犯罪记录者		精神病患者	
	2010年	2013年	2010年	2013年	2010年	2013年	2010年	2013年	2010年	2013年
没有接受正式教育	16.67	8.33	66.67	77.78	41.67	22.22	41.67	19.44	25.00	11.11
小学	6.00	8.18	76.00	80.91	30.00	17.27	26.00	15.45	12.00	10.00
初中	5.75	5.33	65.52	73.24	24.52	10.67	25.29	17.00	9.62	9.67

续表

受教育程度	吸毒者		外地务工者/移民		同性恋者		有犯罪记录者		精神病患者	
	2010 年	2013 年	2010 年	2013 年	2010 年	2013 年	2010 年	2013 年	2010 年	2013 年
高中/中专/技校	6.40	3.52	60.98	68.31	24.21	15.49	19.88	14.79	9.80	7.39
大专	4.50	6.06	58.56	67.88	36.04	27.88	15.77	15.15	5.41	4.24
本科	5.47	4.62	63.68	66.15	41.29	36.92	17.91	13.08	7.46	3.85
研究生及以上	—	—	65.71	72.00	37.14	32.00	11.43	—	8.57	—

3. 不同户籍受访者与边缘/弱势群体做邻居的意愿

从表 4-58 中我们可以看出，2013 年，本地户籍的受访者表示愿意与吸毒者、同性恋者、精神病患者做邻居的比例稍微高于外地户籍的受访者，而外地户籍的受访者表示愿意与外地务工者/移民、有犯罪记录者做邻居的比例稍微高于本地户籍的受访者。但是总体来说，不论本地户籍的受访者还是外地户籍的受访者愿意与上述边缘/弱势群体（除外地务工者/移民外）做邻居的比例均处于较低的水平。同时，从 2010 年至 2013 年，不难看出外地户籍的受访者对于拒绝与上述边缘/弱势群体（除外地务工者/移民外）做邻居的比例下降速度快于本地户籍的受访者。

表 4-58　2010 年、2013 年不同户籍受访者与边缘/
弱势群体做邻居的意愿

单位：%

户籍	吸毒者		外地务工者/移民		同性恋者		有犯罪记录者		精神病患者	
	2010 年	2013 年	2010 年	2013 年	2010 年	2013 年	2010 年	2013 年	2010 年	2013 年
本地户籍	5.78	5.68	58.46	66.04	29.92	19.76	19.80	14.61	8.80	8.12
外地户籍	4.85	3.86	81.06	82.32	32.60	18.97	22.03	16.40	8.37	5.47

4. 不同个人年收入受访者与边缘/弱势群体做邻居的意愿

如表 4-59 所示，从 2010 年至 2013 年，在愿意与吸毒者做邻居的受访者中，只有个人年收入在 100000 元及以上的受访者所占比例有所上升，其他收入水平的受访者所占比例均有所下降。然而，在愿意与外地务工者/移民做邻居的受访者中，只有个人年收入在 100000 元及以上的受访者所占比例有所下降，其他收入水平的受访者所占比例均有所上升。从 2010 年至 2013 年，对于同性恋者，表示愿意与其做邻居的受访者所占比例以个人年收入低于 15000 元的最高（为 33.03%）转变为个人年收入在 100000 元及以上的受访者所占比例最高（为 33.61%）。总之，社会还是应当以更加宽容的心态去接纳他们，进而在一定程度上缓和不同群体之间的矛盾，促进社会和谐。

表4－59　2010 年、2013 年不同个人年收入受访者
与边缘/弱势人群做邻居的意愿

单位：%

个人年收入	吸毒者		外地务工者/移民		同性恋者		有犯罪记录者		精神病患者	
	2010 年	2013 年	2010 年	2013 年	2010 年	2013 年	2010 年	2013 年	2010 年	2013 年
<15000	5.43	5.15	66.52	79.90	33.03	21.65	28.05	17.53	13.57	11.86
[15000,30000)	6.60	5.45	62.27	69.87	24.01	11.86	18.47	14.42	8.99	6.41
[30000,50000)	3.88	3.80	61.64	67.51	28.88	15.61	5.09	16.88	6.47	7.17
[50000,100000)	6.56	2.70	60.11	70.81	37.16	25.95	19.13	13.51	7.10	5.41
≥100000	6.58	10.66	69.74	65.57	40.79	33.61	27.63	12.30	6.58	5.74
总计	5.77	5.14	63.15	70.86	30.25	19.52	20.44	15.14	8.90	7.33

二　对城里人、农村人的看法

如图 4－14 所示，有 41.52% 的受访者表示"城里人大多数看不起农村人"；41.81% 的受访者认同"农村人在城里打工无法根本改变农村经济状况"的说法；47.62% 的受访者认同"新一代农民工大多数不会种田又不安心打工"的说法。此外，还有 81.71% 的受访者认为"农村人应当享受与城里人一样的公民待遇"；61.52% 的受访者认同"很多在城里打工的农民工不想返回农村"的说法。由上可见，尽管超过半数的受访者表示农村人应当与城里人享受一样的公民待遇，但是仍旧有将近半数的受访者对农村人存在偏见。因此，我们需要对该问题引起重视，不仅要让社会大众意识到职业不分贵贱、身份不分尊卑，政府、社会各方也要共同努力，打破城里人与农村人之间的隔阂，完善户籍制度，同时给予农民一定的保障，促进城乡矛盾的缓和。

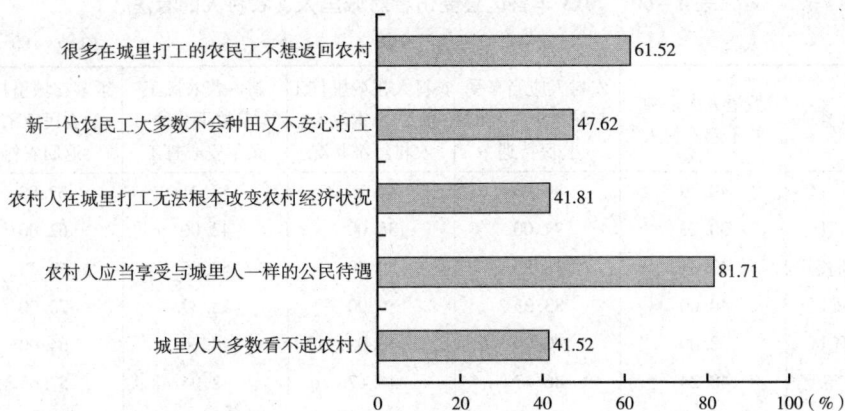

图 4 – 14　2013 年受访者对城里人、农村人的看法

1. 各区县受访者对城里人、农村人的看法

表 4 – 60 体现了各区县受访者对城里人、农村人的看法。嘉定区、松江区与闵行区均有超过 50% 的受访者认同"城里人大多数看不起农村人"的说法，这可能与这些地区农民所占比例高有一定的联系，体现出农民对城市人看不起自己的说法的认同度较高。关于"农村人应当享受与城里人一样的公民待遇"这一说法，除闸北区外，其余各区县对此表示认同的受访者所占比例均在 70%以上。其中郊区/县（如宝山区、闵行区、金山区、松江区）受访者所占比例略高于城市中心区（如虹口区、黄浦区、徐汇区）受访者。这在一定程度上体现了农村人对实现城乡平等的热切期望。关于"农村人在城里打工无法根本改变农村经济状况"的说法，对此表示认同的受访者所占比例最高的区为黄浦区与静安区，均为 50.00%；普陀区对此表示认同的受访者所占比例最低，为 30.00%。关于"新一代农民工大多数不会种田又不安心打工"的说法，闸北区有高达 62.00% 的受访者对此表示认同，闵行区对此表示认同的受访者所占比例最低，为 36.11%。最后，关于"很多在城里打工的农民工不想返回农村"的说法，城市中心区的受访者对此表示认同的比例略高于郊区/县的受访者。通过分析，我们可以了解到，目前城市人与农村人之间仍旧存在隔阂。对此，政府与社会需要共同努力，不断缩小城乡差距，最终实现城市与农村共同发展。

表4-60　2013年各区县受访者对城里人、农村人的看法

单位：%

区县	城里人大多数看不起农村人	农村人应当享受与城里人一样的公民待遇	农村人在城里打工无法根本改变农村经济状况	新一代农民工大多数不会种田又不安心打工	很多在城里打工的农民工不想返回农村
宝山区	40.70	84.96	44.25	52.21	62.83
虹口区	30.23	74.00	38.00	42.00	62.00
黄浦区	42.31	78.85	50.00	53.85	69.23
静安区	40.00	83.33	50.00	53.33	70.00
普陀区	32.00	80.00	30.00	44.00	64.00
浦东新区	48.24	86.47	46.47	42.94	57.65
徐汇区	32.67	71.29	40.59	51.49	67.33
杨浦区	33.33	75.76	33.33	48.48	67.68
闸北区	38.00	68.00	34.00	62.00	82.00
闵行区	50.00	86.11	44.44	36.11	54.63
长宁区	—	—	—	—	—
金山区	33.33	88.89	46.67	51.11	66.67
崇明县	30.23	83.72	48.84	55.81	67.44
嘉定区	56.58	82.89	34.21	53.95	43.42
松江区	52.38	93.65	44.44	36.51	47.62

2. 不同受教育程度受访者对城里人、农村人的看法

通过分析表4-61我们可以得出以下结论。首先，关于"城里人大多数看不起农村人"的说法，随着受教育程度的提升，对此表示认同的受访者所占比例也在总体上呈现下降的趋势，以受教育程度为大专的受访者所占比例最低，为35.76%。我们认为，这可能与受访者中存在大量的农村人有较大的关系：受教育程度相对较高的多为城里人，他们会否认自身看不起农村人的说法；而受教育程度相对较低的多为农村人，所以他们更可能认同城市人看不起自己的说法。其次，对于"农村人应当享受与城里人一样的公民待遇"的说法，随着受教育程度的提升，对此表示认同的受访者所占比例也在总体上随之有所下降。与之不同的是，对于"很多在城里打工的农民工不想返回农村"的说法，从没有接受正式教育至本科学历的受访者对此表示认同的比例均有所上升。再次，关于"农村人在城里打工无法根本改变农村经济状况"的说法，对此表示认同且受教育程度为研究生及以上的受访者所占比例最高（为52.00%）、以受教育程度为大

专的受访者所占比例最低（为 33.33%）。最后，关于"新一代农民工大多数不会种田又不安心打工"的说法，对此表示认同且没有接受正式教育的受访者所占比例最低，为 27.78%。

表 4-61　2013 年不同受教育程度受访者对城里人、农村人的看法

单位：%

受教育程度	城里人大多数看不起农村人	农村人应当享受与城里人一样的公民待遇	农村人在城里打工无法根本改变农村经济状况	新一代农民工大多数不会种田又不安心打工	很多在城里打工的农民工不想返回农村
没有接受正式教育	58.33	86.11	44.44	27.78	38.89
小学	49.09	89.09	48.18	36.36	50.00
初中	44.33	87.00	45.33	49.00	61.67
高中/中专/技校	38.73	77.11	38.03	53.17	64.79
大专	35.76	78.18	33.33	48.48	64.85
本科	38.46	78.46	44.62	46.92	66.15
研究生及以上	36.00	72.00	52.00	44.00	60.00

3. 不同户籍受访者对城里人、农村人的看法

从表 4-62 中我们可以看出，关于"城里人大多数看不起农村人"、"农村人应当享受与城里人一样的公民待遇"以及"农村人在城里打工无法根本改变农村经济状况"的说法，对此表示认同的外地户籍受访者所占比例均高于本地户籍受访者，其中关于"农村人应当享受与城里人一样的公民待遇"的说法，对此表示认同的外地户籍受访者所占比例高达 85.85%。关于"新一代农民工大多数不会种田又不安心打工"与"很多在城里打工的农民工不想返回农村"的说法，对此表示认同的本地户籍受访者所占比例高于外地户籍受访者。

表 4-62　2013 年不同户籍受访者对城里人、农村人的看法

单位：%

户籍	城里人大多数看不起农村人	农村人应当享受与城里人一样的公民待遇	农村人在城里打工无法根本改变农村经济状况	新一代农民工大多数不会种田又不安心打工	很多在城里打工的农民工不想返回农村
本地户籍	34.37	79.97	41.68	49.26	64.95
外地户籍	58.52	85.85	42.12	43.73	53.38

4. 不同个人年收入的受访者对城里人、农村人的看法

表 4-63 的数据显示，在表示认同"城里人大多数看不起农村人"与"农村人应当享受与城里人一样的公民待遇"的说法的受访者中，以个人年收入低于15000 元的受访者所占比例最高，分别为 50.52%、84.54%，这与其中存在一定比例的农村人有一定的关系，同时这一结果也体现了他们对改善自身被歧视地位与自身福利待遇的热切期望。在表示认同"农村人在城里打工无法根本改变农村经济状况"、"新一代农民工大多数不会种田又不安心打工"与"很多在城里打工的农民工不想返回农村"的说法的受访者中，以个人年收入在 100000 元及以上的受访者所占比例最高。这在一定程度上表明，高收入者对农民工在城市打工的不认可。随着进城务工的农民工数量的增多，留守儿童、孤寡老人等问题也日益凸显出来，并且农民工在城市务工还会导致农村大片田地变为荒地、农村生产力下降等问题出现。因此，我们应当对该问题引起重视，鼓励农民在农村就业，同时给予相应的支持政策与优惠，使农民不离开家也能致富，进而减轻城市人口压力，促进城乡协调发展。

表 4-63　2013 年不同个人年收入的受访者对城里人、农村人的看法

单位：%

个人年收入	城里人大多数看不起农村人	农村人应当享受与城里人一样的公民待遇	农村人在城里打工无法根本改变农村经济状况	新一代农民工大多数不会种田又不安心打工	很多在城里打工的农民工不想返回农村
<15000	50.52	84.54	41.75	39.18	57.73
[15000,30000)	39.42	84.29	44.55	46.15	59.62
[30000,50000)	35.86	78.90	38.82	53.16	63.71
[50000,100000)	37.84	80.00	34.05	44.86	61.62
≥100000	49.18	78.69	52.46	58.20	68.03

三　对本地人、外地人的看法

从表 4-64 中我们可以看出，总体而言，2008 年以前上海市的人口呈现机械增长的趋势，其中迁入率普遍高于迁出率，以 2008 年增长率最高，为 9.38%。其后，由于一系列户籍管理政策和相关政策的实施，2010~2012 年，上海市人口增长率逐步呈现下降的趋势。然而在 2013 年，人口增长率还是有所上升。总之，在上海市总人口日益增长的背景下，本地人与外地人之间的矛盾逐步凸显出来，对此，社会各界以及政府有关部门应予以重视。

表4-64　1990~2013年主要年份户籍人口迁移及人口机械增长情况

单位：万人，%

年份	迁入		迁出		机械增长	
	人口	迁入率	人口	迁出率	人口	增长率
1990	12.18	9.52	10.72	8.38	1.46	1.14
1995	13.12	10.09	6.47	4.98	6.65	5.11
1996	13.01	9.99	6.41	4.92	6.60	5.07
1997	11.47	8.79	5.72	4.38	5.75	4.41
1998	11.73	8.98	5.04	3.86	6.69	5.12
1999	14.06	10.73	5.08	3.88	8.98	6.85
2000	15.16	11.51	5.32	4.04	9.84	7.47
2001	14.63	11.05	5.56	4.20	9.07	6.85
2002	15.41	11.58	4.38	3.29	11.03	8.29
2003	14.92	11.15	3.69	2.76	11.23	8.39
2004	13.93	10.34	2.74	2.03	11.19	8.31
2005	12.96	9.55	3.46	2.55	9.50	7.00
2006	12.86	9.43	3.50	2.57	9.36	6.86
2007	14.69	10.70	3.95	2.88	10.74	7.82
2008	17.28	12.48	4.29	3.10	12.99	9.38
2009	15.72	11.26	4.77	3.42	10.95	7.84
2010	17.22	12.24	4.97	3.53	12.25	8.71
2011	13.15	9.29	5.33	3.76	7.82	5.53
2012	12.96	8.11	5.89	4.14	7.07	3.97
2013	12.12	8.48	6.06	4.24	6.06	4.24

资料来源：王建平、马俊贤，2014。

如图4-15所示，在关于本地人与外地人的相关说法中，40.29%的受访者表示认同"本地人总是排斥外地人"的说法；52.38%的受访者认同"外地人多会给本地治安带来问题"的说法；42.67%的受访者认同"不管在哪里，老乡比其他人更可靠"的说法；60.63%的受访者认同"不懂当地方言很难与当地人建立融洽的关系"。由上述数据我们可以得知，本地人与外地人之间还是存在一定的隔阂。因此，为了消除隔阂，一方面，本地人应该以更宽容的心态对待外地人，学会接纳外地人；另一方面，外地人也应该规范自身的行为，以更好地融入当地社会。

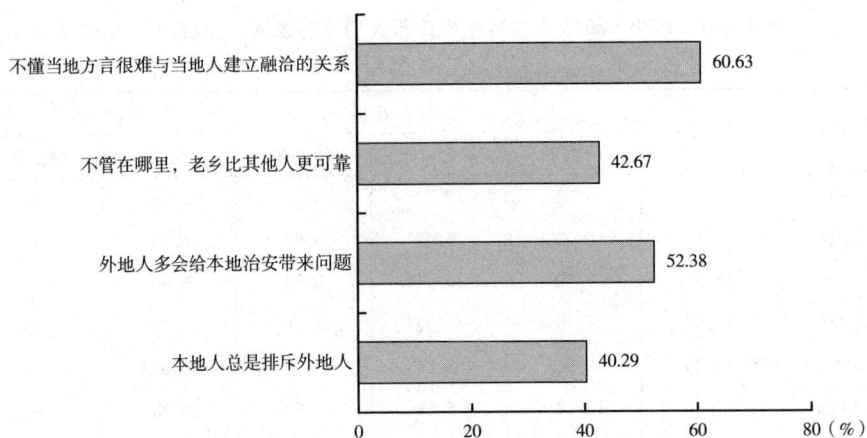

图 4 - 15   2013 年受访者对本地人、外地人的看法

1. 各区县受访者对本地人、外地人的看法

如表 4 - 65 所示，2013 年关于"本地人总是排斥外地人"的说法，嘉定区有 56.58% 的受访者表示认同，高于其他各区县。这与嘉定区拥有数量庞大的外来人口有较为密切的关系。关于"外地人多会给本地治安带来问题"的说法，以普陀区受访者对此表示认同的比例最高，为 74.00%。关于"不管在哪里，老乡比其他人更可靠"的说法，以松江区受访者对此表示认同的比例最高，为 58.73%。最后，关于"不懂当地方言很难与当地人建立融洽的关系"的说法，各区县受访者对此表示认同的比例均高于 50.00%，其中以普陀区比例最高，为 72.00%。

表 4 - 65   2013 年各区县受访者对本地人、外地人的看法

单位：%

区县	本地人总是排斥外地人	外地人多会给本地治安带来问题	不管在哪里，老乡比其他人更可靠	不懂当地方言很难与当地人建立融洽的关系
宝山区	45.13	51.33	37.17	58.41
虹口区	38.00	64.00	38.00	50.00
黄浦区	50.00	46.15	48.08	65.38
静安区	33.33	40.00	36.67	50.00
普陀区	36.00	74.00	42.00	72.00
浦东新区	41.76	54.71	41.76	62.35
徐汇区	38.61	49.50	27.72	50.00

区县	本地人总是排斥外地人	外地人多会给本地治安带来问题	不管在哪里,老乡比其他人更可靠	不懂当地方言很难与当地人建立融洽的关系
杨浦区	38.38	52.53	43.43	60.61
闸北区	40.00	60.00	36.00	58.00
闵行区	38.89	48.15	50.00	67.59
长宁区	—	—	—	—
金山区	24.44	40.00	40.00	64.44
崇明县	30.23	58.14	58.14	67.44
嘉定区	56.58	39.47	47.37	56.58
松江区	34.92	58.73	58.73	65.08

2. 不同受教育程度受访者对本地人、外地人的看法

如表4-66所示,对上述说法表示认同且受教育程度为研究生及以上的受访者所占比例均低于其他受教育程度的受访者。其中在表示认同"不管在哪里,老乡比其他人更可靠"说法的受访者中,仅有8.00%的受访者的受教育程度为研究生及以上。此外,关于"本地人总是排斥外地人"的说法,对此表示认同且受教育程度为大专的受访者所占比例最高,为46.67%;关于"外地人多会给本地治安带来问题"与"不懂当地方言很难与当地人建立融洽的关系"的说法,对此我们不能忽视的是,前一说法本身就带有一定的歧视色彩。数据显示,受教育程度为本科以下学历对该说法表示认同的受访者所占比例均高于本科及以上学历的受访者。对上述现象,可能的解释是:受教育程度高的受访者由于接受了高等教育,因此宽容度有一定的提升、知识储备有所增加,进而影响了他们对上述说法的看法。

表4-66　2013年不同受教育程度受访者对本地人、外地人的看法

单位:%

受教育程度	本地人总是排斥外地人	外地人多会给本地治安带来问题	不管在哪里,老乡比其他人更可靠	不懂当地方言很难与当地人建立融洽的关系
没有接受正式教育	36.11	47.22	63.89	61.66
小学	33.64	54.55	61.82	73.64
初中	40.33	60.67	49.00	68.90
高中/中专/技校	40.14	52.46	42.61	57.39
大专	46.67	50.30	31.52	53.33
本科	43.08	40.77	26.92	50.00
研究生及以上	20.00	24.00	8.00	40.00

3. 不同户籍受访者对本地人、外地人的看法

通过将户籍与对关于本地人、外地人看法的认同度进行交互分析，得到表4-67。数据显示，关于"本地人总是排斥外地人"的说法，超过半数的外地户籍受访者对此表示认同，这与他们对自身的认同可能存在一定的关系。而对剩下的三种说法，表示认同的本地户籍受访者所占比例均高于外地户籍受访者。综合以上情况我们可以看出，本地人与外地人之间依旧存在一定的隔阂。对此，本地人应该学会用宽容、包容的心态对待外地人，接纳外地人，同时，为了控制城市人口总量，政府方面应当采取措施有序引导外来人口的流动。

表4-67　2013年不同户籍受访者对本地人、外地人的看法

单位：%

户籍	本地人总是排斥外地人	外地人多会给本地治安带来问题	不管在哪里，老乡比其他人更可靠	不懂当地方言很难与当地人建立融洽的关系
本地户籍	33.56	61.57	43.71	63.01
外地户籍	56.27	30.55	40.19	54.98

4. 不同个人年收入的受访者对本地人、外地人的看法

表4-68的数据显示，关于"本地人总是排斥外地人"的说法，对此表示认同且以个人年收入在100000元及以上的受访者所占比例最高，为45.08%；而关于"外地人多会给本地治安带来问题"，两级收入（个人年收入低于15000元与个人年收入在100000元及以上）的受访者对此表示认同的比例较低。最后，关于"不管在哪里，老乡比其他人更可靠"与"不懂当地方言很难与当地人建立融洽的关系"的说法，对此表示认同且以个人年收入在100000元及以上的受访者所占比例最低。

表4-68　2013年不同个人年收入的受访者对本地人、外地人的看法

单位：%

个人年收入	本地人总是排斥外地人	外地人多会给本地治安带来问题	不管在哪里，老乡比其他人更可靠	不懂当地方言很难与当地人建立融洽的关系
<15000	39.69	49.48	51.03	61.14
[15000,30000)	35.90	58.97	44.55	67.31
[30000,50000)	40.51	51.05	44.30	59.49
[50000,100000)	44.86	47.03	35.68	54.59
≥100000	45.08	50.82	31.97	54.10

第五章　社会包容

社会质量理论视角下，社会凝聚指向的是社会关系的整合问题，社会包容则关乎社会系统的整合。社会包容是指人们接近那些构成日常生活多样化制度和社会关系的可能性，人们在何种程度上可以获得来自制度和社会关系的支持，社会成员是否因为具有某些方面的特征而遭受来自正式或非正式制度的系统性排斥，导致社会关系的紧张。社会包容指向的是个体平等的权利和价值。社会包容的一级测量指标为公民权、服务和社会支持网络。

第一节　公民权

社会质量理论视域下，公民权是社会包容的重要主题。公民权涉及公民参与政治、经济、社会和文化系统的可能性。提升社会包容度意味着社会成员在现实生活中可以获得更多的机会，能够参与和应对多元复杂的社会环境和社会系统，在一个公正透明的社会中贡献自己的力量。公民权的二级测量指标为政治权利和公民权利。

一　政治权利

（一）地方选举权

政治投票和选举活动既是公民权的重要体现，也是公民参与国家治理和基层民主建设的重要方式，应该在法律和社会制度层面得到保证。政府和社会应当积极落实公民的政治权利。选举权是公民的基本政治权利之一。地方选举的实际参与比例和参与意愿反映了社会成员政治活动的参与状况，是测量政治权利的重要指标。根据《中华人民共和国宪法》第三十四条规定："中华人民共和国年满十八周岁的公民，不分民族、种族、性别、职业、家庭出身、宗教信仰、教育程度、财产状况、居住期限，都有选举权和被选举权；但是依照法律被剥夺政治权利的人除外。"根据上海统计局官方网站公布的《上海统计年鉴（2013）》，2013年上海市户籍人口满十八周岁以上的人数较 2010 年（1266.18 万人）[①] 增加了0.10%，达到了 1278.83 万人，占户籍人口总数的 89.28%。

此次调查以参与村居委选举的情况测量地方选举权。数据显示，从 2010 年至 2013 年，参与村居委会选举的比例有所提高，2010 年参与比例为 51.95%，2013 年参与比例为 56.10%。上海市数据保持在半数以上，显著高于其他省会城市数据[②]。2013 年的调查问卷中增加了"将来可能参与投票"的选项，用以测量受访者的地方选举参与意愿，选择未来可能参与的比例高于实际参与比例，为71.47%。数据结果反映出在现有阶段，上海市在社区建设和落实地方选举权方面的发展水平相对较高，为社会治理结构转型奠定了良好基础。但是也要看到，上海居民实际参与度和参与意愿之间存在一定差距，这对未来公民政治权利的普及和保障等基层社会治理工作提出更高的要求。

1. 各区县居委会选举参与情况

地方选举参与情况可能与受访者所生活社区的发展状况密切相关，下文比较了上海不同行政区县居民的选举参与情况（见表 5-1）。宝山区、静安区、浦东新区、杨浦区和闸北区的参与比例有所下降，下降幅度最大的是静安区；虹口区、黄浦区、普陀区、徐汇区和闵行区的参与比例有所上升，上升幅度最大的是普陀区。从实际参与情况看，崇明县居民的实际参与度最高，超过 80%；其次是松江区、金山区和虹口区，曾参与村居委会选举的比例均超过 60%。参与度远低于其他行政区的是嘉定区，仅为 31.98%。从参与意愿的选择情况看，各区居民的参与意愿均高于实际参与情况，参与意愿最高的是崇明县，其次是松江区和普陀区，均高于 80%，参与意愿最低的为嘉定区。因此，地方选举活动的实际参与度和未来参与意愿之间存在一定的正相关关系，地方选举权的落实程度越

---

① 根据上海统计局官方网站公布的《上海统计年鉴（2011）》中各区县户籍年龄人口构成计算得出。

② 2013 年在全国六个省市展开调查，其他五个省会城市的村居委会参与情况的数据为广州24.1%，郑州 14.8%，长春 17.5%，昆明 15.8%，兰州 22.3%。

高，居民未来参与选举的意愿越高。这也说明社会系统的开放度和包容程度势必影响个体的政治信心和政治投票活动的参与意愿。

表 5-1　2010 年和 2013 年各区县居民村居委会选举参与情况

单位：%

区县	2010 年	2013 年	2013 年	区县	2010 年	2013 年	2013 年
	参与过投票	曾经参与	将来可能参与		参与过投票	曾经参与	将来可能参与
宝山区	63.64	54.87	63.72	闸北区	55.42	54.00	68.00
虹口区	53.85	60.00	73.47	闵行区	47.30	59.26	74.77
黄浦区	43.33	53.85	67.31	长宁区	51.79	—	—
静安区	62.79	50.10	60.00	崇明县	—	81.40	90.70
普陀区	42.47	58.00	80.00	嘉定区	—	31.98	56.58
浦东新区	57.23	54.12	70.00	金山区	—	62.22	77.28
徐汇区	52.54	57.43	73.27	松江区	—	71.43	84.13
杨浦区	59.29	52.53	71.72				

2. 受教育程度与村居委会选举参与情况

受教育程度会影响个体对公民权的认知程度和参与方式，因此我们将受教育程度和居民村居委会选举的参与情况进行交互分析。比较两年调查数据结果（见表 5-2），受教育程度和投票活动的参与情况成反比关系，即高学历群体的实际参与度低于较低学历群体。出现这种情况的原因，可能在于高学历群体对政治权利的实现路径有更高的需求，对现行的一些形式化参与模式无法认同，因而参与动力比较低，导致实际参与度低于其他学历群体。从变化幅度看，除本科学历群体略有下降外，其他学历群体的参与比例均有所上升，较低学历群体的实际参与情况上升幅度高于高等学历群体，上升最明显的为小学学历群体。

表 5-2　2010 年和 2013 年受教育程度与村居委会选举参与情况

单位：%

受教育程度	2010 年	2013 年	2013 年
	参与过投票	曾经参与	将来可能参与
没有接受正式教育	54.55	66.67	75.00
小学	46.00	62.73	70.00
初中	56.32	62.67	78.26
高中/中专/技校	57.64	57.75	72.44
大专	49.55	51.52	67.27
本科	44.50	39.23	60.00
研究生及以上	28.57	32.00	68.00

从未来参与意愿的选择情况看，低学历群体的参与意愿相对高于高学历群体，不同学历群体的参与意愿均高于实际参与度，尤其是本科和研究生及以上这两个学历群体未来选举活动的参与意愿高出实际参与度较多，这反映出高学历群体并非对村居委会选举活动没有参与兴趣。因此，在落实并不断改进基层政治参与路径和方式的过程中，需要提高基层管理部门的组织动员能力，满足不同学历群体的需求，对不同学历群体予以公平对待，提升高学历群体的政治参与度。

3. 户籍与村居委会选举参与情况

在中国的社会情境中，户籍身份会影响社会资源在个体层面的分配。上海是中国外来人口比例较高的城市之一，是否拥有本地户籍会影响居民的城市归属感。在社会管理过程中对不同户籍人口的资源分配状况也会影响个体公民权的实现程度。因此，比较不同户籍身份与地方选举权的相关性是有必要的。根据两年的调查数据（见表5－3），外地户籍居民基层村居委会选举的参与比例有所上升，但仍远低于本地户籍居民的实际参与度。从参与意愿的角度看，外地户籍居民的参与意愿与实际参与度之间差距明显，参与意愿略低于本地户籍居民，数据结果表明了村居委会选举活动的实际参与度会对参与意愿有正向影响，地方选举权的落实过程中仍然存在户籍门槛，地方选举活动的参与系统需要提高对外地户籍居民的包容度，给予在沪外地户籍人口公平公正的参与机会。

表5－3　2010年和2013年户籍与村居委会选举参与情况

单位：%

户　籍	2010年	2013年	2013年
	参与过投票	曾经参与	将来可能参与
本地户籍	60.36	67.52	77.64
外地户籍	18.58	29.94	56.77

4. 个人年收入与村居委会选举参与情况

经济收入是社会分层的重要测量指标，不同的收入水平与个体的职业、生活状态和社会认知等方面密切相关，影响个体地方选举的参与度。比较两年的调查数据（见表5－4）可以发现，各收入（年收入）阶层居民参与选举比例均有所上升，个人年收入10万元及以上的人群参与选举的比例有所下降，其未来参与意愿也远低于其他收入群体。综合来看，村居委会选举活动的参与情况与收入水平成负相关关系，越是高收入群体，实际参与比例越低。

表 5 - 4　2010 年和 2013 年个人年收入与村居委会选举参与情况

单位：%

个人年收入	2010 年	2013 年	2013 年
	参与过投票	曾经参与	将来可能参与
<15000	49.81	59.79	74.48
[15000,30000)	62.17	66.99	78.85
[30000,50000)	49.57	55.70	69.20
[50000,100000)	42.62	47.03	69.19
≥100000	38.16	36.89	55.74

5. 不同年龄群体与村居委会选举参与情况

不同世代的个体成长背景和生活体验存在明显差异，比较各年龄段人群的选举活动参与情况可以对我们比较不同世代之间的地方选举落实情况有所帮助。表5-5 是五个年龄段的受访者参与村居委会选举活动的情况和参与意愿。随着年龄的增长，参与选举的比例逐渐下降，青年群体（18~30 岁和 31~40 岁）的实际参与度仅约为30%，且 18~30 岁年龄段的参与比例呈下降趋势，远低于高龄段的参与比例。从参与意愿的角度看，各年龄段之间参与意愿的差距相对小于实际参与度的差距，尤其是青年群体的参与意愿显著高于其实际参与度，这说明青年群体的地方选举参与意识还是比较强的，只不过在社会动员和组织方面的落实程度还不够，需要在社区治理的实践过程中予以关注。

表 5 - 5　2010 年和 2013 年不同年龄群体与村居委会选举参与情况

单位：%

年龄段	2010 年	2013 年	2013 年
	参与过投票	曾经参与	将来可能参与
18~30 岁	32.08	26.58	54.89
31~40 岁	33.33	42.33	65.61
41~50 岁	60.26	64.18	77.61
51~60 岁	66.78	70.17	77.73
61~70 岁	73.08	81.08	83.78

（二）参与群体性事件

社会质量概念本质上是一个行动者导向的概念，与政治参与系统包容度关联的社会活动不仅包含地方选举，也包括各类群体性活动。调查询问了受访者在请愿书上签名、参与抵制行动、参与游行、上访和网上行动等不同形式的活动的参与情况和参与意愿，通过对比两年调查数据的变化趋势和不同群体的参与情况，观察上海居民政治参与的基本情况。

比较两年的调查数据（见表5-6）可以发现，居民群体性活动的实际参与度较低，群体性活动的参与意愿高于实际参与度。从实际参与度的角度看，2010年调查数据显示实际参与度最高的为"在请愿书上签名"，2013年则是"网上行动"。从2010年到2013年受访者对各类群体性活动的参与意愿均有提高，实际参与度和参与意愿提升幅度最大的是"网上行动"，从中我们可以看出网络已成为当今社会重要的"舆论场域"之一，这不仅因为随着我国互联网技术的提升和普及度的提高，人们在互联网上的发言渠道和平台越来越多，更重要的是网络的匿名性、快速传播和超越时空限制的特性，为居民表达意愿提供了新的参与形式，如何利用网络改善公民的政治参与情况是提高社会包容度的重要议题。

表5-6 2010年和2013年受访者对群体性活动的实际参与情况和参与意愿

单位：%

群体性活动类型	曾经参与		将来可能参与	
	2010年	2013年	2010年	2013年
在请愿书上签名	6.65	6.29	23.80	28.91
参与抵制行动	4.17	3.81	14.74	23.28
参与游行	3.63	2.86	10.21	16.89
上访	3.72	4.38	15.72	20.23
网上行动	1.77	16.67	9.07	27.48

注：2010年为"网上政治行动"。

1. 在请愿书上签名

为了进一步探讨受访者各类群体性活动的参与情况，进而发现影响政治权利落实的可能因素，我们按照年龄段、户籍身份、性别、受教育程度和个人年收入将受访者分成不同类型的群体，分别讨论"在请愿书上签名""参与抵制行动""参与游行""上访"和"网上行动"这几类群体性活动的参与情况。表5-7是两次调查中"在请愿书上签名"的实际参与度和参与意愿。

表5-7 2010年和2013年不同群体"在请愿书上签名"的参与情况

单位：%

变量		曾经参与		将来可能参与	
		2010年	2013年	2010年	2013年
年龄段	18~30岁	11.65	11.39	40.98	46.38
	31~40岁	4.41	5.82	19.61	35.98
	41~50岁	5.68	6.47	21.83	31.84
	51~60岁	5.37	3.78	16.22	15.97
	61~70岁	4.58	3.24	16.03	12.97
户籍	本地户籍	6.67	5.82	22.97	23.58
	外地户籍	6.61	7.40	27.31	41.61
性别	男性	6.34	7.22	25.23	29.84
	女性	6.94	5.24	22.43	27.88
受教育程度	没有接受正式教育	8.33	8.33	16.67	22.22
	小学	6.00	2.73	18.00	25.45
	初中	4.21	4.00	20.77	29.43
	高中/中专/技校	4.90	6.34	19.65	27.56
	大专	10.81	6.06	26.13	27.27
	本科	7.96	11.54	32.34	36.15
	研究生及以上	8.57	20.00	34.29	36.00
个人年收入	<15000	7.75	5.67	25.19	28.13
	[15000,30000)	5.80	5.77	19.63	25.32
	[30000,50000)	6.90	2.53	22.84	34.60
	[50000,100000)	8.20	9.19	27.32	30.27
	≥100000	2.63	11.48	34.21	26.23

调查数据结果显示不同类型群体"在请愿书上签名"的实际参与度和参与意愿之间存在明显差别。就年龄对"在请愿书上签名"的影响而言，18~30岁年龄段的受访者参与度最高，总体上随着受访者年龄的增长，群体性活动的实际参与度和参与意愿逐步下降，2013年调查数据中51~60岁和61~70岁两个年龄段的受访者参与比例不但低于其他年龄段，且两年间的数据也呈现了下降趋势。对比两年数据可以发现，本地户籍受访者的实际参与度略有下降，参与意愿略有上升，比例变化不明显，而外地户籍受访者参与度和参与意愿均为较明显的上升趋势，同时也超过了本地户籍受访者的参与比例。从性别分布的情况看，实际参与度和参与意愿的性别差异不明显，总体上男性受访者的参与比例和参与意愿略高于女性受访者，且

两年数据呈上升趋势。从受教育程度的角度看，不同学历群体的实际参与度低于参与意愿，群组间差异比较明显，中低学历群体的实际参与度和参与意愿普遍低于高学历群体。就个人年收入分组情况而言，各年收入分组的受访者之间参与意愿差异不明显，高收入群体的实际参与度有比较明显的上升趋势。总体上，中等收入群组（50000~100000元）的实际参与度和参与意愿高于其他群组。

2. 参与抵制行动

比较两次调查数据（见表5-8）可以发现，不同群体之间"参与抵制行动"的情况差异不大，均低于10%，参与意愿高于实际参与度，参与意愿的上升趋势较为明显。就年龄对"参与抵制行动"的影响而言，18~30岁年龄段的数据普遍高于其他年龄段。随着受访者年龄的上升，活动参与的积极性在下降。本地户籍受访者的参与度低于外地户籍受访者，男性受访者的参与度和参与意愿高于女性受访者。从受教育程度分组的比较情况看，高学历群体的实际参与度略高于低学历群体，但是两年数据呈下降趋势，而参与意愿却呈现比较明显的上升趋势。就个人年收入对"参与抵制行动"的影响而言，中高收入群体的参与度和参与意愿普遍高于低收入群体，这反映了经济实力是影响"参与抵制行动"的重要因素。

表5-8 2010年和2013年不同群体"参与抵制行动"情况

单位：%

变量		曾经参与		将来可能参与	
		2010年	2013年	2010年	2013年
年龄段	18~30岁	7.14	6.75	26.32	33.62
	31~40岁	5.39	7.41	14.71	33.86
	41~50岁	3.49	2.49	12.23	27.36
	51~60岁	2.01	1.26	9.12	11.76
	61~70岁	2.29	1.08	8.40	9.73
户籍	本地户籍	3.67	3.38	13.38	19.65
	外地户籍	6.17	4.82	20.26	31.94
性别	男性	5.25	5.42	16.70	26.40
	女性	3.13	2.02	12.87	19.80
受教育程度	没有接受正式教育	8.33	0.00	8.33	13.89
	小学	4.00	2.73	12.00	15.45
	初中	1.92	2.67	11.92	22.41
	高中/中专/技校	3.75	3.87	9.83	21.20
	大专	5.86	5.45	16.67	28.48
	本科	4.98	4.62	23.38	29.23
	研究生及以上	8.57	2.00	28.57	40.00

续表

变量		曾经参与		将来可能参与	
		2010 年	2013 年	2010 年	2013 年
个人年收入	<15000	2.71	3.09	13.19	22.92
	[15000,30000)	2.64	2.56	12.20	16.67
	[30000,50000)	4.31	4.22	9.91	28.69
	[50000,100000)	7.10	4.32	24.59	24.32
	≥100000	9.21	6.56	23.68	28.69

3. 参与游行

数据显示（见表5-9），不同类型群体"参与游行"的情况和变化趋势不同。就不同年龄群体而言，随着受访者年龄的增加，"参与游行"的实际参与度变化明显，61～70 岁年龄段的受访者可能是由于体力的原因，实际参与度下降较为明显。而18～30 岁年龄段的受访者参与意愿高于其他年龄段人群。不同户籍人群间的实际参与度差异不明显，但外地户籍受访者的参与意愿更高。男性受访者的参与比例和参与意愿高于女性受访者。从受教育程度的角度看，学历水平的高低对活动参与有积极影响，受教育程度越高，实际参与度和参与意愿越高，研究生学历群体受访者的参与比例高于其他学历分组的受访者。个人年收入情况受学历影响，呈现了同样的趋势，即中高收入受访者的参与度普遍高于低收入受访者。比较两年数据后可以发现，除个人年收入在 15000 元以下和年收入在30000～50000 元的群组外，其他收入组的受访者在实际参与度方面略有下降。

表5-9　2010 年和2013 年不同群体"参与游行"情况

单位：%

变量		曾经参与		将来可能参与	
		2010 年	2013 年	2010 年	2013 年
年龄段	18～30 岁	3.38	5.06	20.30	26.38
	31～40 岁	3.43	3.70	8.82	23.81
	41～50 岁	2.18	2.99	6.99	18.41
	51～60 岁	3.36	6.84	7.09	7.56
	61～70 岁	7.63	1.62	7.63	8.11
户籍	本地户籍	3.56	2.84	8.70	12.06
	外地户籍	3.96	2.89	16.30	28.39

续表

变量		曾经参与		将来可能参与	
		2010 年	2013 年	2010 年	2013 年
性别	男性	4.17	3.97	12.89	20.80
	女性	3.13	1.61	7.65	12.53
受教育程度	没有接受正式教育	0.00	0.00	8.33	16.67
	小学	2.00	2.73	8.00	13.64
	初中	1.15	1.67	7.69	19.40
	高中/中专/技校	4.03	3.17	6.94	15.19
	大专	4.50	3.03	10.81	15.15
	本科	4.48	4.62	17.41	17.69
	研究生及以上	11.43	8.00	20.00	28.00
个人年收入	<15000	0.39	3.09	10.08	16.67
	[15000,30000)	4.49	1.60	7.43	15.06
	[30000,50000)	3.45	3.80	8.62	18.14
	[50000,100000)	4.92	2.70	14.21	16.76
	≥100000	7.89	4.10	19.74	19.67

4. 上访

数据显示（见表 5 - 10），不同类别群体"上访"的实际参与度均比较低（低于 7%），差异不明显，未来参与意愿显著高于实际参与度。就不同年龄群体而言，随着受访者年龄越大，上访活动的实际参与度越高，而未来参与意愿低，这可能是因为作为抗争性最强的社会活动，"上访"的参与者在个人时间成本和经济成本方面的付出较大，实际参与经验可能会消极地影响未来的参与意愿。本地户籍受访者实际参与度高于外地户籍受访者，但是外地户籍受访者的参与意愿更高，这可能是由于本地户籍受访者在实际生活中遭遇引起上访行为的问题多于外地户籍受访者，如土地纠纷等。男性受访者的参与度普遍高于女性受访者，这与"在请愿书上签名""参与抵制行动"和"参与游行"的情况相似，总体上男性社会活动的参与度和积极性明显高于女性。就学历对"上访"行动的影响看，实际参与度差异不明显，高学历群体的参与意愿较高。就个人年收入而言，分组间差异不明显，除个人年收入在 50000 ~ 100000 元这一群组外，其余各收入组的两年数据均有所上升，尤其是参与意愿的上升幅度大于实际参与度。

表 5 – 10　2010 年和 2013 年不同群体的 "上访" 参与情况

单位：%

变量		曾经参与		将来可能参与	
		2010 年	2013 年	2010 年	2013 年
年龄段	18～30 岁	1.88	3.38	23.68	28.94
	31～40 岁	1.47	4.76	12.75	26.46
	41～50 岁	3.49	6.47	13.54	23.88
	51～60 岁	6.04	4.20	14.53	10.50
	61～70 岁	6.11	3.24	10.69	11.35
户籍	本地户籍	4.34	5.14	15.72	17.48
	外地户籍	1.32	2.57	15.86	26.77
性别	男性	3.62	5.23	17.60	22.78
	女性	3.82	3.43	13.91	17.37
受教育程度	没有接受正式教育	0.00	2.78	8.33	16.67
	小学	4.00	4.55	12.00	13.64
	初中	3.07	5.00	15.38	21.07
	高中/中专/技校	4.90	4.58	16.76	21.91
	大专	3.60	4.24	14.41	20.61
	本科	2.49	3.08	15.42	16.92
	研究生及以上	5.71	4.00	25.71	40.00
个人年收入	<15000	3.10	3.61	16.28	19.79
	[15000,30000)	4.75	4.81	14.06	15.71
	[30000,50000)	2.59	5.06	13.79	24.05
	[50000,100000)	4.37	4.32	19.13	22.16
	≥100000	2.63	3.28	19.74	22.13

5. 网上行动

调查数据结果显示不同类型群体 "网上行动" 的实际参与度和参与意愿之间存在明显差别（见表 5 – 11）。就不同年龄群体而言，18～30 岁的受访者实际参与度和参与意愿远高于其他年龄段，且两年数据的上升趋势明显。随着受访者年龄的上升，参与度和参与意愿下降趋势明显，40 岁以上受访者的参与比例要明显低于 40 岁以下的受访者。这是因为青年群体网络使用率较高，对于网络技术和信息平台更加熟悉，上网浏览信息的时间更多，更倾向于参与网络话题的讨论。本地户籍受访者参与度低于外地户籍受访者，这可能是因为外地户籍受访者更习惯于利用网络来拓展自己的社交范围。从性别的分布看，男性和女性的参与度和参与意愿之间差异较小，小于其他类型的群体性活动，也就是"网上行动"的性别间差异不明显。学历水平与"网上行动"的参与情况有明显关联，随着受访者受教育程度的提高，参与度和参与意愿也逐步提高。高学历群体的网络使用率和知识背景对其网上行动的参与情况有正面影响。受学历水平的影响，个人年收入对"网上行动"的参与情况存在正向影响，高收入组群体（≥50000元）的参与意愿高于中低收入组的参与意愿。这可能是因为高收入组群体的上网的物质条件和价值观环境都更有利于其在网上参与讨论。

表 5 – 11   2010 年和 2013 年不同群体"网上行动"的参与情况

单位：%

变量		曾经参与		将来可能参与	
		2010 年	2013 年	2010 年	2013 年
年龄段	18～30 岁	5.64	37.13	19.17	54.04
	31～40 岁	1.47	26.98	9.80	42.33
	41～50 岁	0.00	11.94	5.24	23.88
	51～60 岁	0.67	3.36	4.39	8.82
	61～70 岁	0.00	2.16	4.62	6.49
户籍	本地户籍	1.34	14.61	7.81	23.04
	外地户籍	3.52	21.54	14.60	38.06
性别	男性	2.17	17.15	10.34	28.75
	女性	1.39	16.13	7.84	26.77
受教育程度	没有接受正式教育	0.00	2.78	0.00	5.56
	小学	0.00	2.73	4.00	9.09
	初中	0.00	6.33	6.56	18.39
	高中/中专/技校	1.15	16.90	4.91	27.92
	大专	2.70	27.88	11.26	36.36
	本科	3.98	37.69	16.92	53.85
	研究生及以上	5.71	36.00	20.00	48.00
个人年收入	<15000	1.55	11.34	7.75	22.92
	[15000,30000)	0.53	9.62	6.91	18.91
	[30000,50000)	2.59	18.14	7.33	29.11
	[50000,100000)	2.73	21.62	14.21	33.97
	≥100000	3.95	32.79	17.11	45.08

注：2010 年为"网上政治行动"。

二 公民权利

社会包容指向的是公平和平等的社会机会，社会包容和社会排斥概念密切相关。社会凝聚子域考察了人际关系的整合，考察人们对特定社会群体的排斥状态。在公民权中公民权利的考察内容则是社会成员是否因为具有某些方面的特征而遭受来自正式或非正式制度的系统性排斥，即社会歧视程度。社会歧视的二级测量指标是性别意见和遭受歧视的比例。

（一）性别意见

性别意见是指人们对于一系列关于男性和女性比较说法的认同程度，通过这一指标可以考察在社会政治经济网络中是否存在性别歧视，也就是人们是否认同女性在社会中获得和男性一样的社会机会。数据结果显示（见表5-12），大学教育重要性的性别歧视程度低于经商和从政两个维度，超过50%的受访者不同意大学教育的重要性存在男女差异，即认为接受大学教育对男性和女性同样重要。其次是认为男性比女性更适合经商的比例也低于不同意的比例，超过40%的受访者不同意男性比女性更适合经商。在政治领域，尽管受访者不同意"男性比女性更适合从政"的比例略高（2013年），但超过40%的受访者认同"男性比女性能成为更好的政治领袖"的说法（2010年），也就是受访者认为男性比女性更能获得较高的政治地位，因此我们推断在政治领域依然存在较为明显的性别意见倾向性。比较两年数据结果的变化可以发现，关于大学教育重要性的性别意见的倾向性有所下降，同意男性和女性之间存在差异的人数比例有所下降，适合经商的性别倾向性及其变动不明显，不同意的比例略高于同意的比例。

表5-12　2010年和2013年性别意见选择情况

单位：%

性别意见	同意		中立		不同意	
	2010年	2013年	2010年	2013年	2010年	2013年
男性比女性能成为更好的政治领袖	41.84	36.29	26.60	25.33	31.56	38.38
大学教育对男性的重要性大于女性	16.58	13.90	25.62	33.62	57.80	52.48
男性比女性更能管理生意	31.56	33.90	25.98	24.67	42.38	41.43

注：2013年对应的三个问题分别是"男性比女性更适合从政""女生上大学比男生更有用"和"男性比女性更适合经商"。

1. 从政的性别意见

数据显示不同群体在男性和女性从政问题的回答上倾向性比较明显（见表5－13）。2010年所对应的调查问题为"男性比女性能成为更好的政治领袖"，2013年的调查问题为"男性比女性更适合从政"。就不同年龄群体的性别意见而言，18～30岁年龄段受访者倾向性低于其他年龄段，认为男性更能成为好的政治领袖的作答比例高于男性比女性更适合从政的作答比例，也就是人们倾向于认为男性更适合从政。从户籍身份看，本地户籍受访者性别意见倾向性高于外地户籍受访者，差异明显。男性受访者的性别倾向性高于女性受访者，即男性受访者更同意男性更适合政治领域的工作。受教育程度和个人年收入对此问题的回答趋势相同，总体而言，随着受访者受教育程度的提高和个人年收入的增多，同意男性能成为更好的政治领袖和更适合从政的人数比例普遍提高，即在政治领域高学历和高收入群体受访者的性别倾向性更加明显。

表5－13　2010年和2013年不同群体性别意见选择情况

单位：%

变量		同意		中立		不同意	
		2010年	2013年	2010年	2013年	2010年	2013年
年龄段	18～30岁	37.59	26.16	29.32	31.22	33.08	42.62
	31～40岁	45.59	33.33	24.51	28.04	29.90	38.62
	41～50岁	43.23	38.31	29.26	25.37	27.51	36.32
	51～60岁	41.28	43.70	24.50	19.33	34.23	36.97
	61～70岁	43.51	40.54	24.43	22.70	32.06	36.76
户籍	本地户籍	44.27	39.78	25.36	25.98	30.37	34.24
	外地户籍	32.16	27.97	31.72	23.79	36.12	48.23
性别	男性	45.29	38.99	27.36	25.81	27.36	35.20
	女性	38.54	33.27	25.87	24.80	35.59	41.94
受教育程度	没有接受正式教育	16.67	30.56	58.33	27.78	25.00	41.67
	小学	32.00	30.00	26.00	20.91	42.00	49.09
	初中	38.31	36.33	31.03	25.00	30.65	38.67
	高中/中专/技校	44.38	34.86	23.34	24.65	32.28	40.49
	大专	36.94	42.42	28.83	23.64	34.23	33.94
	本科	49.75	36.92	22.39	29.23	27.86	33.85
	研究生及以上	51.43	44.00	25.71	44.00	22.86	12.00

续表

变量		同意		中立		不同意	
		2010 年	2013 年	2010 年	2013 年	2010 年	2013 年
个人年收入	<15000	37.21	28.87	32.56	27.84	30.23	43.30
	[15000, 30000)	40.37	38.78	25.59	21.47	34.04	39.74
	[30000, 50000)	44.40	34.18	28.02	24.47	27.59	41.35
	[50000, 100000)	45.36	38.38	19.67	30.27	34.97	31.35
	≥100000	48.68	42.62	23.68	25.41	27.63	31.97

2. 大学教育重要性的性别意见

数据显示（见表 5 - 14），受访者对于接受大学教育这一问题的性别倾向性最不明显。2010 年的调查问题是"大学教育对男性的重要性大于女性"，2013 年的调查问题是"女生上大学比男生更有用"。从不同年龄群体的角度看，各年龄段中不同意接受大学教育的重要性存在性别差异的人数占多数，均超过 50%，年龄较低的受访者性别倾向性低于高龄受访者，但差异不明显。外地户籍受访者选择不同意的人数比例略高于本地受访者，女性受访者的性别倾向性低于男性受访者。就不同受教育程度的群体而言，随着学历水平的提升，作答的性别倾向性略有降低，中高学历受访者中不同意大学教育重要性存在性别差异的人数比例均超过半数以上，仅2013 年研究生及以上学历受访者回答"中立"的比例（56%）高于不同意的比例（32%）。不同收入水平的受访者作答差异不明显，多数人不同意接受大学教育的重要性存在性别差异，而高收入人群的性别倾向性更低。

表 5 - 14　2010 年和 2013 年不同群体性别意见选择情况

单位：%

变量		同意		中立		不同意	
		2010 年	2013 年	2010 年	2013 年	2010 年	2013 年
年龄段	18～30 岁	10.53	10.97	32.71	34.60	56.77	54.43
	31～40 岁	14.71	11.64	25.00	35.98	60.29	52.38
	41～50 岁	18.34	12.94	22.71	36.82	58.95	50.25
	51～60 岁	19.13	14.71	22.48	29.41	58.39	55.88
	61～70 岁	22.90	20.00	24.43	31.89	52.67	48.11
户籍	本地户籍	7.91	14.07	25.25	36.67	56.84	49.26
	外地户籍	11.45	13.50	26.87	26.37	61.67	60.13
性别	男性	18.48	15.52	31.34	32.85	50.18	51.62
	女性	14.76	12.10	20.14	34.48	65.10	53.43

续表

变量		同意		中立		不同意	
		2010 年	2013 年	2010 年	2013 年	2010 年	2013 年
受教育程度	没有接受正式教育	8.33	25.00	50.00	44.44	41.67	30.56
	小学	10.00	17.27	32.00	26.36	58.00	56.36
	初中	19.16	13.00	27.20	32.67	53.64	54.33
	高中/中专/技校	19.02	14.08	25.65	31.34	55.33	54.58
	大专	15.32	12.12	24.32	36.97	60.36	50.91
	本科	14.43	12.31	22.39	35.38	63.18	52.31
	研究生及以上	5.71	12.00	22.86	56.00	71.43	32.00
个人年收入	<15000	14.34	12.89	29.46	34.02	56.20	53.09
	[15000,30000)	19.26	15.38	25.07	32.05	55.67	52.56
	[30000,50000)	16.38	15.19	23.71	29.11	59.91	55.70
	[50000,100000)	15.30	12.97	22.95	41.08	61.75	45.95
	≥100000	14.47	10.66	27.63	34.43	57.89	54.92

3. 经商的性别意见

比较两年的数据结果（见表5-15）可以发现，不同群体之间对男性和女性是否适合经商的作答情况差异不明显，即性别倾向性较低。2010年的调查问题是"男性比女性更能管理生意"，2013年的调查问题是"男性比女性更适合经商"。就不同年龄段的受访者作答情况而言，低年龄段的受访者回答同意的比例略低于高年龄段的受访者，两年的数据结果显示低年龄段受访者的倾向性在降低，而高年龄段受访者的倾向性在提升。外地户籍受访者不同意男性比女性更适合经商的比例高于本地户籍受访者，女性受访者回答"不同意"的比例高于男性受访者，性别倾向性更低。受教育程度对作答的倾向性影响不显著，除了没有接受正式教育这一分组外，其他分组选择"不同意"的比例高于"同意"的比例。就不同收入水平的群体而言，高收入群体的倾向性略高于其他群体。

（二）遭受歧视的比例

社会包容指向的是公平和平等的社会机会，社会包容和社会排斥概念密切相关。遭受歧视的比例是指多少社会成员因为具有某些方面的特征而遭受来自正式或非正式制度的系统性排斥，即社会歧视程度。在2010年和2013年的调查中，我们询问了受访者是否由于社会地位、疾病、户籍、出生地、学历和残疾等因素遭受歧视，数据结果如图5-1所示。总体上，2013年受访者遭受歧视的人数比

表 5 – 15　2010 年和 2013 年不同群体性别意见选择情况

单位：%

变量		同意		中立		不同意	
		2010 年	2013 年	2010 年	2013 年	2010 年	2013 年
年龄段	18~30 岁	27.82	25.32	30.08	27.00	42.11	47.68
	31~40 岁	31.86	25.93	22.06	26.98	46.08	47.09
	41~50 岁	33.62	37.31	26.64	25.37	39.74	37.31
	51~60 岁	33.56	40.76	24.50	19.33	46.95	39.92
	61~70 岁	31.30	40.54	25.95	25.41	42.75	34.05
户籍	本地户籍	32.37	36.54	25.58	26.12	42.05	37.35
	外地户籍	28.63	27.65	27.75	21.22	43.61	51.13
性别	男性	34.24	36.10	28.62	23.47	37.14	40.43
	女性	29.17	31.45	23.44	26.00	47.40	42.54
受教育程度	没有接受正式教育	16.67	38.89	58.33	33.33	25.00	27.78
	小学	20.00	34.55	24.00	22.73	56.00	42.73
	初中	33.72	34.67	24.90	22.00	41.38	43.33
	高中/中专/技校	34.29	34.86	25.36	20.77	40.35	44.37
	大专	24.77	34.55	28.38	27.88	46.85	37.58
	本科	36.32	29.23	23.88	30.00	39.80	40.77
	研究生及以上	28.57	24.00	28.57	48.00	42.86	28.00
个人年收入	<15000	26.74	31.44	29.07	22.68	44.19	45.88
	[15000,30000)	33.25	37.82	24.27	25.00	42.48	37.18
	[30000,50000)	30.60	35.44	30.17	19.41	39.22	45.15
	[50000,100000)	32.24	29.19	21.31	31.89	46.45	38.92
	≥100000	42.11	31.97	22.37	26.23	35.53	41.80

例高于 2010 年的数据，社会歧视度有所上升。其中，"社会地位低"是遭受歧视的首要因素，其次是学历，还有少部分受访者由于出生地和户籍遭受歧视，影响最不明显的因素是身体残疾和疾病。社会地位和社会分层结构密切相关，由于"社会地位低"遭受歧视的人数比例上升趋势表明了社会阶层结构的分化程度在逐步加深。因为阶层不平等的程度加深，评价社会地位高低的各种因素对个人社会融入程度的影响力在不断加大，如收入、受教育程度和户籍身份等。社会歧视程度反映了社会结构的分化程度，社会系统的包容度下降不仅会影响个体社会生活状态，更会影响社会的稳定与人际信任关系。

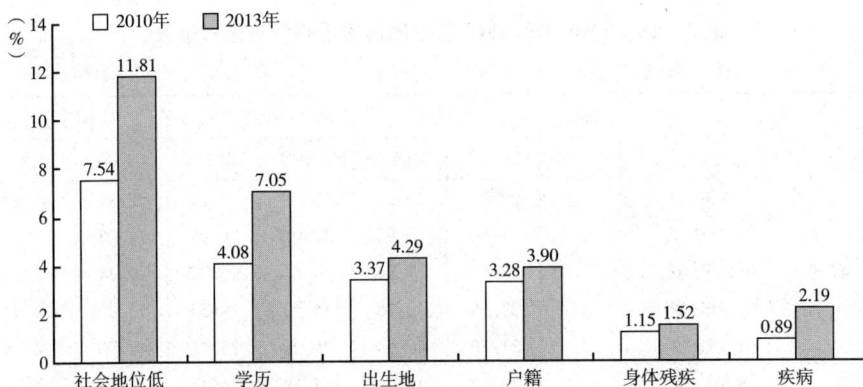

图 5 - 1　2010 年和 2013 年受访者遭受歧视的比例

1. 各区县受访者遭受歧视的比例

比较各区县居民遭受歧视的人数比例（见表 5 - 16）可以发现，2013 年由于社会地位低而遭受歧视比例最高的行政区是嘉定区，其次是黄浦区。与 2010 年数据相比较，受歧视人数下降幅度最明显的是静安区，上升幅度最明显的是闵行区，其次是浦东新区和黄浦区。2013 年由于学历遭受歧视的人数比例最高的是嘉定区，其次是松江区和浦东新区。比较 2010 年数据，由于学历受歧视比例上升幅度最大的是宝山区，其次是浦东新区；2013 年由于户籍而遭受歧视的比例最高的是黄浦区，该地区也是上海市外来人口的主要聚居区之一，其次是宝山区。对比 2010 年数据，宝山区受歧视的比例上升幅度是最大的。

表 5 - 16　2010 年和 2013 年各区县受访者遭受歧视的比例

单位：%

区县	社会地位低		学历		户籍	
	2010 年	2013 年	2010 年	2013 年	2010 年	2013 年
宝山区	9.09	11.50	1.82	7.08	0.00	5.31
虹口区	7.69	12.00	3.85	4.00	3.85	2.00
黄浦区	9.92	17.31	5.79	7.69	6.61	11.54
静安区	9.30	3.33	2.33	0.00	2.33	0.00
普陀区	6.39	10.00	4.57	2.00	3.65	2.00
浦东新区	7.83	16.47	4.22	11.18	3.61	4.71
徐汇区	5.08	4.95	4.24	2.97	1.69	4.95
杨浦区	7.80	7.07	6.38	4.04	2.84	4.04

续表

区县	社会地位低		学历		户籍	
	2010 年	2013 年	2010 年	2013 年	2010 年	2013 年
闸北区	12.05	8.00	2.41	0.00	4.82	2.00
闵行区	4.05	12.04	1.35	5.56	1.35	2.78
长宁区	5.36	—	1.79	—	1.79	—
金山区	—	6.67	—	8.89	—	2.22
崇明县	—	9.30	—	4.65	—	0.00
嘉定区	—	22.37	—	17.11	—	3.95
松江区	—	14.29	—	12.70	—	3.17

2013 年数据中（见表 5-17），由于出生地而遭受歧视的比例最高的为松江区，其次是嘉定区，最低为静安区、闸北区和崇明县。而比较 2010 年数据，比例上升幅度最大的是宝山区，下降幅度最大的是闸北区。2013 年数据中，因为身体残疾遭受歧视的人数比例最高的为金山区，其次是闵行区，由于疾病而遭受歧视的人数比例最高的为黄浦区，其次是金山区。综合看来，中心城区遭受歧视的人数比例要低于边缘城区，即外来人口比例较高的行政区遭受歧视的比例较高。

表 5-17　2010 年和 2013 年各区县受访者遭受歧视的比例

单位：%

区县	出生地		身体残疾		疾病	
	2010 年	2013 年	2010 年	2013 年	2010 年	2013 年
宝山区	0.00	6.19	1..82	0.88	0.00	1.77
虹口区	1.92	2.00	1.92	2.00	0.00	2.00
黄浦区	4.96	5.77	1.65	1.92	2.48	5.77
静安区	0.00	0.00	0.00	0.00	0.00	0.00
普陀区	3.65	2.00	1.37	2.00	0.46	2.00
浦东新区	3.61	5.29	0.60	0.59	1.20	2.35
徐汇区	3.39	2.97	0.85	0.00	0.85	1.98
杨浦区	3.55	2.02	1.42	1.01	2.13	1.01
闸北区	8.43	0.00	0.00	0.00	0.00	2.00
闵行区	1.35	4.63	1.35	3.70	0.00	2.78
长宁区	0.00	—	1.79	—	0.00	—
金山区	—	2.22	—	4.44	—	4.44
崇明县	—	0.00	—	2.33	—	2.33
嘉定区	—	9.21	—	2.63	—	1.32
松江区	—	9.52	—	1.59	—	1.59

2. 受教育程度与遭受歧视的比例

比较不同学历群体的遭受歧视状况（见表5-18）可以发现，本科学历的受访者遭遇社会歧视的比例较低，小学及以下受教育程度的受访者遭受歧视的比例高于其他群体，尤其是在社会地位和学历等"后致因素"方面。各年龄段受访者均在户籍方面存在一定的受歧视现象，可以推断在上海市，户籍是导致社会不公正待遇的最为普遍因素。综合看来，由于受教育程度对个体的工作生活状态有积极影响，受教育程度和遭受歧视的可能性成负相关关系，也就是说学历水平越高，遭受歧视的可能性越小。

表5-18　2010年和2013年受教育程度与遭受歧视的比例

单位：%

受教育程度	社会地位低		学历		户籍	
	2010 年	2013 年	2010 年	2013 年	2010 年	2013 年
没有接受正式教育	16.67	27.78	0.00	5.56	8.33	5.56
小学	16.00	20.91	8.00	15.45	8.00	8.18
初中	9.20	13.67	4.60	10.33	3.45	3.33
高中/中专/技校	8.93	13.38	4.90	7.39	3.46	4.23
大专	6.76	4.24	4.05	0.61	0.90	2.42
本科	1.00	3.85	1.49	1.54	3.48	2.31
研究生及以上	8.57	0.00	2.86	0.00	5.71	4.00

受教育程度	出生地		身体残疾		疾病	
	2010 年	2013 年	2010 年	2013 年	2010 年	2013 年
没有接受正式教育	8.33	5.56	0.00	5.56	0.00	2.78
小学	4.00	12.73	2.00	3.64	2.00	3.64
初中	4.21	5.67	1.15	0.33	0.77	2.33
高中/中专/技校	3.46	3.52	1.73	2.82	1.15	3.17
大专	0.90	1.21	0.90	0.61	1.35	0.61
本科	3.48	0.00	0.50	0.00	0.00	0.77
研究生及以上	8.57	0.00	0.00	0.00	0.00	0.00

3. 户籍与遭受歧视的比例

比较不同户籍身份的受访者遭受歧视的情况（见表5-19）可以发现，外地户籍身份的受访者遭受社会歧视的人数比例高于本地户籍身份的受访者，尤其是由于户籍和出生地等原因而遭受歧视的比例更高。数据再一次说明户籍身份是引起社会排斥的重要因素之一，打破户籍壁垒对于提高社会包容度十分必要。

表 5 – 19　2010 年和 2013 年户籍与遭受歧视的比例

单位：%

户籍	社会地位低		学历		户籍	
	2010 年	2013 年	2010 年	2013 年	2010 年	2013 年
本地户籍	5.45	9.61	3.11	3.79	0.44	1.22
外地户籍	15.86	17.04	7.93	14.79	14.54	10.29

户籍	出生地		身体残疾		疾病	
	2010 年	2013 年	2010 年	2013 年	2010 年	2013 年
本地户籍	0.78	1.62	1.11	1.62	0.67	2.57
外地户籍	13.66	10.61	1.32	1.29	1.76	1.29

4. 个人年收入与遭受歧视的比例

比较不同年收入群体遭受歧视的情况（表 5 – 20）可以发现，由于收入与个人的职业状况、受教育程度密切相关，影响个体的生活境遇，所以收入和遭受歧视的可能性成反比关系，高收入的受访者中（个人年收入在 100000 元及以上）遭受歧视的人数比例低于其他收入群体，尤其是在社会地位方面。

表 5 – 20　2010 年和 2013 年个人年收入与遭受歧视的比例

单位：%

个人年收入	社会地位低		学历		户籍	
	2010 年	2013 年	2010 年	2013 年	2010 年	2013 年
< 15000	8.14	19.59	3.88	12.89	3.49	7.22
[15000, 30000)	8.97	14.10	3.43	7.37	2.64	3.21
[30000, 50000)	5.60	8.86	5.60	7.59	4.31	2.95
[50000, 100000)	8.74	9.19	2.73	3.24	3.83	3.78
≥100000	1.32	3.28	6.58	1.64	1.32	2.46

个人年收入	出生地		身体残疾		疾病	
	2010 年	2013 年	2010 年	2013 年	2010 年	2013 年
< 15000	3.10	7.73	2.33	4.64	1.16	6.19
[15000, 30000)	2.11	3.85	0.53	1.60	0.79	2.24
[30000, 50000)	4.31	4.64	0.86	0.42	0.43	1.27
[50000, 100000)	4.37	2.70	1.09	0.54	1.09	0.54
≥100000	5.26	1.64	1.32	0.00	1.32	0.00

5. 性别和遭受歧视的比例

调查数据显示（见表 5 - 21），总体上无论是男性受访者还是女性受访者，遭受歧视的人数比例都略有上升。社会地位低和学历为遭受歧视最主要的影响因素。2010 年的数据中，男性受访者由于社会地位低、学历遭受歧视的比例高于女性受访者，而女性受访者因为户籍、出生地和疾病等非自致性因素遭受歧视的比例高于男性受访者，男性和女性之间遭遇歧视的原因分布存在差异。而 2013 年的调查数据显示女性由于各种自致性因素遭受歧视的人数比例已经略高于男性。因此参照男性受访者数据，女性遭受歧视的程度有相对明显的上升趋势。

表 5 - 21 2010 年和 2013 年性别与遭受歧视的比例

单位：%

性别	社会地位低		学历		户籍	
	2010 年	2013 年	2010 年	2013 年	2010 年	2013 年
男性	8.15	11.73	4.89	6.14	2.36	2.71
女性	6.94	11.90	3.30	8.06	4.17	5.24

性别	出生地		身体残疾		疾病	
	2010 年	2013 年	2010 年	2013 年	2010 年	2013 年
男性	2.36	3.25	1.27	1.62	0.54	2.53
女性	4.34	5.44	1.04	1.41	1.22	1.81

6. 不同年龄群体和遭受歧视的比例

比较各年龄段受访者遭受歧视的人数比例（见表 5 - 22）可以发现，2010 年数据中，18～30 岁年龄段因为社会地位低遭受歧视的人数比例最高，31～40 岁年龄段因为户籍和出生地遭受歧视的比例最高，因此青年群体遭受歧视的比例高于其他年龄群体。2013 年数据中，41～50 岁年龄段由于社会地位低遭遇歧视的比例最高，其次是 51～60 岁年龄段和 31～40 岁年龄段。由于学历遭受歧视的比例最高的为 31～40 岁年龄段，其次是 18～30 岁年龄段。31～40 岁年龄段遭受户籍和出生地歧视的比例高于其他年龄段。因此，总体上，31～40 岁年龄段受访者遭受歧视的比例高于其他年龄段，这可能是因为这一年龄段受访者正处于事业和家庭生活的经营阶段，竞争压力和精力投入都比较大，更可能感受到来自体制的（户籍）和自致性原因带来的社会歧视。

表5-22 2010年和2013年不同年龄群体遭受歧视的比例

单位：%

年龄段	社会地位低		学历		户籍	
	2010年	2013年	2010年	2013年	2010年	2013年
18~30岁	9.02	10.55	6.77	8.86	4.89	4.22
31~40岁	8.82	12.17	5.39	12.70	7.84	8.47
41~50岁	7.42	16.92	5.24	7.46	2.62	3.98
51~60岁	6.71	13.03	1.34	4.20	0.67	1.68
61~70岁	4.58	5.95	0.76	2.16	0.00	1.62

年龄段	出生地		身体残疾		疾病	
	2010年	2013年	2010年	2013年	2010年	2013年
18~30岁	4.89	3.38	1.88	0.42	0.75	1.27
31~40岁	7.35	8.47	0.98	2.12	1.47	2.65
41~50岁	3.49	6.47	0.44	0.50	1.31	1.00
51~60岁	0.34	2.52	1.01	3.36	0.00	4.62
61~70岁	0.76	1.08	1.53	1.08	1.53	1.08

第二节 服务

社会包容领域中的服务是考察政府和社会的公共资源能否满足个体或家庭的生活需求，尤其是弱势群体，如残疾人、老人或儿童等人群是否能够被包容在社会系统的正常运行之中，即公共资源的可及性与便利度问题。服务的二级测量指标是社会照顾，社会照顾的测量内容是社会照顾需求和社会照顾态度。

一 社会照顾需求

调查通过询问受访者家庭中"是否有成员需要长期照顾"来测量社会照顾需求情况（见图5-2），2010年数据结果为13.56%，2013年比例有所下降，为10.67%。从有照顾需求的家庭对公共看护设施的使用情况来看，2010年有19.23%的家庭使用过公共看护设施，2013年这一比例虽有上涨，但也仅约为这一需求群体的1/4（24.11%），公共看护设施的使用度比较低。

进一步考察没有使用看护设施的最主要原因为以下两点（见图5-3），一是

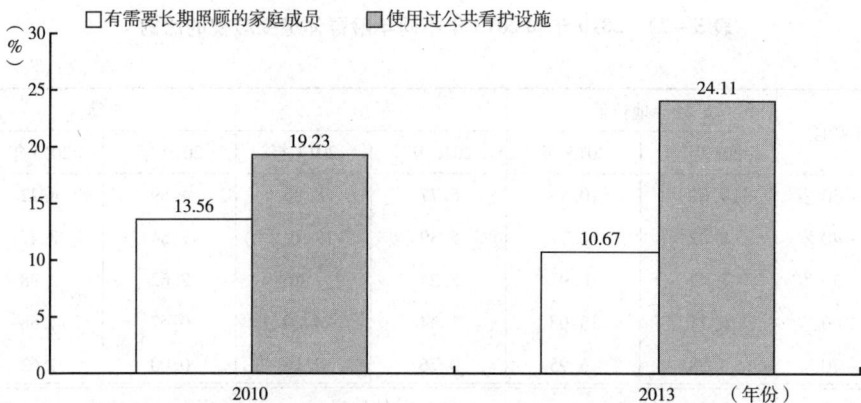

图 5 - 2　2010 年和 2013 年社会照顾需求情况

"道德上认为照顾家人是一种责任"，二是"费用高"。因此影响社会照顾需求的因素包括了传统伦理观念和经济负担两个方面。这从侧面反映出目前社会照顾的公共资源普及度和便利度还比较低，导致有需求的家庭对于公共资源的使用存在观念和经济上的门槛。提升社会照顾方面的公共服务资源的质量和便利性对于降低家庭负担，提高社会公共服务的包容度有重要意义。

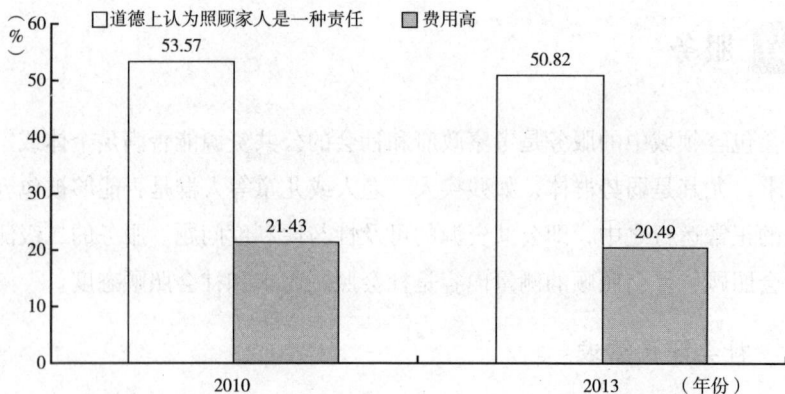

图 5 - 3　2010 年和 2013 年"不使用看护设施"的主要原因

（一）各区县居民社会照顾需求

比较各区县居民社会照顾需求情况（见表 5 - 23），2010 年数据中"有家庭成员需要长期照顾"的比例最高的为黄浦区，其次是静安区，比例最低的为长宁区；2013 年数据中比例最高的为虹口区和静安区，其次是普陀区，比例最低的为闸北区和金山区。从两年的数据比较得出，黄浦区和闸北区的下降幅度比较大。综合两年数据，中心城区居民社会照顾需求比边缘城区高。

比较两年各区有社会照顾需求的家庭看护设施的使用情况（见表5-24）可以发现，多数行政区需求家庭使用看护设施比例上升幅度明显，2010年杨浦区有需求家庭的看护设施使用比例相对高于其他行政区的比例，2013年是静安区、徐汇区和闵行区[1]。看护设施的总体使用情况偏低。

表5-23 2010年和2013年各区县社会照顾需求

单位：%

区县	2010 年	2013 年	区县	2010 年	2013 年
宝山区	7.27	13.27	闸北区	12.05	2.00
虹口区	15.38	20.00	闵行区	10.81	5.56
黄浦区	22.31	9.62	长宁区	3.57	—
静安区	16.28	20.00	金山区	—	2.22
普陀区	15.07	18.00	崇明县	—	9.30
浦东新区	10.84	8.24	嘉定区	—	9.21
徐汇区	14.41	17.82	松江区	—	9.52
杨浦区	13.48	10.10			

表5-24 2010年和2013年各区县有社会照顾需求的家庭使用看护设施比例

单位：%

区县	2010 年	2013 年	区县	2010 年	2013 年
宝山区	0.00	27.67	闸北区	0.00	0.00
虹口区	12.50	10.00	闵行区	11.11	33.33
黄浦区	22.22	0.00	长宁区	0.00	—
静安区	28.57	33.33	金山区	—	100.00
普陀区	21.21	22.22	崇明县	—	25.00
浦东新区	21.05	21.43	嘉定区	—	28.57
徐汇区	16.67	38.89	松江区	—	0.00
杨浦区	31.58	20.00			

[1] 金山区2013年数据为100%是因为有需求的家庭仅为1户，不适合与其他区县比较。

（二）户籍与社会照顾需求

比较不同户籍身份受访者家庭社会照顾需求（见表 5 – 25）可以发现，本地户籍受访者的社会照顾需求比例高于外地户籍受访者，这可能是因为外地户籍受访者因为经济状况和地理距离等限制无法承担照顾家庭等社会责任，与有照顾需求的家庭成员较少生活在一起，因而需求比例较低。从看护设施的使用照顾情况，不同户籍身份之间对社会照顾资源的使用情况存在差别，本地户籍受访者的使用比例高于外地户籍受访者，外地户籍受访者的使用比例虽然有一定幅度的上涨，但也在 20% 以下。

表 5 – 25　2010 年和 2013 年户籍与社会照顾需求

单位：%

户籍	社会照顾需求		使用看护设施比例	
	2010 年	2013 年	2010 年	2013 年
本地户籍	14.13	11.77	21.71	26.44
外地户籍	11.45	8.04	7.41	16.00

（三）受教育程度与社会照顾需求

比较不同学历受访者家庭社会照顾需求的人数比例（见表 5 – 26）可以发现，各学历组受访者均存在明显的社会照顾需求，大专以上学历组对看护设施的使用比例高于高中以下学历组的受访者。小学以下受访者尽管有社会照顾需求，但是没能使用看护设施，社会照顾需求的缺口最为明显。这可能是因为学历较高的社会成员更可能肩负起对家庭成员的照顾责任。

表 5 – 26　2010 年和 2013 年受教育程度与社会照顾需求

单位：%

受教育程度	社会照顾需求		使用看护设施比例	
	2010 年	2013 年	2010 年	2013 年
没有接受正式教育	0.00	5.56	0.00	0.00
小学	18.00	7.27	0.00	0.00
初中	9.58	11.00	12.00	18.18
高中/中专/技校	15.56	10.92	21.82	16.13
大专	13.51	13.94	28.13	43.48
本科	14.93	10.00	20.00	38.46
研究生及以上	14.29	8.00	0.00	50.00

（四）个人年收入与社会照顾需求

比较不同个人年收入受访者的社会照顾需求情况（见表 5 - 27）可以发现，不同收入受访者之间社会照顾需求比例差别不明显，但是在看护设施的使用情况上，较高收入受访者使用看护设施的比例较高且上升幅度明显，经济收入和看护设施使用情况成正比关系，这再次说明有需求家庭对公共看护资源的使用状况受经济状况的影响比较大。

表 5 - 27　2010 年和 2013 年个人年收入与社会照顾需求

单位：%

个人年收入	社会照顾需求		使用看护设施比例	
	2010 年	2013 年	2010 年	2013 年
< 15000	15.50	12.37	10.00	12.50
[15000, 30000)	11.08	9.84	25.58	6.45
[30000, 50000)	15.52	10.97	24.32	23.08
[50000, 100000)	13.11	10.27	20.00	52.63
≥100000	14.47	9.84	9.09	50.00

二　社会照顾态度

社会照顾态度考察的是在城市公共资源的分配过程中，人们对弱势社会群体是否应该得到政府和社会的更多关注和照顾的态度。调查中询问了受访者对于残疾人就业、出行和生活保障以及孩子放学照顾等问题的看法，在政府政策、城市建设和社会组织发展中是否要给予社会照顾更多关注。比较两年数据结果（见表5 - 28）可以发现，在残疾人的保障方面，2010 年数据中受访者对政府保障残疾人就业和生活的支持度最高，但是在城市基础设施建设方面认为残疾人出行得到了基本满足，认为城市基本建设为残疾人考虑得不够的人数比例低于 60%，对所居住社区应有残疾人专用通道或设施的支持度也仅为 57.42%。2013 年数据中，人们对政府保障残疾人就业方面的支持度依旧是最高的，保持在 98% 以上，而在居住社区应加强针对残疾人的基础设施建设方面的支持度有了大幅度提升，超过 90%。在孩子放学照顾的问题上，支持社会组织发挥作用的数据也有了比较显著的上升，可见人们对社会组织的认可度越来越高，希望其在社会照顾方面发挥更积极的影响。

表 5 – 28   2010 年和 2013 年居民社会照顾态度

单位：%

2010 年	同意	不同意
城市基本设施为残疾人考虑得不够	56.08	43.92
残疾人应该得到更多社会的关照	96.81	3.19
政府应该更重视残疾人就业问题	97.34	2.66
政府应该为失去自理和就业能力的残疾人提供生活保障	98.32	1.68
所在社区应有残疾人专用通道或设施	57.42	42.58
社会组织可以在孩子放学后的照看上发挥作用	84.71	15.29
2013 年	同意	不同意
所在社区应该有残疾人专用设施或通道	95.71	4.29
政府应该给予残疾人就业更多重视	98.67	1.33
社会组织可以在孩子放学后的照看上发挥作用	93.33	6.67

（一）各区县居民社会照顾态度

比较各区居民社会照顾态度（见表 5 – 29），各区 90% 以上的受访者均表示支持政府对残疾人就业和生活保障给予更多关注，各区数据和两年的数据结果之

表 5 – 29   2010 年各区居民社会照顾态度

单位：%

区	城市基本设施为残疾人考虑得不够	残疾人应该得到更多社会的关照	政府应该更重视残疾人就业问题	政府应该为失去自理和就业能力的残疾人提供生活保障	所在社区应有残疾人专用通道或设施	社会组织可以在孩子放学后的照看上发挥作用
宝山区	56.36	96.36	96.36	96.36	61.82	89.09
虹口区	63.46	96.15	94.23	96.15	34.62	84.62
黄浦区	58.68	99.17	99.17	100.00	47.11	84.17
静安区	60.47	100.00	97.67	100.00	65.12	81.40
普陀区	65.75	97.26	99.09	99.54	75.80	86.30
浦东新区	49.70	96.39	97.59	98.19	71.08	81.33
徐汇区	46.61	95.76	95.76	98.31	46.15	83.76
杨浦区	56.74	93.62	96.43	97.87	34.53	82.14
闸北区	53.01	98.80	95.18	97.59	42.17	91.57
闵行区	44.59	100.00	100.00	100.00	82.43	79.73
长宁区	58.93	92.86	94.64	92.86	48.21	92.86

间差异不大；2010 年同意"城市基本设施建设为残疾人考虑得不够"的比例比较高的是普陀区、虹口区和静安区，均在 60% 以上，支持"所在社区应有残疾人专用通道或设施"的比例较高的为闵行区、普陀区和浦东新区，均在 70% 以上，由此可见普陀区受访者对残疾人出行方面的关注度相对高于其他城区。值得注意的是，虹口区受访者虽然认为"城市基础建设对残疾人考虑得不够"的比例较高，但是在被询问"所在社区应有残疾人专用通道或设施"的问题上支持度反而低于其他城区，存在矛盾状况。2013 年（见表 5 - 30）各区受访者支持所在社区应有残疾人专用通道或设施的人数比例有了比较大幅度的上升，支持率均超过 90%。在社会组织照顾孩子放学问题上，2010 年各区数据保持在约 80% 以上，仅闸北区和长宁区超过 90%，而 2013 年这一数据均超过 90%，仅松江区在88.89%，略低于其他行政区。

表 5 - 30　2013 年各区县居民社会照顾态度

单位：%

区县	所在社区应有残疾人专用通道或设施	政府应该给予残疾人就业更多重视	社会组织可以在孩子放学后的照看上发挥作用
宝山区	93.81	94.69	90.27
虹口区	96.00	100.00	92.00
黄浦区	96.15	100.00	100.00
静安区	96.67	100.00	96.67
普陀区	98.00	98.00	94.00
浦东新区	97.65	100.00	92.94
徐汇区	93.07	95.05	94.06
杨浦区	97.98	100.00	92.93
闸北区	94.00	98.00	94.00
闵行区	93.52	100.00	91.67
金山区	91.11	97.78	91.11
崇明县	97.67	100.00	97.67
嘉定区	98.68	100.00	97.37
松江区	95.04	100.00	88.89

（二）户籍与社会照顾态度

比较不同户籍身份受访者社会照顾态度（表 5 - 31 和表 5 - 32）可以发现，支持政府关注残疾人就业和生活保障的数据之间不存在明显差异。在残疾人出行方面的基础设施建设方面，2010 年数据中本地户籍受访者的支持度略高于外地户籍受访者，而 2013 年这一数据结果显示不同户籍身份之间差别不明显。在社会组织照顾孩子放学方面，2010 年数据中本地户籍受访者的支持度略高于外地户籍受访者，而 2013 年数据中，外地户籍受访者的支持度提升幅度明显，略高于本地户籍受访者。

表 5 - 31　2010 年户籍与社会照顾态度

单位：%

户籍	城市基本设施为残疾人考虑得不够	残疾人应该得到更多社会的关照	政府应该更重视残疾人就业问题	政府应该为失去自理和就业能力的残疾人提供生活保障	所在社区应有残疾人专用通道或设施	社会组织可以在孩子放学后照看上发挥作用
本地户籍	55.62	96.55	97.10	98.22	58.93	85.49
外地户籍	57.96	97.80	98.24	98.68	51.54	81.50

表 5 - 32　2013 年户籍与社会照顾态度

单位：%

户籍	所在社区应有残疾人专用通道或设施	政府应该给予残疾人就业更多重视	社会组织可以在孩子放学后的照看上发挥作用
本地户籍	95.26	98.51	92.56
外地户籍	96.78	99.04	95.18

（三）受教育程度与社会照顾态度

比较不同受教育程度的受访者的社会照顾态度（见表 5 - 33）可以发现，

表 5 - 33　2010 年受教育程度与社会照顾态度

单位：%

受教育程度	城市基本设施为残疾人考虑得不够	残疾人应该得到更多社会的关照	政府应该更重视残疾人就业问题	政府应该为失去自理和就业能力的残疾人提供生活保障	所在社区应有残疾人专用通道或设施	社会组织可以在孩子放学后照看上发挥作用
没有接受正式教育	54.55	91.67	91.67	91.67	66.67	66.67
小学	58.00	98.00	98.00	100.00	52.00	86.00
初中	57.09	97.32	97.69	98.08	52.31	87.64
高中/中专/技校	55.04	95.68	96.25	97.12	56.07	85.26
大专	54.95	98.65	100.00	100.00	66.52	83.78
本科	56.22	96.02	96.02	99.00	58.21	83.08
研究生及以上	62.86	97.14	97.14	97.14	51.43	77.14

2010 年数据中支持政府促进残疾人就业和生活保障的比例在各学历群体间差异不大，仅"没有接受正式教育"的受访者支持度略低于其他群体。研究生及以上学历群体认为"城市基本设施为残疾人考虑得不够"的比例最高，但认为"所在社区应有残疾人专用通道或设施"的比例低于其他学历人群，因此在残疾人出行方面的支持态度存在一定程度的矛盾。2013 年（见表 5 - 34）不同受教育程度受访者支持"所在社区应有残疾人专用通道或设施"的比例有了显著提升，尤其是研究生及以上学历群体上升幅度明显。在社会组织照顾孩子放学方面，"没有接受正式教育"的受访者支持比例低于其他学历群体。

表 5 - 34 2013 年受教育程度与社会照顾态度

单位：%

受教育程度	所在社区应有残疾人专用通道或设施	政府应该给予残疾人就业更多重视	社会组织可以在孩子放学后的照看上发挥作用
没有接受正式教育	94.44	97.22	88.89
小学	93.64	100.00	90.91
初中	95.67	99.33	94.00
高中/中专/技校	96.13	98.24	94.37
大专	96.97	99.39	93.94
本科	94.62	96.15	92.31
研究生及以上	100.00	100.00	92.00

（四）个人年收入与社会照顾态度

比较不同收入（年收入）水平的受访者社会照顾态度（见表 5 - 35 和表 5 - 36）

表 5 - 35 2010 年个人年收入与社会照顾态度

单位：%

个人年收入	城市基本设施为残疾人考虑得不够	残疾人应该得到更多社会的关照	政府应该更重视残疾人就业问题	政府应该为失去自理和就业能力的残疾人提供生活保障	所在社区应有残疾人专用通道或设施	社会组织可以在孩子放学后照看上发挥作用
<15000	61.48	98.45	98.06	99.22	55.47	82.42
[15000,30000)	50.40	96.57	97.35	97.36	56.61	86.51
[30000,50000)	53.45	96.55	98.28	99.57	56.47	85.34
[50000,100000)	64.48	94.54	94.54	97.27	62.30	85.25
≥100000	53.95	98.86	98.68	96.68	59.21	80.26

表 5 - 36　2013 年个人年收入与社会照顾态度

单位：%

个人年收入	所在社区应有残疾人专用通道或设施	政府应该给予残疾人就业更多重视	社会组织可以在孩子放学后的照看上发挥作用
<15000	94.33	98.97	90.72
[15000, 30000)	95.19	99.04	93.27
[30000, 50000)	96.20	98.73	95.36
[50000, 100000)	95.14	98.38	91.89
≥100000	99.18	97.54	95.90

可以发现，支持政府促进残疾人就业和生活保障的比例在不同个人年收入的受访者之间差异不大。2010 年，个人年收入在 50000~100000 元的受访者认为在城市基本设施建设和社区专用通道建设方面应该更关注残疾人出行需求的比例略高于其他收入水平的受访者。2013 年在社会组织照顾孩子放学方面，年收入在100000 元及以上的受访者支持度略高于其他收入群体，但不同收入受访者间差异不大，支持度均有比较明显的上升。

第三节　社会支持网络

社会包容研究领域中的社会支持网络是指个体最基本的社会交往网络构成情况，调查问卷中询问了受访者与邻里、朋友和家人保持联系的基本频率，与亲属互动的主要内容，考察受访者获得社会支持的主要社会支持网络。社会支持网络的二级测量指标是邻里参与、友谊和家庭生活。

一　邻里参与

俗话说"远亲不如近邻"，然而随着传统居住模式的消解，城市居民与邻里交往的频率和程度迅速降低，2010 年数据显示受访者交往频率最低的为邻居。受访者中与邻居保持一天多次联系的比例为 34.31%，至少一天一次的比例为 21.01%，至少一月一次的比例为 13.21%，从不与邻居往来的比例高达 23.58%。这与城市居民多数居住在商品房小区的情况相关，对邻居的了解程度远低于朋友、同事和亲属。

（一）各区居民邻里参与情况

与邻居保持较密切交往的人数比例最高的为闸北区（见表 5 - 37），约为80%，其次是静安区，约为 74%，而人数比例最低的是闵行区，约为 40%。中心城区居民邻里交往频率普遍高于边缘城区。

表 5 - 37 各区居民邻里参与情况

单位：%

区	一天多次	至少一周一次	至少一月一次	一年几次	很少
宝山区	40.00	18.18	9.09	10.91	21.82
虹口区	32.69	11.54	11.54	13.46	30.77
黄浦区	49.59	11.57	10.74	4.13	23.97
静安区	51.16	23.26	6.98	6.98	11.63
普陀区	35.16	18.26	15.53	7.76	23.29
浦东新区	21.69	26.51	13.25	7.23	31.33
徐汇区	27.97	26.27	16.95	7.63	21.19
杨浦区	26.95	20.57	15.60	6.38	30.50
闸北区	53.01	26.51	7.23	3.61	9.64
闵行区	22.97	18.92	17.57	21.62	18.92
长宁区	37.50	30.36	8.93	3.57	19.64

注：数据为 2010 年调查数据。

（二）受教育程度与邻里参与情况

比较不同学历群体与朋友、同事和邻居的交往情况（见表 5 - 38），与邻居交往频率较低的是本科及以上学历的受访者，尤其是"从不与邻居交往"的人数比例随着受教育程度的提高大致呈上升的趋势。

表 5 - 38 受教育程度与邻里参与情况

单位：%

受教育程度	一天多次	至少一周一次	至少一月一次	一年几次	很少
没有接受正式教育	25.00	25.00	0.00	16.67	3.33
小学	60.00	16.00	8.00	4.00	12.00
初中	44.06	18.39	7.66	6.51	23.37
高中/中专/技校	37.46	19.31	15.56	5.19	22.48
大专	29.28	25.23	12.61	11.26	21.62
本科	17.41	23.88	19.40	11.94	27.36
研究生及以上	25.71	20.00	11.43	2.86	40.00

注：数据为 2010 年调查数据。

（三）户籍与邻里参与情况

本地户籍受访者与邻居交往的频率高于外地户籍受访者。这可能是由于本地户籍受访者的居住稳定性高于外地户籍受访者，因而有时间与邻居相互了解和交往。

表 5 – 39　户籍与邻里参与情况

单位：%

户籍	一天多次	至少一周一次	至少一月一次	一年几次	很少
本地户籍	35.26	22.58	12.90	7.90	21.36
外地户籍	30.84	14.98	13.66	7.93	32.60

注：数据为 2010 年调查数据。

（四）个人年收入与邻里参与情况

个人年收入与邻里交往成反比，即低收入水平的受访者与邻里的交往频率高于高收入水平的受访者。

表 5 – 40　个人年收入与邻里参与情况

单位：%

个人年收入	一天多次	至少一周一次	至少一月一次	一年几次	很少
<15000	34.11	19.77	15.12	8.53	22.48
[15000,30000)	44.06	23.96	7.65	6.07	19.26
[30000,50000)	31.47	15.52	16.38	9.48	27.16
[50000,100000)	21.86	29.51	15.85	8.20	24.59
≥100000	25.00	11.84	18.42	9.21	35.53

注：数据为 2010 年调查数据。

（五）不同年龄群体邻里参与情况

相对于青年群体而言，中老年群体与邻居的交往互动较多。

表 5 – 41　不同年龄群体邻里参与情况

单位：%

年龄段	一天多次	至少一周一次	至少一月一次	一年几次	很少
18~30 岁	24.44	20.68	16.92	9.40	28.57
31~40 岁	28.92	23.04	13.73	7.84	26.47
41~50 岁	35.81	15.72	16.59	6.11	25.76
51~60 岁	43.96	22.15	9.06	8.05	16.78
61~70 岁	38.17	25.19	8.40	7.63	20.61

注：数据为 2010 年调查数据。

二　友谊

调查询问了受访者与朋友和同事的联系频率，其中与同事的联系为非事务性联系。如下所示（见表5－42），受访者与朋友的联系频率高于与同事的联系频率。比较两年数据可以发现，整体上与朋友和同事的联系频率在降低。

表5－42　2010年和2013年居民与朋友、同事和邻居联系频率

单位：%

	一天多次		至少一周一次		至少一月一次		从不	
	2010年	2013年	2010年	2013年	2010年	2013年	2010年	2013年
朋友	13.74	12.29	44.68	39.71	27.04	27.14	4.61	3.43
同事	39.00	12.19	23.84	26.57	14.89	24.19	13.15	16.57

注：与同事联系为非事务性联系，未显示"一年几次"的选择比例。2010年数据中为"很少"，2013年数据中为"从不"。

（一）各区县受访者与朋友和同事的联系频率

比较各区县居民与朋友和同事的联系频率（见表5－43）可以发现，与朋友密切联系（至少一周一次以上）的人数比例最高的是金山区，超过70%，最低的是松江区，不到30%的受访者与朋友保持密切联系，而比较两年数据可以发现，与朋友保持密切联系（至少一周一次）的比例变化最大的是闵行区，下降314.44%，其次是宝山区，下降314.23%。

表5－43　2010年和2013年各区县居民与朋友联系频率

单位：%

区县	一天多次		至少一周一次		至少一月一次		一年几次	
	2010年	2013年	2010年	2013年	2010年	2013年	2010年	2013年
宝山区	14.55	14.16	54.55	40.71	20.00	30.09	3.64	12.39
虹口区	17.31	22.00	36.54	32.00	23.08	30.00	13.46	16.00
黄浦区	10.74	11.54	42.98	36.54	32.23	34.62	8.26	11.54
静安区	13.95	20.00	46.51	30.00	32.56	36.67	6.98	10.00
普陀区	10.05	10.00	50.23	46.00	27.40	22.00	9.13	22.00
浦东新区	11.45	11.76	40.36	40.00	30.72	23.53	12.05	20.00
徐汇区	15.25	14.85	41.53	39.60	26.27	26.73	12.71	13.86
杨浦区	13.48	12.12	39.00	39.39	26.95	26.26	14.89	19.19

续表

区县	一天多次		至少一周一次		至少一月一次		一年几次	
	2010 年	2013 年	2010 年	2013 年	2010 年	2013 年	2010 年	2013 年
闸北区	22.89	16.00	45.78	44.00	21.69	24.00	4.82	14.00
闵行区	13.51	11.11	50.00	37.96	25.68	31.48	8.11	16.67
长宁区	21.43	—	48.21	—	21.43	—	7.14	—
金山区	—	13.33	—	57.78	—	20.00		6.67
崇明县		9.30		48.84		23.26		18.60
嘉定区		7.89		42.11		23.68		22.37
松江区	—	3.17	—	23.81		31.75		33.33

注：未显示"从不"或"很少"与朋友交往的比例。

与同事保持密切联系频率（至少一周一次）的人数比例较高的是宝山区和闸北区（见表 5－44），较低的是松江区和徐汇区，低于 30% 的受访者与同事联系频率较高，变化幅度最大的是普陀区的数据，下降了 41.77%。

表 5－44　2010 年和 2013 年各区县居民与同事联系频率

单位：%

区县	一天多次		至少一周一次		至少一月一次		一年几次	
	2010 年	2013 年	2010 年	2013 年	2010 年	2013 年	2010 年	2013 年
宝山区	43.64	19.47	30.91	29.20	10.91	22.12	3.64	15.04
虹口区	29.41	18.00	31.37	16.00	11.76	28.00	13.73	16.00
黄浦区	36.84	11.54	21.93	25.00	19.30	15.38	10.53	30.77
静安区	42.86	13.33	26.19	26.67	14.29	23.33	9.52	23.33
普陀区	42.33	4.00	27.44	24.00	13.02	24.00	5.12	30.00
浦东新区	42.33	12.35	21.47	27.65	15.34	24.12	9.20	15.88
徐汇区	34.82	16.83	19.64	17.82	14.29	27.72	14.29	20.79
杨浦区	31.11	9.09	22.96	31.31	20.74	25.25	13.33	23.23
闸北区	43.37	14.00	22.89	38.00	8.43	24.00	3.61	20.00
闵行区	37.50	11.11	18.06	22.22	18.06	29.63	13.89	15.74
长宁区	45.28	—	24.53	—	11.32	—	3.77	—
金山区	—	6.67	—	33.33	—	31.11	—	20.00
崇明县		4.65		46.51		16.28		23.26
嘉定区		7.89		30.26		21.05		23.68
松江区		12.70		12.70		20.63		26.98

注：未显示"从不"或"很少"与同事交往的比例。

（二）受教育程度与朋友和同事的联系频率

比较不同学历群与朋友和同事的联系频率（见表 5 - 45 和表 5 - 46）可以发现，初中以下学历的受访者与朋友交往频率较低，与朋友交往频率较高的是大专和本科学历的受访者，与朋友交往频率和受教育程度成正相关关系。与同事保持较为密切交往的是大专及以上受教育程度的受访者，小学以下受教育程度的受访者与同事交往频率低于其他学历群体，且下降幅度较为明显。

表 5 - 45　2010 年和 2013 年受教育程度与朋友联系频率

单位：%

受教育程度	一天多次		至少一周一次		至少一月一次		一年几次	
	2010 年	2013 年	2010 年	2013 年	2010 年	2013 年	2010 年	2013 年
没有接受正式教育	0.00	16.67	8.33	11.11	50.00	27.78	25.00	19.44
小学	6.00	8.18	48.00	25.45	36.00	23.64	8.00	35.45
初中	13.79	9.00	36.40	38.33	27.97	26.00	11.49	21.67
高中/中专/技校	12.68	12.68	47.84	40.85	26.51	31.69	8.36	13.73
大专	15.32	15.76	48.65	49.70	25.23	22.42	9.46	12.12
本科	17.41	14.62	44.78	49.23	26.87	27.69	9.95	7.69
研究生及以上	8.57	24.00	57.14	32.00	17.14	32.00	14.29	12.00

注：未显示"从不"或"很少"与朋友交往的比例。

表 5 - 46　2010 年和 2013 年受教育程度与同事联系频率

单位：%

受教育程度	一天多次		至少一周一次		至少一月一次		一年几次	
	2010 年	2013 年	2010 年	2013 年	2010 年	2013 年	2010 年	2013 年
没有接受正式教育	33.33	5.56	0.00	11.11	22.22	13.89	22.22	13.89
小学	21.74	9.09	26.09	9.09	10.87	20.91	10.87	24.55
初中	27.06	12.00	23.53	22.67	14.90	22.00	12.55	24.67
高中/中专/技校	31.95	11.97	24.56	28.17	18.64	26.06	9.17	19.37
大专	55.25	13.33	22.83	39.39	11.42	24.85	7.31	17.58
本科	50.00	13.85	22.68	34.62	15.95	29.32	6.70	15.38
研究生及以上	55.88	24.00	35.29	28.00	2.94	28.00	2.94	20.00

注：未显示"从不"或"很少"与同事交往的比例。

（三）户籍与朋友和同事的联系频率

比较不同户籍身份受访者与朋友和同事的联系频率（见表 5 - 47、表 5 - 48）

可以发现，与朋友和同事交往的频率在本地户籍受访者和外地户籍受访者之间差距不明显，超过半数的受访者与朋友联系频率保持在一周一次以上，无论是本地户籍受访者还是外地户籍受访者，联系频率的下降幅度都超过20%。

表5-47　2010年和2013年户籍与朋友联系频率

单位：%

户籍	一天多次		至少一周一次		至少一月一次		一年几次	
	2010年	2013年	2010年	2013年	2010年	2013年	2010年	2013年
本地户籍	12.90	13.13	45.83	39.24	27.14	27.06	10.01	16.78
外地户籍	16.30	10.29	40.53	40.84	26.87	27.33	9.69	18.97

注：未显示"从不"或"很少"与朋友交往的比例。

表5-48　2010年和2013年户籍与同事联系频率

单位：%

户籍	一天多次		至少一周一次		至少一月一次		一年几次	
	2010年	2013年	2010年	2013年	2010年	2013年	2010年	2013年
本地户籍	37.84	10.42	24.32	26.39	15.23	24.90	9.77	20.97
外地户籍	43.19	16.40	22.07	27.01	13.62	22.51	6.57	19.29

注：未显示"从不"或"很少"与同事交往的比例。

（四）个人年收入与朋友和同事的联系频率

比较不同个人年收入受访者与朋友和同事的联系频率（见表5-49、表5-50）可以发现，个人年收入多少与朋友和同事的联系频率成正比，个人年收入多（≥50000）的受访者与朋友和同事的联系频率更高。

表5-49　2010年和2013年个人年收入与朋友联系频率

单位：%

个人年收入	一天多次		至少一周一次		至少一月一次		一年几次	
	2010年	2013年	2010年	2013年	2010年	2013年	2010年	2013年
<15000	13.18	15.98	40.31	30.93	28.68	24.74	10.85	22.68
[15000,30000)	12.40	8.33	43.80	35.58	28.50	25.00	9.23	26.92
[30000,50000)	12.07	10.13	47.84	40.93	27.59	32.07	9.91	13.08
[50000,100000)	16.94	15.13	49.18	48.11	25.14	25.95	7.10	9.19
≥100000	19.74	16.39	43.42	49.18	17.11	28.69	17.11	5.74

注：未显示"从不"或"很少"与朋友交往的比例。

表5-50 2010年和2013年个人年收入与同事联系频率

单位：%

个人年收入	一天多次		至少一周一次		至少一月一次		一年几次	
	2010年	2013年	2010年	2013年	2010年	2013年	2010年	2013年
<15000	29.87	9.79	23.38	13.92	17.32	17.53	8.66	22.68
[15000,30000)	27.47	8.65	22.93	22.76	16.00	24.36	14.13	22.76
[30000,50000)	49.78	12.66	21.65	30.80	16.02	20.68	5.63	24.47
[50000,100000)	55.19	17.84	28.42	31.35	9.29	31.35	5.46	15.68
≥100000	52.10	15.57	25.33	40.98	12.00	30.33	5.33	10.66

注：未显示"从不"或"很少"与同事交往的比例。

（五）不同年龄群体与朋友和同事的联系频率

比较不同年龄群体的受访者与朋友和同事的联系频率（见表5-51、表5-52）。总体上，两年数据呈下降趋势，也就是联系频率在逐步降低。各年龄段人群与朋友、同事的联系频率之间差异明显。随着年龄的增长，受访者与朋友和同事的联系频率降低。

表5-51 2010年和2013年不同年龄群体与朋友联系频率

单位：%

年龄段	一天多次		至少一周一次		至少一月一次		一年几次	
	2010年	2013年	2010年	2013年	2010年	2013年	2010年	2013年
18~30岁	21.05	19.41	48.12	49.79	24.06	20.68	5.26	9.28
31~40岁	14.22	11.64	50.00	44.97	18.63	30.16	12.25	10.58
41~50岁	13.10	8.96	45.85	45.27	30.13	26.37	6.99	16.42
51~60岁	9.40	10.08	43.62	29.41	29.19	34.87	12.08	22.69
61~70岁	9.16	10.27	29.77	28.65	35.88	23.24	16.03	29.19

注：未显示"从不"或"很少"与朋友交往的比例。

表5-52 2010年和2013年不同年龄群体与同事联系频率

单位：%

年龄段	一天多次		至少一周一次		至少一月一次		一年几次	
	2010年	2013年	2010年	2013年	2010年	2013年	2010年	2013年
18~30岁	54.00	19.41	23.60	37.97	13.60	24.05	2.40	9.28
31~40岁	59.20	17.99	21.39	29.10	6.97	24.87	4.48	17.46
41~50岁	40.97	10.45	24.23	33.83	17.18	26.87	7.05	17.47
51~60岁	23.88	7.56	29.41	18.49	16.96	27.31	12.80	25.21
61~70岁	8.59	4.86	14.84	11.89	21.09	16.76	25.00	35.14

注：未显示"从不"或"很少"与同事交往的比例。

三　家庭生活

家庭生活的测量内容包括两个部分，一个是有孤独感的人口比例，另一个是与亲属保持联系的频率。

（一）孤独感

社会质量理论范式包含了对系统世界和生活世界张力关系的探索，社会包容指向社会系统对个人自我实现的支持程度。调查中我们使用孤独感这一指标来反映个体的社会融入过程。孤独感是由于个体与他人和社会的间隔、疏离而产生的一种主观感受，个体孤独感作为一种主观指标，反映出其社会融入过程中所遭遇的障碍和排斥程度，可以作为社会包容的一个考察维度。随着经济模式、社会机构、科技和文化观念的转型，孤独感已成为现代人的通病之一。2010 年受访者回答"经常感到孤独"的比例为 9.12%，2013 年这一比例上升 14.19%，上升幅度明显。居民孤独感的比例上升是中国城市化和市场化转型背景的体现。中国"熟人社会"和"单位制"社会的这些传统的人际结构和组织方式受城市化和市场化转型力量的冲击，个体"原子化"趋势逐步明显。因此，个体与社会系统的互动关系更加复杂和机动，机遇和风险并存，社会整合程度的降低会造成个人社会融入和人际交往中的困难和障碍，因此现代社会系统更要重视对人际交往的社会支持，使个人在应对复杂社会系统的过程中有更多的弹性和主动权，提升社会信心，降低社会疏离和孤独感。

1. 各区县有孤独感的受访者比例

通过比较各区县居民有孤独感的情况（见表 5-53）可以发现，仅徐汇区和杨浦区有孤独感的受访者比例有所下降，其他区有孤独感的受访者比例均为上升趋势，上升幅度最大的为静安区，其次是闵行区和黄浦区。2010 年数据中，受访者感到孤独的比例最高为徐汇区，其次是长宁区，最低为静安区；2013 年数据中，感到孤独的比例最高为黄浦区，其次为嘉定区，最低为松江区。

表 5-53　2010 年和 2013 年各区县有孤独感的受访者比例

单位：%

区县	2010 年	2013 年	区县	2010 年	2013 年
宝山区	10.91	23.01	闸北区	8.43	10.00
虹口区	5.77	12.00	闵行区	2.70	11.11
黄浦区	8.26	28.85	长宁区	14.29	—
静安区	2.33	13.33	金山区	—	6.67

区县	2010 年	2013 年	区县	2010 年	2013 年
普陀区	8.22	10.00	崇明县	—	9.30
浦东新区	6.63	15.29	嘉定区	—	27.63
徐汇区	15.25	9.90	松江区	—	4.76
杨浦区	13.48	9.09			

2. 受教育程度与有孤独感的受访者比例

比较不同学历群体中有孤独感的受访者比例（见表 5 - 54）可以发现，小学以下受教育程度的受访者选择感到孤独的比例高于其他学历受访者，本科以上受教育程度的受访者选择感到孤独的比例较低。而两年数据比较后可以发现，研究生及以上学历上升幅度显著大于其他学历群体。综合来看，受教育程度和孤独感成负相关关系，随着学历水平的提升，孤独感有所降低。

表 5 - 54　2010 年和 2013 年受教育程度与有孤独感的受访者比例

单位：%

受教育程度	2010 年	2013 年
没有接受正式教育	16.67	19.44
小学	20.00	17.27
初中	9.20	15.33
高中/中专/技校	10.66	14.79
大专	7.66	9.70
本科	5.97	12.31
研究生及以上	2.86	12.00

3. 户籍与有孤独感的受访者比例

比较两年调查数据（见表 5 - 55）后可以发现，外地户籍受访者感到孤独的比例高于本地户籍受访者，且感到孤独的人数比例的上升幅度也比较大。

表 5 - 55　2010 年和 2013 年户籍与有孤独感的受访者比例

单位：%

户籍	2010 年	2013 年
本地户籍	8.23	11.37
外地户籍	12.78	20.90

4. 个人收入与有孤独感的受访者比例

比较不同个人年收入群体感到孤独的情况（见表5-56）可以发现，中等收入（［30000，50000））受访者感到孤独的比例低于其他收入群体，且上升幅度较小。低收入群体（＜15000）的孤独感最为强烈，且上升幅度最为显著。

表5-56　2010年和2013年个人年收入与有孤独感的受访者比例

单位：%

个人年收入	2010年	2013年
＜15000	11.63	23.71
［15000，30000）	9.23	14.42
［30000，50000）	6.90	8.86
［50000，100000）	7.10	14.59
≥100000	11.84	8.20

5. 不同性别、年龄群体和有孤独感的受访者比例

比较不同性别和年龄群体中有孤独感的受访者比例可以发现，从有孤独感的受访者的性别分布看（见图5-4），男性受访者选择"经常感到孤独"的比例略低于女性受访者，两年数据中男性孤独感的上升幅度略高于女性。从有孤独感的受访者的年龄分布看（见图5-5），两次调查中，18～30岁年龄段受访者感到孤独的比例明显高于其他年龄段。各年龄段受访者感到孤独的比例均有比较明显的上升趋势，18～30岁和31～40岁年龄段的受访者感到孤独的比例的上升幅度大于其他年龄段。随着受访者年龄的增长，孤独感有明显的下降趋势。

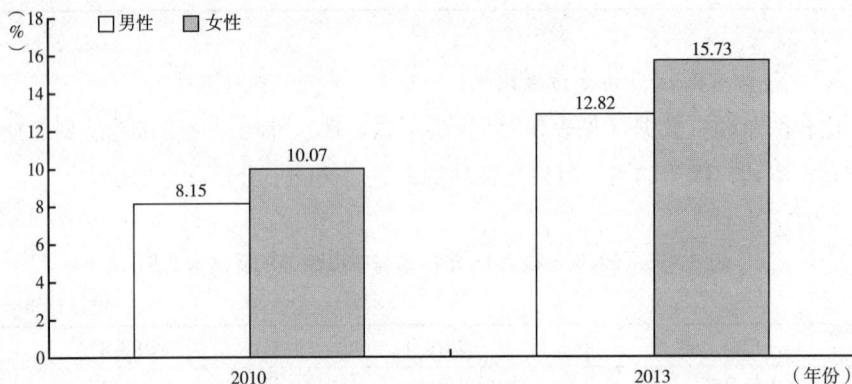

图5-4　2010年和2013年性别与孤独感比例

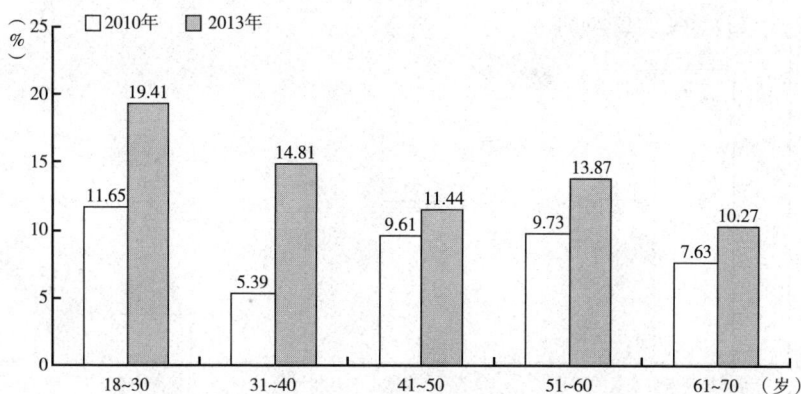

图 5-5　2010 年和 2013 年不同年龄群体感到孤独的比例

（二）亲属联系

亲属联系包括受访者与亲属保持联系的频率和交往内容。比较两年亲属联系频率数据（见图 5-6）可以发现，多数受访者与亲属联系频率保持在至少每周一次，2010 年的比例超过 80%，而 2013 年则下降至约 70%，总体上与亲属的联系频率有所降低。比较两年亲属交往内容的数据结果（见图 5-7），2010 年数据中超过 60% 的受访者"经常得到来自亲属的帮助"，高于"和亲属有金钱上的互相帮助"和"家庭中有人有干亲"的比例；2013 年数据中"经常得到来自亲属的帮助"的受访者比例仅约 30%，下降幅度较为明显，而"和亲属有金钱上的互相帮助"的比例接近50%，成为最主要的互助内容。"家庭中有人有干亲"的受访者比例也略有上升。

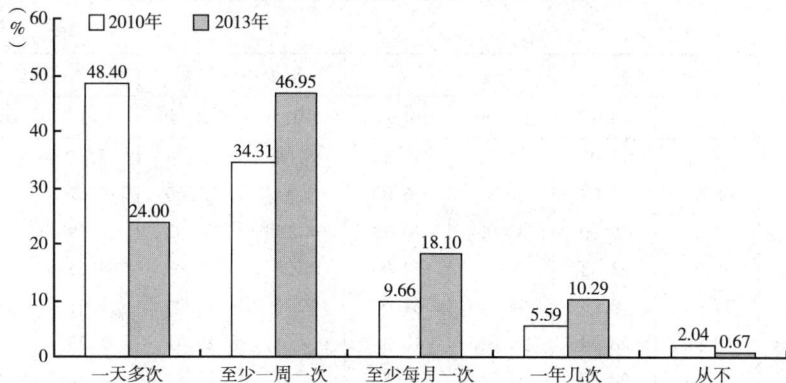

图 5-6　2010 年和 2013 年受访者的亲属联系情况

注：2010 年问卷中与亲属联系频率为"很少"，2013 年表述为"从不"。

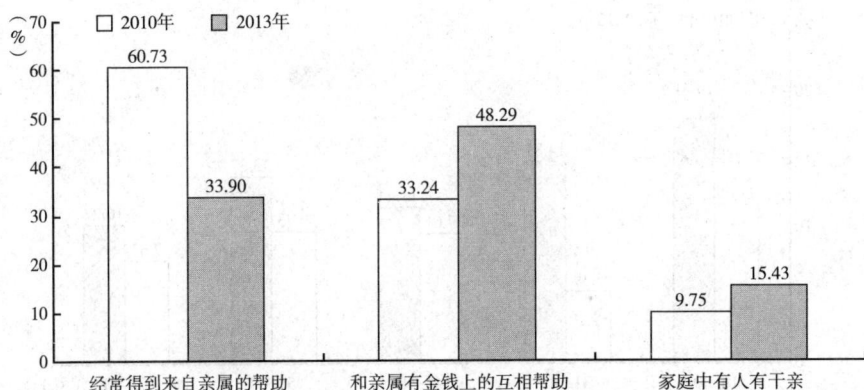

图 5 - 7 2010 年和 2013 年居民亲属交往内容

1. 各区县受访者亲属联系情况

比较各区县居民与亲属保持联系的情况（见表 5 - 57）可以发现，2010 年数据中，与亲属联系频率最高的是闸北区，超过 89% 的受访者与亲属保持至少一周一次以上的联系频率，黄浦区、普陀区、浦东新区、徐汇区和闵行区的人数比例也超过 80%。2013 年数据中，与亲属联系频率最高的是普陀区，其次为崇明县，均超过 80% 的受访者与亲属保持至少一周一次以上的联系频率，最低为松江区，仅为 60.31%。宝山区、普陀区和闵行区居民与亲属联系频率（一天多次）的下降幅度较为明显。

表 5 - 57 2010 年和 2013 年各区县受访者的亲属联系情况

单位：%

区县	一天多次		至少一周一次		至少一月一次		一年几次	
	2010 年	2013 年	2010 年	2013 年	2010 年	2013 年	2010 年	2013 年
宝山区	38.18	15.93	41.82	49.56	9.09	21.24	5.45	12.39
虹口区	36.54	34.00	40.38	36.00	11.54	20.00	9.62	8.00
黄浦区	52.07	25.00	33.06	40.38	8.26	26.92	5.79	7.69
静安区	39.53	23.33	39.53	50.00	16.28	20.00	4.65	6.67
普陀区	51.60	18.00	35.16	64.00	7.76	14.00	3.65	4.00
浦东新区	43.98	28.24	37.35	42.35	9.64	19.41	7.23	9.41
徐汇区	52.54	30.69	31.36	43.56	9.32	15.84	4.24	9.90
杨浦区	40.43	24.24	34.75	54.55	12.06	13.13	9.22	8.08
闸北区	57.83	38.00	31.33	34.00	6.02	16.00	2.41	10.00

续表

区县	一天多次		至少一周一次		至少一月一次		一年几次	
	2010 年	2013 年	2010 年	2013 年	2010 年	2013 年	2010 年	2013 年
闵行区	64.86	18.52	21.62	52.78	12.16	12.96	1.35	14.81
长宁区	44.64	—	33.93	—	10.71	—	8.93	—
金山区	—	8.89	—	57.78	—	20.00	—	13.33
崇明县	—	41.86	—	39.53	—	11.63	—	6.89
嘉定区	—	14.47	—	51.32	—	23.68	—	7.89
松江区	—	20.63	—	39.68	—	20.63	—	19.05

注：表格中未显示选择"从不"或"很少"与亲属联系的比例。

比较各区县受访者亲属交往内容（见表5-58）可以发现，2010 年数据中受访者"经常得到来自亲属的帮助"比例最高的是宝山区，最低为闵行区，"和亲属有金钱上的相互帮助"比例较高的是浦东新区和虹口区，"家庭中有人有干亲"比例较高的是静安区和浦东新区。2013 年数据中"经常得到来自亲属的帮助"比例最高的是浦东新区，但仅约为40%，闸北区、黄浦区和静安区的下降幅度较为明显；"和亲属有金钱上的相互帮助"人数比例较高的是嘉定区和松江区，均超过60%，闵行区和宝山区的上升幅度较为明显；"家庭中有人有干亲"人数比例较高的是嘉定区和松江区，闵行区的上升幅度较为明显。

表5-58　2010 年和 2013 年各区县受访者亲属交往内容

单位：%

区县	经常得到来自亲属的帮助		和亲属有金钱上的相互帮助		家庭中有人有干亲	
	2010 年	2013 年	2010 年	2013 年	2010 年	2013 年
宝山区	72.73	31.86	25.45	49.56	10.91	19.47
虹口区	57.69	38.00	38.46	46.00	7.69	6.00
黄浦区	65.29	23.08	30.58	38.46	7.44	7.69
静安区	67.44	26.67	37.21	43.33	13.95	13.33
普陀区	56.16	34.00	36.53	38.00	10.05	4.00
浦东新区	63.86	41.76	38.55	50.00	13.86	20.00
徐汇区	68.64	32.67	35.59	42.57	9.32	10.89
杨浦区	63.83	35.35	31.91	43.43	8.51	5.05
闸北区	54.22	22.00	33.73	34.00	8.43	4.00
闵行区	41.89	32.41	16.22	50.93	8.11	21.30

续表

区县	经常得到来自亲属的帮助		和亲属有金钱上的相互帮助		家庭中有人有干亲	
	2010 年	2013 年	2010 年	2013 年	2010 年	2013 年
长宁区	55.36	—	30.36	—	7.14	—
金山区	—	33.33	—	44.44	—	8.89
崇明县	—	39.53	—	53.49	—	16.28
嘉定区	—	31.58	—	63.16	—	28.95
松江区	—	36.51	—	66.67	—	30.16

2. 受教育程度与亲属联系情况

比较不同受教育程度的受访者亲属联系情况（见表5-59）可以发现，小学以下学历程度的受访者与亲属保持紧密联系频率（至少一周一次）的比例低于其他学历受访者，保持密切联系频率（一天多次）的比例下降最明显的是初中学历组。

表5-59 2010年和2013年受教育程度与亲属联系情况

单位：%

受教育程度	一天多次		至少一周一次		至少一月一次		一年几次	
	2010 年	2013 年	2010 年	2013 年	2010 年	2013 年	2010 年	2013 年
没有接受正式教育	16.67	27.78	33.33	22.22	25.00	30.56	16.67	19.44
小学	40.00	19.09	30.00	40.00	14.00	22.73	10.00	16.36
初中	49.04	18.00	34.10	50.33	9.58	17.67	5.36	12.67
高中/中专/技校	49.57	26.41	33.43	44.01	9.51	19.01	5.48	10.21
大专	51.35	26.67	32.88	50.91	7.66	16.97	6.76	5.45
本科	46.27	33.08	37.81	50.77	10.95	12.31	3.48	3.85
研究生及以上	48.57	20.00	40.00	60.00	5.71	12.00	2.86	8.00

注：表格中未显示选择"从不"或"很少"与亲属联系的比例。

从与亲属交往内容的角度看（见表5-60），2010年数据中大专以上学历群体获得来自亲属帮助的比例较高，而2013年这一学历水平的受访者下降幅度也较明显；2010年数据中"和亲属有金钱上的相互帮助"比例最低的是"没有接受正式教育"的受访者。但是2013年"没有接受正式教育"受访者在"和亲属有金钱上的互相帮助"上升幅度最大，而"初中"学历和"研究生及以上"学历群体的比例高于其他学历群体；选择"家庭中有人有干亲"的比例除"研究生及以上"学历的受访者外，其他学历群体均有所上升，上升幅度最大的是"没有接受正式教育"的受访者。

表5-60　2010年和2013年受教育程度与亲属交往内容

单位：%

受教育程度	经常得到来自亲属的帮助		和亲属有金钱上的相互帮助		家庭中有人有干亲	
	2010年	2013年	2010年	2013年	2010年	2013年
没有接受正式教育	50.00	55.56	16.67	55.56	8.33	25.00
小学	62.00	38.18	50.00	49.09	16.00	20.91
初中	54.79	29.33	30.65	51.67	6.90	14.67
高中/中专/技校	57.64	35.21	31.12	48.94	7.78	12.32
大专	65.32	36.97	31.98	44.85	9.46	17.58
本科	67.66	29.23	36.32	40.00	13.43	14.62
研究生及以上	68.57	28.00	45.71	52.00	22.86	12.00

3. 户籍与亲属联系情况

比较不同户籍身份的受访者亲属联系情况（见表5-61）可以发现，本地户籍受访者与亲属的互动频率高于外地户籍受访者，这可能是由于外地户籍受访者的居住地远离亲属。从交往内容的角度看（见表5-62），本地户籍受访者获得亲属帮助的比例略高于外地户籍受访者，但在金钱互助和家庭中有人有干亲方面明显低于外地户籍受访者。

表5-61　2010年和2013年户籍与亲属联系情况

单位：%

户籍	一天多次		至少一周一次		至少一月一次		一年几次	
	2010年	2013年	2010年	2013年	2010年	2013年	2010年	2013年
本地户籍	52.06	27.60	31.15	44.93	9.23	15.70	5.23	10.96
外地户籍	33.92	15.43	47.14	51.77	11.01	23.79	7.05	8.68

注：表格中未显示选择"从不"或"很少"与亲属联系的比例。

表5-62　2010年和2013年户籍与亲属联系内容

单位：%

户籍	经常得到来自亲属的帮助		和亲属有金钱上的相互帮助		家庭中有人有干亲	
	2010年	2013年	2010年	2013年	2010年	2013年
本地户籍	62.07	33.56	29.81	45.06	8.23	13.26
外地户籍	55.95	34.73	47.14	55.95	15.86	20.58

4. 个人年收入与亲属联系情况

比较不同个人年收入受访者亲属联系情况（见表5-63）可以发现，中低收入受访者亲属联系频率较低，而得到来自亲属帮助的比例较高（见表5-64），在"和亲属有金钱上的相互帮助"方面中等收入受访者的比例高于其他收入群体，选择"家庭中有人有干亲"的比例上升较快的是最低收入群体（低于15000元）。

表5-63　2010年和2013年个人年收入与亲属联系情况

单位：%

个人年收入	一天多次		至少一周一次		至少一月一次		一年几次	
	2010 年	2013 年	2010 年	2013 年	2010 年	2013 年	2010 年	2013 年
<15000	43.80	26.80	31.40	37.11	13.95	19.07	8.14	15.98
[15000,30000)	51.98	22.44	34.56	45.51	6.86	20.51	4.75	10.26
[30000,50000)	42.24	20.68	40.95	48.10	10.34	18.14	3.88	12.66
[50000,100000)	52.46	24.86	31.15	55.68	10.38	15.68	5.46	3.78
≥100000	55.26	28.69	30.26	50.82	5.26	13.93	6.58	6.56

注：表格中未显示选择"从不"或"很少"与亲属联系的比例。

表5-64　2010和2013年个人年收入与亲属交往内容

单位：%

个人年收入	经常得到来自亲属的帮助		和亲属有金钱上的相互帮助		家庭中有人有干亲	
	2010 年	2013 年	2010 年	2013 年	2010 年	2013 年
<15000	65.89	39.18	34.88	47.94	9.69	19.07
[15000,30000)	59.63	34.29	29.82	48.08	7.39	11.22
[30000,50000)	60.78	33.76	37.50	55.27	9.91	17.30
[50000,100000)	55.19	30.81	32.79	47.03	12.02	17.30
≥100000	61.84	29.51	32.89	37.70	15.79	13.93

第六章 社会赋权

　　社会赋权是社会质量理论架构中的一个重要领域。它关注的是个人的力量和能力在何种程度上通过社会结构发挥出来，社会关系能在何种程度上提高个人的行动能力。在社会生活中，人们必须在一定程度上自主并被赋予一定的权能，以便在社会经济的急剧变迁面前有能力全面参与。赋权的含义就是增能，它意味着使个体能够控制自己的生活，能够利用各种机会以扩大选择的空间。因此，社会赋权超越了政治参与这一狭隘的赋权含义，而是更多地聚焦于个体在知识、技能、经验等方面所具有的潜能以及这些潜能可以实现的程度。社会赋权关注的是社会为个人发挥自身能力而提供的生活机会是否公平，它指向的是人的尊严。

　　研究社会质量的学者们普遍认为，社会赋权应当包含社会和文化赋权、社会流动、经济赋权、社会心理赋权和政治增能等子域。社会赋权的一级测量指标包括知识基础、社会冲突、参与社会组织与权益维护、社会信心与言论自由。在每一个一级指标下还有具体的二级指标。知识基础包括信息的可获得性和信息的方便性；社会冲突包括群体间的冲突；参与社会组织与权益维护包括社会组织的作用、社会组织参与、权益受到侵害时的维权方式和维权渠道；社会信心包括社会信心的基础和生活信心，言论自由主要测量意见表达的程度。

第一节 知识基础

　　21世纪是一个飞速发展的时代，也是一个信息化的时代。在这样一个社会中，个体获取信息的多少以及获得信息的便利程度决定了其拥有的知识基础，也直接影响了个人在社会中的文化赋权。因此，信息的可获得性和方便性是社会质量理论视域下社会赋权领域的一个重要主题。只有利用各种传播媒介去更为便捷地获取信息，个人才有能力全面参与和应对快速变化的社会经济环境，从而发挥个人的能力。因此，信息的可获得性和方便性是测量知识基础的两个重要指标。信息的可获得性主要测量具有识字人口的比例；而互联网的使用率、图书馆等公共文化设施的使用以及电影院等付费文化资源的使用是测量信息方便性的下一级指标。

一 信息的可获得性

文字是大多数信息表达的形式，也是社会中每个个人获取信息的载体。具备基本的识字能力，才能保证我们准确、及时地获取社会中的各种信息。因此，识字率能反映出一个国家或地区教育普及的程度，也可反映出一个国家或地区的发展水平，更是测量一个社会中信息可获得性程度的一个重要指标。由于缺乏 2010 年之后的资料，笔者在此部分列出了 2000 年、2005 年与 2010 年上海市常住人口的识字率情况。2000 年第五次人口普查、2005 年上海市人口抽样调查与 2010 年第六次人口普查的资料显示（图 6-1），2000 年上海市常住人口的识字率为 94.66%，2005 年这一比例上升至 94.70%，到 2010 年，上海市常住人口的识字率达到了 97.26%。这一趋势明显反映出上海居民对于信息可获得性的能力的提高。

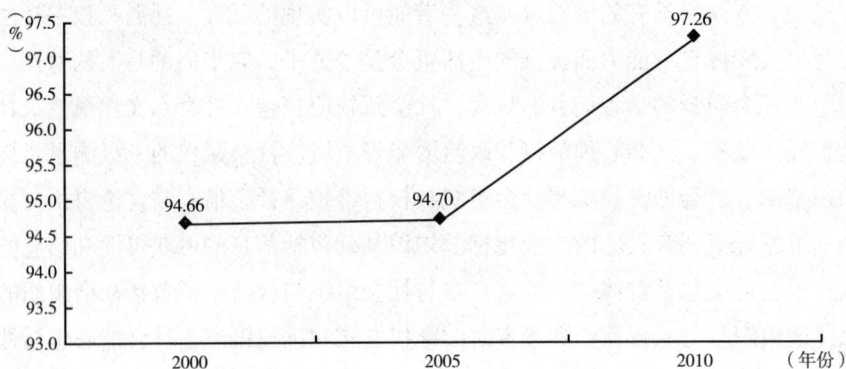

图 6-1 2000～2010 年上海市常住人口识字率情况

二 信息的方便性

（一）互联网的使用率

互联网的普及率和使用率是衡量一个地区信息化程度高低的一个重要指标。

在 2010 年的调查中，受访者需要回答"在最近的一年中是否经常使用互联网"。结果显示（图 6-2），有超过一半的受访者（52.04%）在过去一年经常使用互联网，17.11% 的受访者偶尔使用互联网，余下的 30.85% 的受访者在过去一年没有使用过互联网。2013 年的调查所获得的数据与 2010 年相似，但经常使用者（46.29%）的比例有所降低，从不使用者的比例有所提高（38.95%）（图 6-3）。单从两次调查的数据对比很难得出上海居民互联网的使用程度降低或者上海的互联网覆盖率停滞不前的结论，但"哑铃形"的互联网使用分布情况证实了上海仍有一部分居民由于种种原因被排斥在互联网的信息之外，上海城市信息化的程度仍有提升的空间。

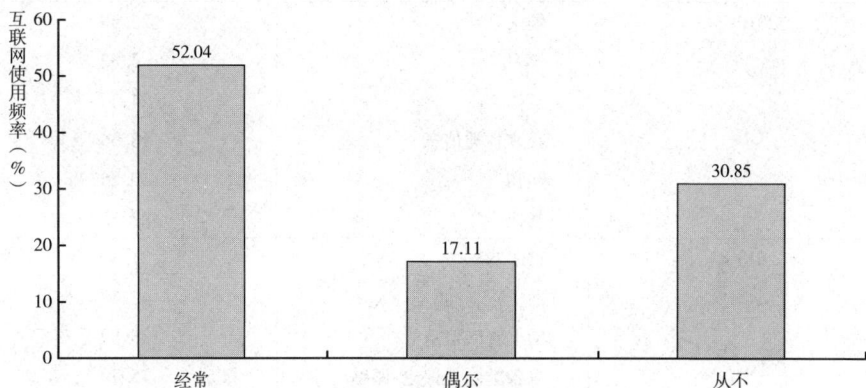

图 6-2　2010 年上海居民互联网的使用情况

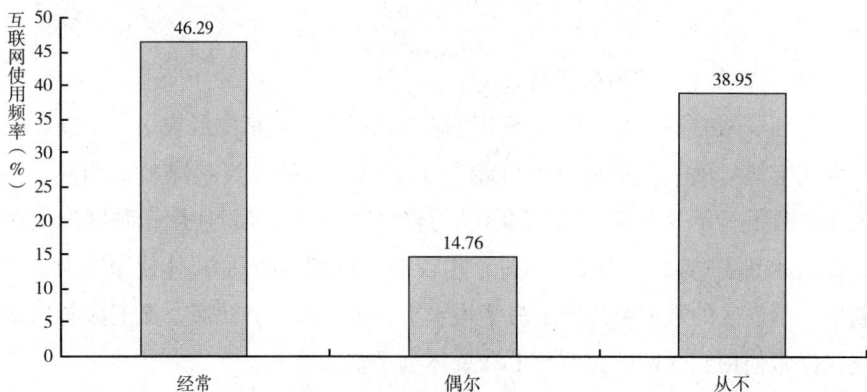

图 6-3　2013 年上海居民互联网使用情况分布图

另外，在互联网的使用用途方面，2010 年的调查数据显示，大部分受访者使用互联网的目的在于娱乐、工作和获取各种新闻信息，这说明互联网确实为居民获取社会信息、参与社会生活以及提高自身生活质量发挥了非常重要的作用。同样，2013 年的数据与 2010 年相似，大部分受访者表示使用互联网的主要目的在于看新闻和查阅信息等方面（表 6-1）。从中我们可以看出，互联网的使用极大地促进了信息的可获得性和便捷性。

表 6-1　2010～2013 年上海居民使用互联网的主要目的

单位：%

年份	主要目的	占比
2010 年	娱乐	26.58
	学习	2.82
	工作	24.24
	获取各类信息	18.36
	购物	0.25
	其他	27.15
2013 年	打游戏	21.33
	网上看新闻	48.48
	网上查阅信息	35.89
	看各类网上评论、跟帖	15.70
	网上购物	26.44
	网上聊天	28.06

注：2013 年该题为多项选择题。

1. 各区居民互联网的使用情况

由于互联网的覆盖率会受到城市基础设施建设、城市发展规划等多方面的影响，因此上海居民的使用情况很可能与所生活社区的发展状况密切相关。2010 年的调查数据显示（表 6-2），闵行区与虹口区的居民经常使用互联网的比例最高，分别达到了 62.16% 和 61.54%，相较于上海 52.04% 的总体使用率来说，浦东新区与静安区的数值略高于上海平均水平，长宁区、普陀区、徐汇区与杨浦区的居民经常使用互联网的比例与上海总体水平基本持平。

表 6-2 同时反映了 2013 年上海各区县居民经常使用互联网的比例，从中我们可以看出，2013 年上海静安区、宝山区和普陀区居民的互联网使用频率较

2010 年有较为显著的提高, 而虹口区、黄浦区、闵行区、浦东新区、徐汇区、闸北区与杨浦区的使用率有所降低。另外, 值得注意的是, 2013 年调查覆盖了松江、金山、嘉定和崇明 4 个上海远郊区县, 上述 4 地的居民互联网使用频率明显低于全市的 49.3% 的平均水平, 这组数据反映了可能需要提高上海远郊区县互联网覆盖率。

表 6 - 2　2010～2013 年上海各区县居民经常使用互联网的比例

单位：%

区县	经常使用互联网比例		区县	经常使用互联网比例	
	2010 年	2013 年		2010 年	2013 年
宝山区	43.63	51.32	闵行区	62.16	53.72
长宁区	50.00	—	浦东新区	56.63	44.13
虹口区	61.54	52.07	普陀区	50.68	55.95
黄浦区	45.45	42.43	徐汇区	52.54	25.73
静安区	55.81	63.26	杨浦区	53.19	30.32
松江区	—	25.74	金山区		24.44
嘉定区	—	31.60	崇明县		41.91
闸北区	43.37	40.36			

2. 受教育程度与互联网的使用

已有的研究成果表明, 个人的受教育程度会影响其对信息获取的需求程度和敏感程度。为了了解个人的受教育程度与其互联网使用频率之间的关系, 笔者对 2010 年的数据 (表 6 - 3) 和 2013 年的数据进行了列联表分析 (表 6 - 4)。调查数据显示, 低学历的人群对于互联网的使用度较低, 多集中在 "偶尔使用" 或者 "从不使用" 的范围。而高学历者, 尤其是本科及以上学历者, 这一群体中的绝大多数人表示在过去一年经常使用互联网。例如, 研究生及以上学历的人群, 经常使用互联网的比例远高于其他人群。出现这种结果的可能的原因是, 高学历者更需要借助互联网去获取自身所需的信息, 从而适应日益变化的社会经济环境, 促进自身的发展。从另一个角度看, 上海社会质量的提高, 更需要加强对低学历群体的社会文化赋权能力, 使其参与到信息化社会的进程之中。

3. 个人年收入与互联网的使用

当前, 由于我国社会发展水平不均衡, 中低收入者在社会结构中仍占很大比例。由于互联网的使用需要计算机、智能手机等终端设备, 也需要缴纳互联网使

表6－3　2010年上海居民受教育程度与互联网使用频率

单位：%

受教育程度	经常	偶尔	从不
没有接受正式教育	8.33	0.00	91.67
小学	16.00	22.00	62.00
初中	23.75	18.77	57.47
高中/中专/技校	44.38	22.48	33.14
大专	73.42	13.06	13.51
本科	82.09	12.44	5.47
研究生及以上	97.14	2.86	0.00

表6－4　2013年上海居民受教育程度与互联网使用频率

单位：%

受教育程度	经常	偶尔	从不
没有接受正式教育	5.56	2.78	91.67
小学	6.36	9.09	84.55
初中	23.33	17.00	57.67
高中/中专/技校	49.30	19.37	31.34
大专	75.76	16.36	7.88
本科	90.00	8.46	1.54
研究生及以上	100.00	0.00	0.00

用费。因此，经验观察的事实表明，有部分低收入家庭和个人会因为经济原因而被排斥在互联网世界之外。调查数据的结果也证实了这一判断。表6－5与表6－6是2010年上海居民个人年收入与互联网使用情况的交互分类分析，从中可以较为明显地看出，高收入群体经常使用互联网的比例较高，而选择"偶尔使用"和"从不使用"的受访者中，中低收入者占了绝大部分。

表6－5　2010年个人年收入与互联网使用情况

单位：%

个人年收入	经常	偶尔	从不
<15000	43.84	16.15	40.00
[15000,30000)	37.19	19.73	43.08
[30000,50000)	64.68	16.92	18.41
[50000,100000)	82.28	10.80	6.96
≥100000	74.19	22.58	3.23

表 6 – 6 2013 年个人年收入与互联网使用情况

单位：%

个人年收入	经常	偶尔	从不
<15000	25.93	14.81	59.26
[15000,30000)	32.98	15.18	51.83
[30000,50000)	53.27	18.69	28.03
[50000,100000)	77.84	10.81	11.35
≥100000	86.79	9.43	3.77

因此，相对于高收入群体来说，收入这一变量会直接影响中低收入群体对于互联网的使用频率。因此我们需要采取有效措施，为中低收入者提供使用互联网的各种机会和可能性，让他们享受改革和社会发展的成果，提升他们获取信息的能力以及便捷性，从而提高上海的社会质量。

（二）图书馆等公共文化设施的使用

图书馆是搜集、整理、收藏图书资料以供人阅览、参考的机构，其收藏着大量的文化典籍和文献资源，起着传承文明，教育后人的作用。其中，由政府或者公益性组织开设的公共图书馆由于其特有的公共物品属性，社会成员能够免费地从中获取各类信息资源，因此，个体在何种程度上能够使用公共图书馆，在多大程度上自主地、便捷地使用公共图书馆，是测量一个社会中社会赋权的重要指标。2010 的调查数据显示，只有 10.73% 的受访者表示在过去的一年中经常使用图书馆，38.65% 的受访者表示偶尔使用图书馆，另有 50.62% 的受访者表示在过去一年从未使用过图书馆。

2013 年的数据所反映的结果同样不容乐观。仅有 6.86% 的受访者表示在过去一年中经常去图书馆，而从不使用图书馆的受访者占到了受访者总人数的 64.57%。这些结果一方面说明了上海居民在这三年间去图书馆借阅图书的次数较少，另一方面也折射出当前以图书馆为例的上海公共文化资源并没有得到充分、有效的利用，居民的参与程度较低，公共文化设施在传播信息等方面没有发挥应有的作用。

1. 各区县居民图书馆的使用情况

比较上海各区县居民图书馆使用情况的调查数据（表 6 – 7）可以发现，2010 年虹口区居民经常使用图书馆的比例在全市最高，为 15.38%，杨浦区次之；宝山区居民使用图书馆的比例最低；2013 年的数据中，静安区居民所占比例最高，达到了20.00%；而松江区、嘉定区与宝山区的比例较低。综合两年的调查数据，上海中心城区居民经常使用图书馆的比例较远城区高，这可能是由于远城区公共图书馆资源较为缺乏，而考虑到时间、交通等因素居民前往中心城区的图书馆进行图书借阅、信息查询的意愿较低。

表6-7 2010年与2013年上海各区县居民经常使用图书馆比例

单位：%

区县	2010年	2013年	区县	2010年	2013年
宝山区	1.82	4.42	闵行区	13.51	6.48
长宁区	7.14	—	浦东新区	12.65	4.71
虹口区	15.38	12.00	普陀区	9.13	10.00
黄浦区	5.79	5.77	徐汇区	12.71	6.93
静安区	13.95	20.00	杨浦区	14.18	13.13
松江区	—	0.00	金山区	—	8.89
嘉定区	—	2.63	崇明县	—	4.65
闸北区	10.84	8.00			

2. 户籍与图书馆资源的使用

在当前中国的社会情境下，户籍因素成为社会资源分配、使用的一个关键要素。图书馆作为公共文化资源的重要组成部分，理应平等地面向该区域内的所有社会成员开放、使用。是否拥有本地户籍，也会对居民利用公共文化资源的意愿有影响。因此，比较不同户籍身份对图书馆资源的使用情况的相关性是有必要的。2010年的调查数据反映出（表6-8），本地户籍人口经常使用图书馆的比例（11.12%）略高于外地户籍人口的使用频率（9.25%），而2013年的数据（表6-9）同样反映出这个趋势。这说明户籍因素确实会影响居民对图书馆的使用频率，本地户籍"经常使用"图书馆的人数略多于外地户籍。因此，我们仍需要加强对外地户籍居民的包容程度，使全体市民能够更加便捷地使用公共文化资源。

表6-8 2010年户籍与图书馆使用频率

单位：%

户籍	经常使用	偶尔使用	从不使用
本地户籍	11.12	37.82	51.06
外地户籍	9.25	42.29	48.46

表 6 – 9　2010 年户籍与图书馆使用频率

单位：%

户籍	经常使用	偶尔使用	从不使用
本地户籍	7.31	26.39	66.31
外地户籍	5.79	33.76	60.46

3. 受教育程度与图书馆资源的使用

与互联网类似，图书馆等公共文化场所是社会成员获取信息的一个重要渠道。值得注意的是，阅读图书在很大程度上是我们在长期的社会化和受教育过程中形成的一种"惯习"，相对于当前便捷快速的互联网，图书馆资源的使用可以使利用者找到更为专业、翔实的信息，因此比较受教育程度与图书馆资源的使用情况也是极有必要的。表 6 – 10 和表 6 – 11 显示了 2010 年和 2013 年调查所得数据的分析结果，结果表明受教育年限的长短确实会对居民使用互联网的频率产生较为显著的影响，受教育程度更高的居民会更经常使用图书馆等公共文化资源。

表 6 – 10　2010 年受教育程度与图书馆使用频率

单位：%

受教育程度	经常	偶尔	从不
没有接受正式教育	0.00	8.33	91.67
小学	2.00	18.00	80.00
初中	4.98	25.28	69.73
高中/中专/技校	7.49	33.43	59.08
大专	12.61	51.80	35.59
本科	20.40	54.23	25.37
研究生及以上	34.29	57.14	8.57

表 6 – 11　2013 年受教育程度与图书馆使用频率

单位：%

受教育程度	经常	偶尔	从不
没有接受正式教育	0.00	2.78	91.67
小学	0.91	3.64	95.45
初中	2.33	19.33	78.33
高中/中专/技校	5.99	31.69	62.32
大专	9.70	43.03	47.27
本科	19.23	46.92	33.85
研究生及以上	24.00	60.00	16.00

（三）电影院等付费文化资源的使用

韩国社会质量学者李在烈和张德镇（2011）认为，社会质量可以作为对社会进步的一种测量。在上文中，笔者讨论了对互联网与公共图书馆作为信息的可获得性和便捷性的测量，确实，互联网的发展和公共文化资源为社会公民提供了前所未有的信息资源，同时也开创了信息获取的便捷渠道。在社会快速发展的今天，除了免费的文化资源以外，电影等文化产业日益发展，付费的文化资源也日益走进人们的日常生活。文化消费的多寡，在一定程度上反映了一个社会对知识和信息的重视程度，体现了社会文化赋权的强弱和社会的进步程度。因此，在本节中将电影消费的频率作为测量信息的可获得性和便捷性的一项指标，是十分必要的。

2010 的调查数据显示，有 11.61% 的上海居民在过去一年经常去电影院消费电影，44.33% 的居民表示偶尔去电影院，而余下的 44.06% 的居民在过去的一年从未去电影院消费电影。2013 年的数据整体分布与 2010 年类似，但选择经常和偶尔两项的比例有所下降，分别下降了 3.13 个百分点与 5.85 个百分点。总体来看，2010 年、2013 年，调查所访问的居民以电影为例的文化消费仍然处于一个较低的水平，我们仍需从各方面努力，提升文化产业的质量和吸引力，同时提高居民的文化消费意愿的信息获取的能力，从而提高上海居民的社会文化赋权水平。

1. 各区县居民电影消费的情况

比较 2010 年与 2013 年上海各区县居民经常消费电影的比例（表 6-12），在 2010 年中，静安区居民在过年一年经常消费电影的比例最高，达到了 25.58%，闵行区与虹口区次之；而宝山区居民的比例最低，仅为 1.82%；在 2013 年的数据中，虹口区和静安区居民经常消费电影的比例分别为 22.00% 和 20.00%，排在全市前两位，松江区、崇明县和闵行区居民的比例较低。数据反映了 2010 年和 2013 年上海中心城区居民电影消费能力较高，而远城区居民的电影消费能力低、意愿较弱。

2. 受教育程度与电影消费情况

比较 2010 年和 2013 年的调查数据（表 6-13）可以发现，两年的数据结构呈现出高度的一致性。过去一年经常进行电影消费的居民比例随着受教育程度的提高而提高。受过较高教育的居民更愿意进行电影消费等活动。这也从一个方面

表6-12　2010年与2013年各区县居民在过去一年经常观看电影的比例

单位：%

区县	2010年	2013年	区县	2010年	2013年
宝山区	1.82	11.50	闵行区	21.62	3.70
长宁区	12.50	—	浦东新区	9.64	4.71
虹口区	17.31	22.00	普陀区	8.22	12.00
黄浦区	11.58	11.54	徐汇区	13.56	14.85
静安区	25.58	20.00	杨浦区	13.48	9.09
松江区	—	1.59	金山区	—	6.67
嘉定区	—	3.95	崇明县	—	2.33
闸北区	4.82	6.00			

反映出当前文化产业消费的群体更集中于受过较高教育的群体，他们对于文化消费的意愿更强，可以在文化产业的消费中提升自我的文化赋权能力。

表6-13　2010年与2013年上海居民受教育程度与电影消费情况

单位：%

受教育程度	经常		偶尔		从不	
	2010年	2013年	2010年	2013年	2010年	2013年
没有接受正式教育	0.00	0.00	16.67	11.11	83.33	88.89
小学	0.00	1.82	22.00	16.36	78.00	81.81
初中	3.45	2.67	31.80	25.00	64.75	72.33
高中/中专/技校	7.49	3.87	42.94	42.96	49.57	53.17
大专	18.02	16.96	55.41	52.12	26.58	30.91
本科	22.89	24.61	55.72	66.15	21.39	9.23
研究生及以上	28.57	32.00	57.14	52.00	14.29	16.00

3. 个人年收入水平与电影消费情况

许多经验研究表明，个人的经济充裕程度尤其是收入因素是影响个体行为的一个关键要素。表6-14显示了2010年与2013年上海不同收入层级的居民经常消费电影的比例。数据直观地告诉我们，相对于中低收入者，高收入群体在两次调查中经常消费电影的比例均较高，以2013年为例，年收入达到100000元及以上的群体有略高于1/4的比例在过去一年经常去电影院消费电影，是年收入15000元以下人数的3倍左右。

表6－14　2010年和2013年上海居民个人年收入与电影消费情况

单位：%

个人年收入	2010年	2013年
<15000	10.00	9.47
[15000,30000)	5.72	12.32
[30000,50000)	14.88	16.71
[50000,100000)	22.83	19.52
≥100000	22.61	25.57

第二节　社会冲突

社会赋权关注的是社会个体在知识、技能、经验等方面所具有的潜能以及这些潜能可以实现的程度，实现个人潜能的前提是社会需要为每一个体发挥自身能力而提供公平的生活机会，而这些机会需要来自制度和社会关系的支持。在这一点上，社会赋权与社会包容是融会贯通的。因此，我们需要考察社会成员在社会生活中如何通过各种制度融入其中，社会中的某个人或者某些群体是否因为具有某些方面的特征而遭到来自正式的或者非正式的制度的系统性排斥，从而导致社会关系紧张。为了实现个体平等的权利和价值，在社会生活中实现自己的潜能需要减少社会冲突。

社会冲突会受到社会分层、群体差异等因素的影响。测量社会冲突的二级指标为群体间的冲突。具体冲突包括官员与群众之间的冲突，富人与穷人之间的冲突以及不同社会声望群体之间的冲突，这刚好契合了韦伯关于社会分层的权力、财富和声望三位一体的观点。

（一）官员和群众之间的冲突

在2013的问卷中，用您是否同意以下说法："当官的人多数看不起老百姓"以及"老百姓多数仇视当官的人"两个设问来测量官员与群众之间的冲突程度。受访者需要对上述两个问题表达自己的态度，即从"完全同意""比较同意""说不清""不太同意"和"很不同意"5个选项中选择最接近自己看法的一项。调查数据显示（表6－15），有超过50%的受访者完全同意和比较同意官员看不起老百姓，同样也有一多半的受访者认为当前老百姓大多仇视官员，而对官员与老百姓关系持乐观态度的，即选择"不太同意"和"很不同意"的比例不足30%。这表明当前大多数上海居民对干群关系持一种比较消极和不乐观的态度。

表6–15　2013年上海居民对官员与群众冲突的态度

单位：%

	完全同意	比较同意	说不清	不太同意	很不同意
当官的人多数看不起老百姓	15.61	43.05	15.14	23.14	3.05
老百姓多数仇视当官的人	11.05	40.48	19.05	26.86	2.57

1. 上海各区县居民对官员与群众之间冲突的态度

研究2013年上海各区县居民对于"当官的人多数看不起老百姓"的看法，数据表明（表6–16）从整体上看，上海全市居民选择"比较同意"的占43.05%，"不太同意"的占23.14%，上海各区县居民对于这个问题的态度基本与全市平均水平持平。但在"完全同意"这项代表排斥度较高的选项上，虹口区和松江区的居民选择比例较低，仅为4.00%和9.52%；而嘉定区和闸北区的居民选择比例较高，分别达到了25.00%和22.00%，各区县居民对于干群关系的看法还是有一定区别的。

表6–16　2013年上海各区县居民对"当官的人多数看不起老百姓"的看法

单位：%

区县	完全同意	比较同意	说不清	不太同意	很不同意
宝山区	21.23	41.59	17.70	16.81	2.65
崇明县	11.63	48.83	13.95	23.26	2.33
虹口区	4.00	42.00	26.00	26.00	2.00
黄浦区	13.46	42.31	23.08	19.23	1.92
嘉定区	25.00	39.47	14.47	17.11	3.95
金山区	17.78	42.22	8.89	26.67	4.44
静安区	20.00	40.00	16.67	23.33	0.00
闵行区	14.81	41.67	12.96	29.63	0.93
浦东新区	15.29	43.52	7.06	28.82	5.29
普陀区	12.00	56.00	12.00	18.00	2.00
松江区	9.52	39.68	12.70	30.16	7.94
徐汇区	12.87	40.60	27.72	16.83	1.98
杨浦区	15.15	50.51	16.16	15.15	3.03
闸北区	22.00	34.00	8.00	36.00	0.00

2. 不同户籍居民对官员与群众之间冲突的态度

表6－17反映了2013年上海本地户籍居民与外地户籍居民对于"老百姓多数仇视当官的人"的相关态度。数据表明，相对于外地人来说，上海本地居民更倾向于认为普通群众对官员有敌对情绪。本地户籍居民中，有11.77%的居民完全同意"老百姓多数仇视当官的人"这一论断，另有41.68%的本地居民比较同意这一论断，均超过外地居民9.32%和37.62%的比例。同样，在"不太同意"和"很不同意"这两项的比例上，外地户籍居民的选择比例均超过上海户籍居民。

表6－17　2013年上海不同户籍居民对于"老百姓多数仇视当官的人"的态度

单位：%

户籍	完全同意	比较同意	说不清	不太同意	很不同意
本地户籍	11.77	41.68	18.94	25.43	2.17
外地户籍	9.32	37.62	19.29	30.23	3.54

3. 不同受教育程度居民对于官员与群众间冲突的态度

比较不同受教育程度居民对于"当官的人多数看不起老百姓"的相关态度，从数据中可以发现（表6－18），除研究生及以上学历的受访者之外，所有受教育程度的受访者均有超过50%的比例"完全同意"和"比较同意"上述论断。其中，初中学历的居民中有19.67%的人"完全同意"官员看不起百姓，41.67%的人"比较同意"此说法，"完全同意"与"比较同意"的总和比例为各个分组间最高。

表6－18　2013年上海不同受教育程度居民对于"当官的人多数看不起老百姓"的态度

单位：%

受教育程度	完全同意	比较同意	说不清	不太同意	很不同意
没有接受正式教育	5.56	55.56	13.89	25.00	0.00
小学	12.73	40.91	11.81	27.27	7.27
初中	19.67	41.67	10.33	24.00	4.33
高中/中专/技校	15.14	45.42	13.38	23.24	2.82
专科	14.55	42.42	18.18	23.03	1.82
本科	13.85	42.31	24.62	19.23	0.00
研究生及以上	16.00	32.00	40.00	12.00	0.00

4. 不同收入阶层居民对于官员与群众间冲突的态度

表6-19反映了2013年上海不同收入阶层居民对于"老百姓多数仇视当官的人"的看法。收入在30000~50000元的中等收入群体，"完全同意"该说法的比例最高，达到了16.36%；而年收入在100000元及以上的群体"比较同意"此论断的比例最高，为47.17%。

表6-19　2013年上海不同收入阶层居民对于"老百姓多数仇视当官的人"的态度

单位：%

个人年收入	完全同意	比较同意	说不清	不太同意	很不同意
<15000	11.57	40.74	15.74	27.78	4.17
[15000,30000)	8.90	40.31	15.97	31.41	3.40
[30000,50000)	16.36	38.79	19.16	23.36	2.34
[50000,100000)	9.73	40.54	27.03	22.70	0.00
≥100000	7.55	47.17	26.42	18.87	0.00

（二）富人和穷人之间的冲突

为了测量富人和穷人之间社会冲突的情况，2013年的问卷同样设计了两个问题，分别是您是否同意以下说法："富有的人多数看不起穷人"和"穷人多数仇视富有的人"，受访者同样需要对上述两个问题表达自己的态度，即从"完全同意""比较同意""说不清""不太同意"和"很不同意"5个选项中选择最接近自己看法的一项。调查数据显示（表6-20），2013年上海有超过60%的居民认为富有的人多数看不起穷人；相对的，不到50%的居民认为穷人多数仇视富有的人。从整体上看，当前上海居民对于这类社会冲突的态度是"单向"的，即认为在当前社会拥有财富较多的阶层会排斥底层的穷人阶层，而并不完全认为穷人会仇视富有的人。

表6-20　2013年上海居民对富人与穷人之间冲突的态度

单位：%

	完全同意	比较同意	说不清	不太同意	很不同意
富有的人多数看不起穷人	17.52	48.76	12.86	18.95	1.90
穷人多数仇视富有的人	7.24	33.71	19.81	36.67	2.57

1. 上海各区县居民对于富人与穷人间冲突的态度

分析2013年上海不同区县居民对于"富有的人多数看不起穷人"这一说法

的态度，表 6－21 的数据表明，在"完全同意"和"比较同意"的选择中，宝山区、静安区、普陀区以及杨浦区的居民中均有达到或超过 70% 的比例。相对而言，闸北区、金山区的居民选择"不太同意"的人数较多，所占百分比分别为 28.00% 和 26.67%。

表 6－21　2013 年上海各区县居民对于"富有的人多数看不起穷人"的态度

单位：%

区县	完全同意	比较同意	说不清	不太同意	很不同意
宝山区	20.35	50.21	12.39	15.04	0.00
崇明县	16.28	48.84	13.95	20.93	0.00
虹口区	4.00	20.00	20.00	14.00	2.00
黄浦区	13.46	51.92	13.46	21.15	0.00
嘉定区	25.00	40.79	17.11	14.47	2.63
金山区	13.33	44.44	15.56	26.67	0.00
静安区	20.00	50.00	10.00	20.00	0.00
闵行区	19.44	46.30	15.74	18.52	0.00
浦东新区	17.65	44.71	8.82	24.12	4.71
普陀区	24.00	52.00	2.00	20.00	2.00
松江区	11.11	53.97	6.35	22.22	6.35
徐汇区	13.86	44.55	23.76	16.83	0.99
杨浦区	20.20	55.56	11.11	10.10	3.03
闸北区	20.00	46.00	6.00	28.00	0.00

2. 不同户籍居民对于富人与穷人间冲突的态度

表 6－22 反映了 2013 年上海本地户籍居民与外地户籍居民对于"富有的人多数看不起穷人"这一说法的相关态度。研究数据表明，有 18.95% 的上海本地户籍居民完全同意"富有的人多数看不起穷人"这一论断，高于外地户籍居民的 14.15%。另外，外地户籍居民中有 22.19% 的居民不太同意这一说法，这一比例也高于本地户籍居民。数据比较明显地反映了上海本地户籍居民更倾向于认同"富有的人多数看不起穷人"，对这两类群体间的社会冲突持较为悲观的态度。

3. 不同受教育程度居民对于富人与穷人间冲突的态度

比较 2013 年上海不同受教育程度居民对于"穷人多数仇视富有的人"这一论断的相关态度（表 6－23），没有接受正式教育、小学学历、初中学历等较低

表6-22 2013年上海不同户籍居民对于"老百姓多数仇视当官的人"的态度

单位：%

户籍	完全同意	比较同意	说不清	不太同意	很不同意
本地户籍	18.95	48.58	12.99	17.59	1.89
外地户籍	14.15	49.20	12.54	22.19	1.93

学历的受访者赞同此项说法的比例较低，选择"完全同意"和"比较同意"的比例之和均未超过40%。而研究生及以上学历的受访者中有52.00%的人选择了同意此项说法。高学历的居民可能会更倾向于认同穷人会排斥富人。

表6-23 2013年上海不同受教育程度居民对于"穷人多数仇视富有的人"的态度

单位：%

受教育程度	完全同意	比较同意	说不清	不太同意	很不同意
没有接受正式教育	5.56	30.56	11.11	52.78	0.00
小学	5.45	31.81	12.72	40.91	9.09
初中	8.33	31.67	15.67	41.00	3.33
高中/中专/技校	8.81	33.10	19.01	38.02	1.06
专科	6.06	38.18	24.85	30.30	0.61
本科	4.62	34.62	33.08	25.38	2.31
研究生及以上	8.00	44.00	20.00	28.00	0.00

4. 不同收入阶层居民对于穷人与富人间冲突的态度

表6-24反映了2013年上海不同收入阶层居民对于"穷人多数仇视富有的人"这一论断的相关态度。数据表明，个人年收入在30000~50000元的中等收入群体对于这一说法完全同意的比例最高，达到了11.21%；另外，在"不太同意"的比例分布方面，高收入群体中不同意此项说法的人数比例低于中低收入群体。但总体上来说，不同收入阶层居民间对于"穷人多数仇视富有的人"这一说法的认识不存在显著的区别。

（三）不同社会声望群体之间的社会冲突

与上述两类群体之间社会冲突的测量类似，2013年的调查同样用两个设问——您是否同意"社会声望高的人多数看不起社会声望低的人"和"社会声望低的人多数仇视社会声望高的人"——测量居民对于不同社会声望群体之间社会冲突的态度。调查数据（表6-25）显示，有超过60%的上海居民认同社会

表6-24　2013年上海不同收入阶层居民对于"穷人多数仇视富有的人"的态度

单位：%

个人年收入	完全同意	比较同意	说不清	不太同意	很不同意
<15000	6.48	32.41	14.81	42.59	3.70
[15000,30000)	6.28	31.67	17.80	42.41	1.83
[30000,50000)	11.21	32.24	21.96	31.31	3.27
[50000,100000)	5.41	39.46	25.40	28.65	1.08
≥100000	7.55	39.62	26.42	20.76	5.66

声望高的群体会看不起社会声望低的群体；同样，这类问题也存在"单向"的特点，只有少部分（32.51%）居民认为社会声望低的人多数仇视社会声望高的人。

表6-25　2013年上海居民对不同社会声望群体冲突的态度

单位：%

	完全同意	比较同意	说不清	不太同意	很不同意
社会声望高的人多数看不起社会声望低的人	13.90	47.24	16.86	19.81	2.19
社会声望低的人多数仇视社会声望高的人	3.91	28.60	25.26	39.47	2.76

1. 上海各区县居民对不同社会声望群体之间的社会冲突的态度

表6-26反映了2013年上海各区县居民对于"社会声望高的人多数看不起社会声望低的人"这一说法的相关态度。数据表明，2013年嘉定区的居民中完全赞同这一说法的比例最多，达到了23.69%，松江区的居民中赞同这一说法的比例最低，为4.76%。此外，松江区和金山区的受访者"很不同意"该说法的比例最高，分别为7.94%和6.67%。

表6-26　2013年上海各区县居民对"社会声望高的人多数
看不起社会声望低的人"的态度

单位：%

区县	完全同意	比较同意	说不清	不太同意	很不同意
宝山区	17.70	40.71	19.47	19.47	2.65
崇明县	11.63	53.49	16.28	18.60	0.00
虹口区	8.00	52.00	24.00	14.00	2.00

续表

区县	完全同意	比较同意	说不清	不太同意	很不同意
黄浦区	9.61	48.08	17.31	25.00	0.00
嘉定区	23.69	38.16	19.74	14.47	3.95
金山区	13.33	26.67	22.22	31.11	6.67
静安区	13.33	36.67	26.67	23.33	0.00
闵行区	12.96	53.70	15.74	17.59	0.00
浦东新区	14.71	48.82	10.00	23.53	2.94
普陀区	16.00	56.00	6.00	20.00	2.00
松江区	4.76	53.97	14.29	19.05	7.94
徐汇区	9.90	41.58	29.70	17.82	0.99
杨浦区	15.15	55.56	12.12	16.16	1.01
闸北区	18.00	48.00	12.00	22.00	0.00

2. 不同户籍居民对不同社会声望群体间冲突的态度

表6-27反映了2013年上海本地户籍居民与外地户籍居民对于"社会声望高的人多数看不起社会声望低的人"这一说法的有关态度。在户籍居民的分组中，有14.21%的受访者完全赞同这一看法，另有48.58%的受访者比较同意这一看法；而在外地户籍居民分组中，13.18%的受访者完全赞同这一说法，另有44.05%的居民比较同意。总的来说，本地户籍居民与外地户籍居民对于社会声望高的群体会排斥社会声望低的群体这一说法的态度并没有显著的区别。

表6-27　2013年上海不同户籍居民对"社会声望高的人多数
看不起社会声望低的人"的态度

单位：%

户籍	完全同意	比较同意	说不清	不太同意	很不同意
本地户籍	14.21	48.58	15.56	20.16	1.49
外地户籍	13.18	44.05	19.94	18.97	3.86

3. 不同受教育程度居民对于不同社会声望群体间冲突的态度

比较2013年上海不同受教育程度居民对于"社会声望高的人看不起社会声望低的人"这一说法的相关态度，数据表明（表6-28），高中/中专/技校学历的群体中有 5.63% 的受访者认为社会声望高的群体会看不起社会声望低的群体，而在比较同意、说不清等选项上，不同受教育程度居民之间的态度并不存在显著的区别。

表 6-28　2013 年上海不同受教育程度者对于"社会声望高的人看不起社会声望低的人"的态度

单位：%

受教育程度	完全同意	比较同意	说不清	不太同意	很不同意
没有接受正式教育	0.00	25.00	36.11	36.11	2.78
小学	3.63	28.18	17.27	43.64	7.27
初中	4.00	31.67	20.33	41.33	2.67
高中/中专/技校	5.63	29.23	24.30	38.73	2.11
专科	2.44	26.83	30.49	38.41	1.83
本科	3.85	25.38	33.08	35.38	2.31
研究生及以上	0.00	20.00	40.00	40.00	0.00

4. 不同收入阶层居民对于不同社会声望群体间冲突的态度

表 6-29 的数据反映了 2013 年上海不同收入阶层居民对于"社会声望高的人看不起社会声望低的人"这一论断的相关态度。在"完全同意"这一选项中，除 50000～100000 元收入群体之外，其余四个收入组的居民的选择比例大致相同；另外，100000 元及以上的高收入群体中比较赞同这一说法的比例较其他收入组低，在这一收入组中，仅有 22.65% 的受访者选择了"完全同意"和"比较同意"。

表 6-29　2013 年上海不同收入阶层居民对于"社会声望低的人看不起社会声望高的人"的态度

单位：%

个人年收入	完全同意	比较同意	说不清	不太同意	很不同意
<15000	4.17	29.17	25.46	38.43	2.78
[15000,30000)	4.45	28.80	21.73	41.62	3.40
[30000,50000)	4.21	28.97	26.64	36.45	3.74
[50000,100000)	1.63	30.43	26.63	40.76	0.54
≥100000	5.67	16.98	39.62	35.85	1.89

第三节　参与社会组织与权益维护

改革开放近四十年来，中国的经济社会发生了翻天覆地的变化。现阶段随着改革开放的不断深入，我国已经进入了重要战略机遇期和社会矛盾凸显期，加强社会组织建设和社会管理创新具有重要意义。随着社会组织建设和社会管理创新的发展，单纯由政府提供社区公共物品已经远远不能满足社区居民的需求。在社会发展的过程中，社会组织更具有集中社会资源、发动社会公众等方面的优势。

中共十八大报告提出"在改善民生和创新管理中加强社会建设""加快推进社会体制改革""加快形成政社分开、权责明确、依法自治的现代社会组织体系"等一系列思想，十八届三中全会后国务院又放开城乡服务类等四类社会组织登记，这些重要举措说明当前政府和社会已经充分认识到社会组织对社会的稳定与发展起到非常重要的作用，它有助于弘扬社会公正的价值理念、促进社会的公平正义、实现社会价值的理性回归，形成以社会公正、社会诚信为主流的文化价值理念，克服社会的碎片化状态，实现社会的有机团结。此外，社会组织还能协调社会不同群体之间的利益矛盾，实现社会的利益整合，把公民分散的、单个的社会参与聚合起来，为这些利益群体的利益表达提供制度化的渠道，满足各种社会利益群体进行广泛的社会参与要求。

在社会质量的理论视域中，社会组织及公民参与对应着社会赋权和政治增能。在社会质量学者看来，社会质量的本体论的基石奠基于人在本质上是社会的存在，而不是原子化的经济人假定的观点之上。这种观点认为人的自我实现有赖于社会认可，也就是说，人的自我实现源于他们在广泛的集体认同中与他人的互动。因此，为了参与这些过程，人们必须具有自我反应能力并且与之互动的集体认同必须是开放的，"社会性"就根植在这些相互依赖的过程中。另外，从社会质量理论的关注点来看，社会质量理论关注的是生活在发展变化的社会中的行动者，其出发点是消解社会发展与个体发展的矛盾，缓解系统世界与生活世界的冲突，从而改善社会状况，提升个人的幸福感和个人发展潜力，说到底，就是要解决人的能力和福祉问题，也就是社会如何为个体提供制度性保障以利于人的自主发展。因此，探讨社会赋权，就离不开讨论居民参与社会组织和权益维护的现状。测量社会组织和权益维护的二级指标分别是居民对社会组织作用的认识、参与社会组织的情况、权益受到侵害时维权的方式和维权的渠道。

一 对社会组织作用的认识

社会心理学的诸多研究表明，个体的行为会受到其认知的影响，对于社会组织来说也是如此。社会组织发挥作用离不开居民的参与，当然前提就是其自身对待社会组织的认识和态度。因此，考察居民对社会组织的认识是十分有必要的。在本部分中，笔者主要探讨了居民对社会组织功能和作用的认知。

图6-4反映了2013年上海居民对各类社会组织最主要功能的认识。研究数据表明，有29.58%的受访者认为"加强社会联系，维护社会和谐"是当前社会组织最主要的功能，所占比例最高；另有26.05%的居民认同社会组织最重要的功能应该是"提供社会服务"；排在第三位的是"协助政府做好服务，参与社会管理"，所占比例为18.89%；而选择"为组织成员谋福利"和"维护社会成员权利"两项的比例较低，分别为14.79%和10.69%。从中我们可以看出，当前上海居民认识社会组织的作用倾向于社会管理与社会服务方面，而对社会组织对个人福利和发展的作用关注较少。

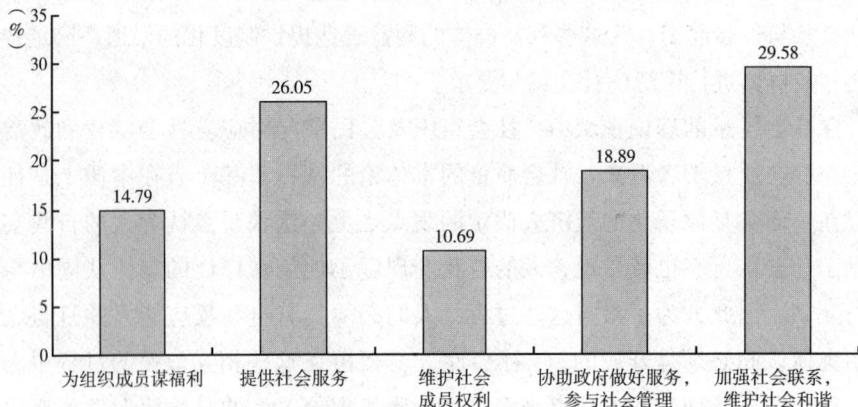

图6-4 2013年上海居民对社会组织最主要功能的认识

另外，2013年调查问卷还询问了受访者对于社会组织的特定活动是否对其产生帮助的认识，分别有"提高社会成员的公民意识""加强社会管理，改善社会服务""培养社会精英"以及"加强社会成员联系，提供社会服务"四项，受

访者需要从"完全无帮助""无帮助""一般""有帮助"和"非常有帮助"中
选择最接近自己认识的一项。从表 6 – 30 中可以看出,除了"培养社会精英"
这一项之外,对于其余三项均有超过一半的受访者选择了"有帮助"这一选项,
而且"完全无帮助"和"无帮助"的比例均低于 10%,这说明当前上海居民对
于社会组织在提高公民意识、改善社会服务和加强社会成员联系等方面发挥的作
用是比较认可的,社会组织确实提供了帮助;当然对于社会组织发挥"培养社
会精英"的作用,大部分受访者选择了"一般",这说明上海居民对于此作用持
一定的保留态度。

表 6 – 30 2013 年上海居民对社会组织作用的认识

单位:%

	完全无帮助	无帮助	一般	有帮助	非常有帮助
提高社会成员的公民意识	1.53	7.63	25.55	63.39	1.91
加强社会管理,改善社会服务	1.14	6.38	22.57	66.95	2.95
培养社会精英	2.00	15.43	31.52	48.67	2.38
加强社会成员联系,提供社会服务	1.33	5.81	25.43	64.76	2.67

(一)上海各区县居民对社会组织的认识

由于上海市辖区域较多,各区县的社会经济发展水平不尽相同,社会组织的
发展和培育也可能存在差异。表 6 – 31 显示了 2013 年上海各区县居民对社会组
织是否能提高社会成员公民意识的认识。研究结果表明,从整体上看,各区县居
民的认识程度与平均水平接近;崇明县、金山区、虹口区与普陀区的居民中表示
社会组织对其提高公民意识有帮助的人数较多,嘉定区、闵行区、徐汇区、杨浦
区、闸北区中认为有帮助的人数低于上海 63.39% 的平均水平。

表 6 – 31 2013 年上海各区县居民对社会组织提高公民意识的认识

单位:%

区县	完全无帮助	无帮助	一般	有帮助	非常有帮助
宝山区	0.88	7.96	23.01	66.37	1.77
崇明县	0.00	6.98	11.63	81.40	0.00
虹口区	0.00	2.00	24.00	72.00	2.00
黄浦区	0.00	7.69	26.92	65.38	0.00

区县	完全无帮助	无帮助	一般	有帮助	非常有帮助
嘉定区	3.95	6.58	31.58	55.26	2.63
金山区	2.22	4.44	13.33	77.78	2.22
静安区	3.33	16.67	13.33	63.33	3.33
闵行区	1.85	4.63	35.19	56.48	1.85
浦东新区	0.59	8.82	24.71	64.12	1.76
普陀区	0.00	8.00	18.00	72.00	2.00
松江区	1.59	6.35	20.64	71.43	0.00
徐汇区	1.00	11.00	27.00	59.00	2.00
杨浦区	2.02	9.09	36.36	48.48	4.04
闸北区	6.00	6.00	24.00	62.00	1.90

（二）户籍与居民对社会组织的认识

上海作为中国最大的城市，其拥有数量庞大的外来人口，如何管理外来人口，怎样为他们提供更为优质的服务，一直是上海城市管理者的一大课题。必须承认的是，近年来，随着社会组织的培育和发展，其为上海的经济发展和社会服务做出了卓越的贡献。因此，本文考察本地户籍与外地户籍人口对于社会组织的认识，从而反映上海社会组织的包容程度，也是很有必要的。

表6-32显示了2013年上海本地户籍居民与外地户籍居民对于社会组织在"加强社会管理，改善社会服务"方面对自身帮助的认识。数据显示，无论是本地户籍居民还是外地户籍居民对于这个问题的认识都没有显著的差异，接近70%的居民认同社会组织在社会管理和社会服务方面对自身起到了正面的作用。这说明，上海的社会组织在一定程度上并没有产生"户籍壁垒"的效应，这一点是值得肯定的。

表6-32　2013年上海不同户籍居民对社会组织加强社会管理的认识

单位：%

户籍	完全无帮助	无帮助	一般	有帮助	非常有帮助
本地户籍	1.22	6.50	22.73	66.44	3.11
外地户籍	0.96	6.11	22.18	68.16	2.57

（三）受教育程度与居民对社会组织的认识

经验事实表明，不同的受教育程度会给个体带来不同的社会生活经历，也同样会影响他们对待社会事务的态度。2013 年的调查数据显示（表 6-33），在社会组织是否对培养社会精英产生帮助的方面，不同受教育程度的居民看法不尽相同。初中及初中以下受教育程度的居民中，均有超过 50% 的受访者认为社会组织能够培育社会精英；而接受过专科及以上高等教育的居民中，选择"有帮助"和"非常有帮助"的均不超过一半，他们对社会组织培育社会精英的看法比较谨慎。

表 6-33　2013 年上海不同受教育程度居民对社会组织培养社会精英作用的认识

单位：%

受教育程度	完全无帮助	无帮助	一般	有帮助	非常有帮助
没有接受正式教育	0.00	8.33	30.56	55.56	5.56
小学	1.82	9.09	30.91	53.63	4.55
初中	2.00	14.00	23.67	58.33	2.00
高中/中专/技校	2.11	17.61	28.52	49.30	2.46
专科	3.03	14.55	40.61	40.00	1.82
本科	1.54	23.85	40.00	33.85	0.77
研究生及以上	0.00	8.00	60.00	28.00	4.00

二　社会组织的参与

社会组织的培育与成长为社会的良性运行和有序发展提供了保障。当然，必须指出的是，社会组织的壮大离不开广大居民的参与，没有居民的投身参与，社会组织的发展就如同无源之水、无本之木，失去其存在、发展和壮大的土壤，也就失去了其对社会发展的重要意义。在社会转型时期，人们的思想和认识程度大幅度提高，随之而来人们对于公共事务的关注度也越来越高，人们想表达、想参与，但却处于一种流沙般的无序状态，不同于过去的计划经济时期，现在"单位人"转变成了社会人，社会形态也正在从紧密型和高度组织化迅速走向松散型和非组织化，公众与居民参与社会组织逐渐成为社会发展与公众参与的一项重要议题。因此，考察上海居民参与社会组织的现实情况，具有十分重要的现实意义。

诸多研究表明，中国社会中单位或者企业是社会组织依托发展的主要地点。当前工作网络仍在居民社会网络中占据重要地位，因此参加工作单位的社会组织是居民参与社会组织的一个主要途径。在 2013 年的调查中，研究者考察了单位/

企业中工会、互助类组织、公益类组织、娱乐性组织和专业性组织是否存在，受访者是否其成员以及参与的频率。具体情况见表6－34。

从表6－34中可以看出，目前在上海的单位或企业中社会组织的分布较不平衡，工会类组织分布较多（占53.23%）而其余社会组织分布较少。不容乐观的是，上海居民参与社会组织的程度普遍较低。在全部的1050个受访者中，分布最多的工会类组织受访者仅有559人，占样本的53.23%。其中表示经常参与的仅占14.19%，为149人。此外，上海居民在单位中对于互助类组织、公益性组织、娱乐性组织和专业性组织的参与程度极低，在这四类组织中，参与度最高的互助类组织仅为22.42%，而经常参与该类组织的受访者仅占总人数的3.75%。

表6－34　2013年单位/企业中上海居民参与社会组织的情况

单位：%

社会组织	组织存在	是其成员	参与情况			
			基本不	偶尔	有时	经常
工会类组织	53.23	36.23	21.32	13.00	6.96	14.19
互助类组织	22.42	10.30	13.38	5.91	3.75	3.75
公益性组织	19.57	7.89	12.13	6.33	2.47	3.13
娱乐性/兴趣团体	21.17	7.52	11.75	6.44	2.52	4.21
专业性组织	14.21	4.03	11.43	3.86	1.46	2.00

社会质量中的社会赋权领域指向的是人的尊严。赋权的含义就是增能，它意味着人们必须在一定程度上自主并被赋予一定的权能，以便在社会经济的急剧变迁面前有能力全面参与。因此，利用社会组织解决自身在社会生活中遇到的种种困难和问题也应当成为社会赋权的一部分。在2013年的问卷调查中，受访者需要回答是否通过上述组织向单位和政府机关提出以下意见：个人或家庭生活困难、单位管理中存在的问题、单位中的人事安排、社会公共事务中的问题以及政府的政策问题。频率分析的结果表明，当前居民参与的社会组织并不能有效地起到社会支持的作用，只有极少数的受访者通过社会组织反映个人生活，在提过意见的事项中，社会事务的问题多集中在单位事务方面，而对于社会公共事务和政府事务方面的意见较少（见表6－35），另外有部分居民选择了"有意见，没提"，例如有11.77%的居民对于单位中的人事安排存在意见，但并没有向社会

组织反映，这些现状充分说明了居民参与社会组织的效用性以及社会组织对居民的支持作用亟须加强。

表6-35　城市居民向社会组织反映意见的情况

单位：%

	没有意见	提过意见	有意见，没提
个人或家庭生活困难	80.12	8.78	11.00
单位管理中存在的问题	74.04	13.98	12.08
单位中的人事安排	78.81	9.42	11.77
社会公共事务中的问题	84.10	4.59	11.31
政府的政策问题	85.87	3.43	10.70

此外，在工作单位以外和社区中居民参与社会组织的程度更低，仅有65名受访者回答在单位之外参加了社会组织，仅占总人数的6.2%，参与社会组织数量的均值仅为0.12个，标准差为0.358。另有47名受访者回答在其居住的社区中参与了社会组织，占4.48%，均值为0.09个，标准差为0.232（见表6-36）这些统计数据无不说明当前我国社会组织发展仍处在起步阶段，居民参与社会组织的程度非常之低，社会需要给社会组织的成长与发展一片合适与肥沃的土壤，广大城市居民也亟须加强自身参与社会组织的意识。

表6-36　2013年上海居民参与其他社会组织和社区组织的情况

参与情况	其他社会组织		社区组织	
	个案数	有效百分比	个案数	有效百分比
一个也没参加	985	93.81	1003	95.52
1	47	4.48	39	3.71
2	10	0.95	5	0.48
3	7	0.67	3	0.29
4个及以上	1	0.10	0	0
其他社会组织	N=1050	M=0.12	s=0.358	
社区组织	N=1050	M=0.09	s=0.232	

三　权益受到侵害时的维权方式

在社会生活中，每一个社会公民难免会遇到自身的权益受到侵害的状况。在自身权益受到侵害时，是否会采取积极的行动维护自身的合法权益，采取怎样的手段去维护自我的合法权益，是一个社会赋权强弱的重要标志。在 2013 年的问卷调查中，受访者需要回答"当您的权益受到侵害时，您会怎么办？"并在"忍气吞声""发发牢骚""寻求法律援助"等 8 个选项中至多选择 3 项符合自己的行为方式。具体结果见表 6 - 37。

表 6 - 37　2013 年上海居民权益受到侵害时的维权方式

单位：%

维权方式	频率
忍气吞声	17.43
发发牢骚	35.28
找单位领导/相关部门寻求解决	50.42
寻求法律援助	61.64
上访	11.17
直接还击侵害者	7.02
寻机会发泄愤懑	3.20
伺机报复对方	1.46

注：2013 年问卷中该题为多项选择题，因此频率和会超过 100%。

从表 6 - 37 中可以看出，2013 年上海居民对于权益受到侵害时的维权方式还是比较理性的，有 61.64% 的居民会选择在权益受到侵害时去寻求法律援助，约有一半的居民也会向单位领导或者相关部门寻求帮助。而选择"直接还击侵害者""寻机会发泄愤懑"和"伺机报复对方"的比例均不足 10%。数据较为客观地反映了近年来上海居民的法律意识较强，懂得运用理性的方式与合法的途径维护自身的正当权益。"以牙还牙""以暴制暴"的原始观念在上海居民中已不得人心。

四　权益受到侵害时的维权渠道

在 2010 年和 2013 年的问卷调查中，研究者设计了社会组织在参与居民维权中所发挥的作用。鉴于当前社会组织类型较多，而居民参与度却又参差不齐，因此研究者选择了较有代表性的，也是当前上海广大居民参与程度较高的社会组织——业主委员会和工会作为研究对象。受访者需要回答这两类组织是否对自己的切身利益的维护产生了帮助，并在"非常同意""同意""中立""不同意"和"很不同意"5 项中选择最接近自己态度的一项。表 6－38 反映了 2010 年和 2013 年上海居民对社会组织参与维权的相关态度。

从表 6－38 中可以看出在 2010 年，上海居民对业主委员会和工会对维护自身利益的看法还是比较谨慎的，其选择"非常同意"和"同意"的比例均未超过 50%，选择"中立"一项的人数也占一定比例。而在 2013 年，情况发生了较大的转变，均有超过 50% 的上海居民认同业主委员会和工会可以维护自身的合法权益，而且在这一年的调查中，选择"同意"一项的人数比例超过了"中立"，这说明经过 3 年的发展，以业委会和工会为代表的上海社会组织逐步得到了居民的认可，在保障居民权益和维护其利益方面发挥了应有的作用。

表 6－38　2010 年和 2013 年上海居民对社会组织参与维权的态度

单位：%

态度	业主委员会可以有效维护业主利益		工会对保障雇员就业是很重要的	
	2010 年	2013 年	2010 年	2013 年
非常同意	4.52	5.64	5.70	8.31
同意	40.68	52.48	41.43	57.22
中立	37.31	23.88	34.71	20.37
不同意	15.48	16.71	15.48	12.31
很不同意	2.51	1.29	2.69	1.80

注：2013 年的问题为"业主委员会/村民委员会可以有效维护业主利益"和"工会对保障职工利益是很重要的"。

（一）上海各区县居民对社会组织参与维权的态度

对比 2010 年与 2013 年上海居民对业主委员会与工会在参与维权中的态度（表 6－39 和表 6－40），发现其总体趋势与上海的平均水平相似，也就是说从整体上看 2013 年居民对社会组织参与维权的认可度高于 2010 年，这也说明了上海社会组织确实在这 3 年间在全市较大范围内都加强了自身的社会作用。具体到各区县来看，在总体趋势上，黄浦区、静安区、虹口区等中心城区的居民对于业主委员会和工会在保护自身权益方面的认可度更高，这些区域的社会组织发展得更为成熟，其参与社会行动、进行社会维权的能力更强。

表6-39 2010年与2013年上海各区县居民对于业主委员会维权的态度

单位：%

区县	非常同意		同意		中立		不同意		很不同意	
	2010年	2013年	2010年	2013年	2010年	2013年	2010年	2013年	2010年	2013年
宝山区	3.62	2.71	50.91	46.87	25.52	36.31	20.02	12.39	0.00	1.82
长宁区	0.00	—	32.08	—	53.61	—	14.31	—	0.00	—
虹口区	3.78	2.00	25.02	54.02	48.10	22.01	11.48	22.01	11.51	0.00
黄浦区	2.41	7.73	38.07	57.67	40.53	19.18	17.88	15.42	1.24	0.00
静安区	7.03	6.70	32.63	63.30	53.48	16.72	7.01	13.30	0.00	0.00
松江区	—	7.92	—	57.12	—	15.89	—	17.48	—	1.61
嘉定区	—	10.48	—	43.41	—	30.31	—	10.51	—	5.32
闵行区	10.80	3.67	36.54	62.03	41.87	19.38	9.52	13.02	1.41	1.88
浦东新区	4.17	7.13	44.62	58.82	36.66	17.10	13.86	16.47	0.56	0.61
普陀区	4.62	2.02	44.71	58.04	33.32	26.01	15.12	14.03	2.31	0.00
徐汇区	5.13	5.00	48.27	48.47	26.31	25.72	18.63	18.82	1.72	2.00
杨浦区	4.26	8.14	27.74	35.42	39.69	29.28	21.32	25.32	7.15	2.00
闸北区	1.24	6.03	50.62	52.02	33.70	20.01	12.01	22.00	2.41	0.00
金山区	—	4.39	—	39.99	—	33.28	—	22.24	—	0.00
崇明县	—	2.31	—	67.40	—	18.61	—	11.61	—	0.00

表6-40 2010年与2013年上海各区县居民对工会维权的态度

单位：%

区县	非常同意		同意		中立		不同意		很不同意	
	2010年	2013年	2010年	2013年	2010年	2013年	2010年	2013年	2010年	2013年
宝山区	3.59	6.23	52.70	64.58	27.28	12.39	14.52	12.38	1.81	4.40
长宁区	0.00	—	33.91	—	41.10	—	25.00	—	0.00	—
虹口区	1.92	6.01	26.93	58.01	36.48	22.01	25.00	14.01	9.62	0.00
黄浦区	2.43	9.60	33.30	57.70	42.91	21.20	20.21	11.47	1.19	0.00
静安区	9.28	6.73	30.21	66.71	48.82	6.72	11.62	13.30	0.00	6.71
松江区	—	11.07	—	61.88	—	17.54	—	9.51	—	0.00
嘉定区	—	15.81	—	40.81	—	28.87	—	10.51	—	3.92
闵行区	4.11	3.70	40.48	64.82	48.59	21.32	6.79	9.30	0.00	0.89
浦东新区	4.82	7.62	44.02	61.07	35.51	20.61	12.01	9.37	3.62	1.20
普陀区	5.53	10.00	45.17	60.01	32.88	12.02	15.12	16.02	1.41	2.00
徐汇区	10.34	11.07	43.62	61.92	26.51	17.53	15.41	9.53	4.29	0.00
杨浦区	9.18	5.92	34.00	47.47	35.51	28.70	15.62	14.92	5.71	2.99
闸北区	0.00	12.01	55.41	42.00	21.70	28.01	21.68	16.01	1.21	2.00
金山区	—	8.92	—	51.12	—	20.00	—	19.98	—	0.00
崇明县	—	4.73	—	74.41	—	11.56	—	9.31	—	0.00

（二）户籍与居民对社会组织维权的态度

笔者以 2013 年的数据为代表，考察了上海户籍居民与外地户籍居民在对社会组织维护自身权益的态度方面是否不同。研究结果显示（表 6 - 41 与表 6 - 42），尽管在一些指标上两者的数据略有不同，但是总体上看，无论在业主委员会可以有效维护业主利益方面还是工会在保障职工的利益方面，本地户籍居民对于社会组织的相关态度与外地户籍居民之间并没有显著的不同。这一点再次从侧面印证了上海社会组织的包容度较高，能够为生活在上海的居民，无论其来自何地，提供平等的服务与帮助。

表 6 - 41　2013 年上海不同户籍居民对社会组织参与维权作用的认识

单位：%

户籍	业主委员会/村民委员会可以有效维护业主利益				
	完全无帮助	无帮助	一般	有帮助	非常有帮助
本地户籍	6.38	54.71	25.12	13.19	0.60
外地户籍	5.32	51.61	23.37	18.11	1.59

表 6 - 42　2013 年上海不同户籍居民对社会组织参与维权作用的认识

单位：%

户籍	工会对保障职工利益是很重要的				
	完全无帮助	无帮助	一般	有帮助	非常有帮助
本地户籍	7.09	60.82	19.89	11.92	1.28
外地户籍	8.81	55.83	20.07	12.42	1.98

（三）受教育程度与居民对社会组织维权的态度

表 6 - 43 和表 6 - 44 反映了 2010 年上海不同受教育程度的居民对于业主委员会和工会是否能够有效维护个体权益的认识。研究数据表明，受教育程度不同，居民的相关认同程度也不尽相同。观察列联表发现，受教育程度较低的居民中，"非常同意"或者"同意"业主委员会与工会能够维护个人权益的比例较高，而专科及以上学历的居民，选择"中立"或者"不同意"的比例明显高于高中/中专/技校及以下学历的居民。数据清晰地表明了当前高学历居民在对社会组织维权方面的信任感仍较低，广大社会组织应从各方面着手，改善其对组织的信任程度。

表6-43 2010年上海不同受教育程度居民对社会组织参与维权作用的认识

单位：%

受教育程度	业主委员会可以有效维护业主利益				
	非常同意	同意	中立	不同意	很不同意
没有接受正式教育	16.71	33.32	49.97	0.00	0.00
小学	2.00	56.00	30.00	6.00	6.00
初中	5.42	49.03	32.17	11.91	1.49
高中/中专/技校	3.48	43.21	32.61	17.59	3.21
专科	4.47	36.01	41.01	16.22	2.29
本科	5.50	30.28	46.27	16.94	1.00
研究生及以上	2.90	22.91	54.29	11.41	8.60

表6-44 2010年上海不同受教育程度居民对社会组织参与维权作用的认识

单位：%

受教育程度	工会对保障职工利益是很重要的				
	非常同意	同意	中立	不同意	很不同意
没有接受正式教育	0.00	41.71	49.98	0.00	8.31
小学	4.00	54.00	32.00	10.00	0.00
初中	6.52	52.11	27.16	13.40	0.79
高中/中专/技校	6.58	43.41	30.61	17.88	1.42
专科	5.93	34.72	38.65	17.56	3.24
本科	4.04	30.81	46.25	14.42	4.48
研究生及以上	2.90	28.61	37.07	14.32	17.11

（四）个人年收入与居民对社会组织维权的态度

表6-45与表6-46则反映了2013年上海不同收入阶层居民对于社会组织参与维权情况的态度。通过观察列联表的数据可以发现，2013年不同收入阶层居民之间工会在保障职工利益方面的态度没有显著区别，而在是否同意业主委员会可以有效维护业主利益的设问上存在显著差别。总的来看，收入在30000~100000元的中等收入者同意这一选项的比例明显低于低收入者和收入在100000元以上的高收入者，这表明中等收入者对业主委员会在保障业主权益方面的作用仍持保留意见。

表 6 – 45　2013 年上海不同收入阶层居民对社会组织参与维权作用的认识

单位：%

个人年收入	业主委员会可以有效维护业主利益				
	非常同意	同意	中立	不同意	很不同意
<15000	5.07	58.82	21.33	13.86	0.92
[15000,30000)	6.31	58.90	19.88	13.92	1.00
[30000,50000)	8.43	41.61	29.06	18.23	2.77
[50000,100000)	2.20	43.78	28.64	24.89	0.51
≥100000	3.82	54.73	26.35	13.17	1.93

表 6 – 46　2013 年上海不同收入阶层居民对社会组织参与维权作用的认识

单位：%

个人年收入	工会对保障职工利益是很重要的				
	非常同意	同意	中立	不同意	很不同意
<15000	6.51	60.62	22.68	9.31	0.88
[15000,30000)	9.67	58.42	18.81	11.76	1.04
[30000,50000)	11.72	56.12	18.67	11.19	2.32
[50000,100000)	4.27	54.62	22.21	16.23	2.68
≥100000	5.72	49.10	22.58	17.02	5.68

第四节　社会信心

　　从社会质量的理论内涵来看，该理论一方面强调个人的福祉和潜能，另一方面也揭示了这些都源自社会交往和社会参与。由此可以看出，社会质量理论集中反映了个人与社会的相互关系，具有研究者们公认的"社会"导向。笔者认为，所谓的社会信心，应该是与一定的社会发展状况或社会变迁过程相连的，是分布于社会或社会群体中的整体心理状态，是民众基于现实生活状况的认知，是对未来一段时间内个人与社会发展的综合的态度和预期评价。社会信心是一个复杂系统，它揭示的是建立在个人与社会相互建构基础上的客观事实与主观心态之间的互动过程与机制，同样也具有"社会"的导向。所以，社会质量与社会信心两者具有一定的内涵契合性，是与社会赋权领域中的社会心理赋权相对应的。

　　社会信心是社会建构和社会变迁过程中弥散浮动于社会或群体中的重要的社

会心理资源，它更多的是民众对当前异常多变的现实社会生活状况的直接的、即时性的回应。民心聚散关乎民众社会信心的高低，更关乎国家改革和社会发展的成败。改革开放虽然使中国取得了举世瞩目的伟大成就，但改革的代价也逐渐显现。经济繁荣的背后是社会离心力的日趋扩大，如道德沦丧、信任缺失、法律失范、社会排斥等现象时有发生。尤其是在收入差距、阶层利益冲突、对自身未来生活的前景方面民众的焦虑感、危机感和不公平感与日俱增。各种消极情绪的累积增加了社会风险的强度，如不及时引导和消除，极有可能在一定程度上激化矛盾，引发社会动荡，危及社会和谐稳定。因此，研究一个地区的社会信心，能够在理论、实践或政策上提高社会赋权水平，发挥个人行动能力、关注人的尊严的实现、为个人或团体创造更多的开发潜能的机会，从而进一步为提升社会信心提供助力，因此这一研究具有十分重要的价值。社会信心的二级测量指标分别为社会信心的基础与生活信心。其中社会信心的基础包括对收入差距是否扩大的认识、阶层利益冲突是否会激化的认识以及改革开放获利群体。生活信心主要测量居民对未来改善生活是否有信心。

一 社会信心的基础

（一）收入差距

改革开放以来，随着市场经济体制的逐步确立，我国逐渐打破了计划经济时代"大锅饭"的平均主义分配模式，"以按劳分配为基础，多种分配方式并存"的分配制度使人们能在市场经济的环境下充分发挥自身的能力、资源与优势，从而获得更多的收入。然而，由于当前某些体制不健全，相关法律法规也有待完善，监管机制也时常存在某些漏洞，所以当前中国在地区、行业等方面的收入差距越来越大，广大居民对收入差距逐年扩大的现象也颇有不满，这也成为中国当前社会一个亟须解决的社会问题。在2013年的问卷调查中以受访者就目前人们的收入状况而言，同前几年相比，感觉整个社会的收入差距是扩大还是缩小来反映其主观的感受。调查数据显示（表6-47），有50.52%的居民认为当前收入差距扩大了很多，另有31.03%的居民认为收入差距扩大了一些，八成多的居民认为当前收入差距确实在扩大，这足以证明当前上海居民对收入差距的感受与认识。

表 6 - 47 2013 年上海居民对收入差距的感觉

单位：%

感觉	频率	感觉	频率
扩大了许多	50.52	缩小了一些	3.95
扩大了一些	31.03	缩小了许多	0.42
差不多	10.88	说不清	3.31

1. 各区县居民对收入差距问题的认识

比较 2013 年上海各区县居民对于收入差距是否扩大的认识（表 6 - 48），研究发现，静安区、松江区与闸北区的居民对于收入差距扩大的感觉较为强烈，选择"扩大了许多"的居民比例显著高于全市的平均水平；而虹口区、嘉定区与浦东新区的居民对于收入差距的认识较为缓和，认为收入差距扩大了许多的居民比例较全市 50.52% 的平均水平偏低。但总体来说，上海各区县大部分的居民认为，目前的收入差距较几年前正在扩大。

表 6 - 48 2013 年上海各区县居民对收入差距的认识

单位：%

区县	扩大了许多	扩大了一些	差不多	缩小了一些	缩小了许多	说不清
宝山区	51.32	25.73	10.55	4.39	0.89	7.12
虹口区	38.01	24.02	20.03	9.98	0.08	7.98
黄浦区	48.10	32.71	15.37	0.00	0.00	3.82
静安区	73.28	13.33	13.29	0.00	0.00	0.00
松江区	66.67	23.82	6.31	1.60	0.00	1.60
嘉定区	39.52	38.20	14.47	2.61	1.31	3.90
闵行区	45.40	39.81	7.42	3.72	0.00	3.68
浦东新区	42.88	37.62	10.60	5.31	1.18	2.41
普陀区	60.00	26.00	8.00	4.00	0.00	1.60
徐汇区	49.54	31.67	13.89	3.00	0.00	2.00
杨浦区	56.65	27.32	9.07	5.06	0.00	2.00
闸北区	62.01	34.02	1.96	2.02	0.00	0.00
金山区	51.10	20.00	13.33	8.87	0.00	6.67
崇明县	51.23	32.57	11.62	2.30	0.00	2.28

2. 户籍与居民对收入差距的认识

以往有的研究表明，某些特大城市由于设置了严格的户籍准入条件，许多外来人口无法获得居住地的户籍。而户籍的不同，会造成职业种类以及收入的差异。因此，比较2013年本地户籍居民与外地户籍居民对于收入差距的认识，显得十分有必要。表6-49反映了上述的结果。

从表6-49中可以明显地看出，2013年本地户籍居民与外地籍居民对于收入差距是否在扩大的认识是有着较大的不同的。外地户籍居民认为"收入差距扩大了许多"的比例为55.24%，明显高于本地户籍居民的39.21%。这种社会信心的差距可能是由多方面因素造成的，但作为上海的城市管理者，必须注意到上海外来人口对于收入差距在不断扩大的认识，需要在就业平等、薪资平等方面为外地户籍居民创造更为优良的条件，从而提高他们对于收入问题的社会信心。

表6-49　2013年上海户籍居民与非户籍居民对于收入差距的认识

单位：%

户籍	扩大了许多	扩大了一些	差不多	缩小了一些	缩小了许多	说不清
本地户籍	39.21	38.89	13.83	4.47	0.00	3.50
外地户籍	55.24	27.58	9.58	3.80	0.50	3.21

3. 受教育程度与收入差距的认识

表6-50的数据反映了2013年不同受教育程度的上海居民对于当前收入差距问题的感受。从比例分布来看，受过中等及以上教育的居民对于收入差距在扩大的认识所占的比例较受低教育水平的居民略高，例如专科学历的居民选择"扩大了许多"的比例为53.21%。但是从总体上看，不同受教育程度的居民在各项选项中的分布还是比较均衡的。因此，我们可以认为，2013年上海不同受教育程度的居民对于收入差距的感受是基本一致的。

表6-50　2013年上海不同受教育程度居民对收入差距的认识

单位：%

受教育程度	扩大了许多	扩大了一些	差不多	缩小了一些	缩小了许多	说不清
没有接受正式教育	40.03	31.36	8.61	5.67	0.00	14.33
小学	46.78	31.52	9.89	6.31	1.82	3.58
初中	50.27	32.00	10.72	4.31	0.00	2.69
高中/中专/技校	52.12	27.78	12.00	3.94	0.68	3.48
专科	53.21	31.61	10.47	3.72	0.00	1.09
本科	49.19	33.82	10.84	1.47	0.00	4.58
研究生及以上	50.00	12.00	15.00	13.00	0.00	10.00

4. 收入水平与收入差距的认识

比较不同收入阶层的居民对于收入差距是否在扩大的相关感受，研究数据发现（表6－51），不同收入阶层的居民在各个选项中所占的比例大体上是一致的，不论是高收入群体还是中低收入群体，大部分人都认为当前的收入差距"扩大了许多"或者是"扩大了一些"。这说明当前不同收入群体的居民对于收入差距扩大的认识是基本一致的，每一收入阶层的居民中都有80%左右的居民认为当前的收入差距在扩大。

表6－51　2013年上海不同收入阶层居民对于收入差距的认识

单位：%

个人年收入	扩大了许多	扩大了一些	差不多	缩小了一些	缩小了许多	说不清
<15000	47.17	31.52	9.71	5.56	0.53	5.61
[15000,30000)	55.20	28.00	10.50	3.10	0.50	2.60
[30000,50000)	44.44	32.17	13.62	4.68	0.00	5.09
[50000,100000)	50.32	34.61	10.79	3.17	0.52	0.50
≥100000	54.67	32.12	7.52	3.79	0.00	1.90

（二）阶层利益冲突

社会信心的另外一个重要的测量指标就是民众对于阶层利益冲突的态度。我们必须指出的是，虽然近40年来经济的跨越式发展使中国大部分居民的生活质量和生活水平有了本质性的变化，但是由于收入差距、职业地位、发展空间等一系列因素的作用，当前中国的阶层分化十分明显，而阶层与阶层之间的流动也趋于固化。广大居民对于阶层之间的利益冲突问题十分敏感，甚至存在陷入阶层分裂的危险，社会凝聚和社会团结面临着空前的挑战，在这种环境下，民众对阶层之间利益冲突强弱的社会信心就显得十分重要。倘若此中社会信心程度较高，则阶层之间的冲突就有望趋于缓和；而反过来，较高的对未来阶层之间的冲突预期会加剧中国社会阶层之间的利益冲突。

在2013年的问卷调查中，受访者需要回答"您认为未来3年我国社会阶层之间的利益冲突会激化吗"这一问题，并从"绝对会激化""可能会激化""一般""不太可能激化"和"绝对不会激化"5个选项中选择最接近自己态度的一项。研究结果表明（图6－5），总体来说，2013年上海居民对于未来3年我国社会阶层之间的利益冲突激化问题保持一种谨慎的悲观态度。43.90%的上海居民认为未来 3 年中国的社会阶层利益冲突可能会激化，13.52% 的居民认为阶层冲突绝对会激化，另外分别有 20.38% 的居民选择了 "一般" 和 "不太可能激化"，认为 "绝对不会激化" 的上海居民比例最低，仅占总人数的 1.81%。

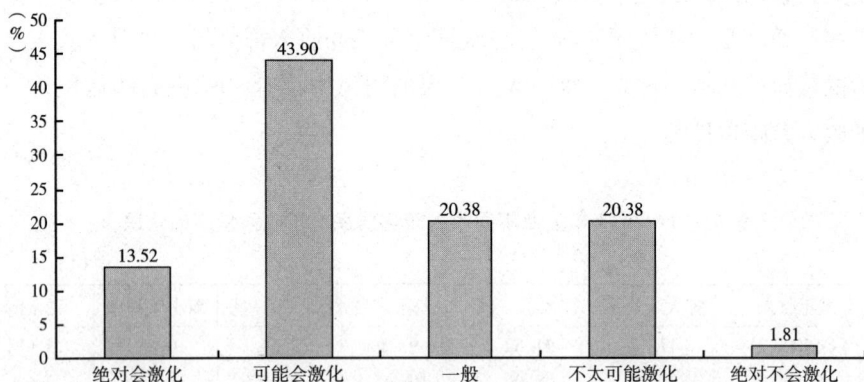

图 6 - 5 2013 年上海居民对于未来 3 年阶层利益冲突的观点

1. 各区县居民对阶层利益冲突的认识

比较 2013 年上海各区县居民对于阶层利益冲突是否会激化的态度，研究结果表明（表 6 - 52），上海不同区县的居民对于未来 3 年利益阶层冲突的观点不尽一致。其中，徐汇区、闸北区、杨浦区与黄浦区的居民对阶层冲突会激化持一种更为肯定的态度，而闵行区、宝山区、杨浦区、闸北区和黄浦区的居民中认为未来 3 年阶层利益冲突会激化的人数较少。

表 6 - 52 2013 年上海各区县居民对阶层利益冲突激化的认识

单位：%

区县	绝对会激化	可能会激化	一般	不太可能激化	绝对不会激化
宝山区	25.71	40.69	18.62	14.17	0.91
虹口区	12.00	34.00	30.00	24.00	0.00
黄浦区	15.38	48.11	23.11	13.40	0.00
静安区	20.00	36.67	20.00	20.00	3.33
松江区	6.32	36.47	25.41	27.01	4.79
嘉定区	11.77	39.49	28.92	17.11	2.61
闵行区	5.58	48.12	27.81	16.70	1.89
浦东新区	9.43	44.71	17.10	26.49	2.37
普陀区	10.00	34.00	14.00	38.00	4.00

续表

区县	绝对会激化	可能会激化	一般	不太可能激化	绝对不会激化
徐汇区	12.87	49.52	23.82	12.89	0.99
杨浦区	14.11	52.51	17.17	16.20	0.00
闸北区	28.00	48.00	10.00	14.00	0.00
金山区	11.11	46.67	13.33	28.89	0.00
崇明县	16.32	39.45	9.32	27.91	7.00

2. 不同户籍居民对阶层利益冲突的认识

表6－53的数据体现了2013年上海本地户籍居民与外地户籍居民两类不同的群体对于未来3年阶层利益冲突是否会激化的认识。数据表明，在这个问题上无论是上海本地户籍居民还是外地户籍居民，均有超过50%的受访者认为在未来的3年中，阶层之间的利益冲突绝对或可能加大。而选择"不太可能激化"和"绝对不会激化"的比例很低。因此，无论是本地居民还是外地居民对于未来社会的和谐都不乐观。

表6－53　2013年上海不同户籍居民对于阶层利益冲突的认识

单位：%

户籍	绝对会激化	可能会激化	一般	不太可能激化	绝对不会激化
本地户籍	10.90	46.32	18.87	21.91	1.90
外地户籍	14.62	42.87	21.03	19.77	1.81

3. 不同受教育程度居民对阶层利益冲突的认识

比较不同受教育程度的居民对未来3年阶层利益冲突是否会激化的相关态度，研究发现（表6－54），随着受教育程度的提高，受访者选择"绝对会激化"的比例在逐渐提高，选择"一般"和"不太可能激化"的比例随之降低。具体来说，研究生及以上学历的居民中有22.00%的人认为未来3年阶层利益冲突会加剧，远高于没有受过正式教育和小学文化程度的居民。从数据中可以看出，受教育程度较高的人相对于受教育程度较低的受访者更可能认为未来中国的社会阶层利益冲突会加剧。

4. 不同收入水平的居民对阶层利益冲突的认识

收入水平是划分阶层归属的重要依据之一，居民收入水平的高低，很大程度

表 6–54　2013 年上海受不同教育程度居民对于阶层利益冲突的认识

单位：%

受教育程度	绝对会激化	可能会激化	一般	不太可能激化	绝对不会激化
没有接受正式教育	2.89	40.02	31.37	25.72	0.00
小学	9.93	26.12	32.35	26.13	5.38
初中	13.01	39.67	20.73	24.28	2.31
高中/中专/技校	11.58	47.23	18.67	21.52	1.11
专科	16.33	50.00	16.78	15.29	1.60
本科	20.77	53.82	15.41	10.00	0.00
研究生及以上	22.00	54.00	12.60	8.00	3.40

上决定着其所在的阶层，也就可能会影响对阶层之间利益冲突的相关认识与态度。表 6–55 的数据反映了 2013 年不同收入水平的居民对于我国未来阶层冲突是否会加剧的认识，结果表明，居民的收入水平不同，的确会影响到其对这一问题的认识。相对于低收入群体而言，中高收入阶层的居民更倾向于表达其对阶层利益冲突加剧的隐忧。

表 6–55　2013 年上海不同收入水平居民对于阶层利益冲突的认识

单位：%

个人年收入	绝对会激化	可能会激化	一般	不太可能激化	绝对不会激化
<15000	10.21	43.37	24.11	18.50	3.21
[15000,30000)	10.68	40.09	23.61	23.59	2.13
[30000,50000)	17.27	41.12	18.22	22.89	0.50
[50000,100000)	17.79	53.00	13.52	14.11	1.58
≥100000	17.02	50.91	15.07	17.00	0.00

（三）改革开放的获利群体

在改革开放初期，由于开始打破传统计划经济时期社会资源分配的种种限制，以及经济社会的快速发展，绝大多数社会成员的福利得到了增进，实现了改革中的"帕累托效应"，出现了改革的倡导者和社会成员最希望看到的局面。改革的方式打破过去过度单一和平均化的利益格局，蕴含在人民群众中追求利益的动力立刻爆发出来，我国绝大多数社会成员都得到了实惠。特别是以家庭联产承包责任制为代表的农村改革，使农民获得了较计划经济时代更多的利益。

    然而，20 世纪 80 年代中期以后，政策带来的动力和张力逐渐消失，改革进入制度变迁的深层次，计划经济和市场经济博弈带来的"双轨制"，使体制内的社会群体更多地受到计划经济体制的束缚，无法适应市场经济带来的变化，体制外的社会群体虽然享受到市场经济大潮带来的经济利益，却无缘享受到体制内的福利和社会保障，所以，体制内的社会群体和体制外的社会群体在分享改革带来的利益成果时产生了矛盾，经济转轨中的"双轨制"使权力更容易介入经济领域，形成一批暴富阶层。

    进入 1992 年以后，以国有企业改革为代表的城市经济改革进入了一个新阶段，部分国有职工的利益受损较为严重。同时，由于市场经济体制的不完善，腐败收入、垄断行业收入和权力部门经济的出现，特殊获益者群体开始膨胀。利益矛盾、利益冲突日趋激烈，分配不公和收入差距日趋拉大，贫富两极分化现象开始出现。不少的经验研究表明，受访者普遍认为"工人、农民是改革开放获利最少的群体之一"，而党政干部和私营企业主成为改革开放最大的获利群体。

    在 2013 年的调查中，我们同样设计了这一问题，受访者需要回答"比较而言，您认为下列哪类人在 30 多年来获得的利益最多?"，研究结果显示（表 6 - 56），在受访的上海居民中，与之前的研究结果相近，有将近一半（47.33%）的居民认为，"国家干部"是 30 多年来受益最多的群体，其次是"老板"，比例为 21.72%。只有极少数的居民认为，工人和农民在改革开放中成为明显的受益群体。

表 6 - 56　2013 年上海居民对 30 多年来获得利益最多群体的看法

单位：%

	频率
工人	2.00
农民	4.57
国家干部	47.33
国有、集体企业经营管理者	15.05
有技术专长和高学历者	9.05
老板	21.72
其他	0.29

2013 年的调查显示出，上海居民对于改革开放获利群体的社会信心并不强烈，在居民看来社会基础性群体，在改革中逐渐成为获得利益最少的群体之一，处于相对剥夺感的心理状态，他们对改革持怀疑和不满的态度，严重分化和削弱了改革的社会基础。与此同时，以权力、资本和知识为代表的利益群体在改革开放以来利益格局的变迁中处于主导地位。因此，作为政府来说，必须进一步完善市场经济的分配制度，解决好效率与公平的关系，提高劳动者的收入，扭转收入秩序混乱的现象。因为如果任何一场改革如果不能使大部分社会成员享受到改革的成果，那么这场改革在根本上就得不到广大社会成员的长期支持，意味着处处潜伏着的因素。

二　生活信心

在社会赋权领域中，一个重要的子域就是社会心理赋权，而是否对未来生活改善存有信心，对未来生活改善信心的强度如何，是测量生活信心的重要指标，也是衡量社会心理赋权的一个极为重要的标志。在 2010 年与 2013 年的调查中，调查都询问了受访者对未来生活改善是否有信心，受访者需要从"没有任何信心""信心较弱""一般""信心较强"和"非常有信心"中选择最符合自己信心的一项。研究结果显示（表 6 - 57），对比 2010 年与 2013 年的数据，从总体上来看，上海居民对于未来生活改善的信心没有发生较为明显的变化，"没有任何信心"的群体维持在一个较低的比例，表示"信心较弱"的受访者也没有超过 20%，但需要指出的是，在 2010 年的调查中，"信心较强"和"非常有信心"的群体比例为 58.24%，较 2013 年的 52.05% 多出约 6 个百分点，但总体来说，大部分上海居民对未来生活能够得以改善的信心还是较强的。

表 6 - 57　2010 年与 2013 年上海居民对未来生活改善的信心

单位：%

年份	没有任何信心	信心较弱	一般	信心较强	非常有信心
2010 年	2.93	10.99	27.84	47.07	11.17
2013 年	3.15	17.06	27.74	36.03	16.02

（一）上海不同年龄阶段居民对未来生活改善的信心

对比不同年龄阶段上海居民对于未来生活改善的信心，研究发现（表 6 -

58 和表 6 –59)，在 2010 年的调查中，在表示信心较强和非常有信心的受访者中，中青年年龄组的比例较老年组稍高，这反映了 2010 年上海市中青年群体对于通过自身努力来改善生活的信心较强，但这一差别在 2013 年的调查数据中表现得不够明显。另外，2013 年各个年龄段中除 61～70 岁年龄段之外，其余年龄段选择"信心较强"的比例均低于 2010 年。可以谨慎地说明，在这 3 年中，上海的社会信心水平有所下降。

表 6 –58　2010 年上海不同年龄居民对未来生活改善的信心

单位：%

年龄段	没有任何信心	信心较弱	一般	信心较强	非常有信心
18～30 岁	0.38	6.77	21.43	55.64	15.79
31～40 岁	1.96	7.35	25.98	53.92	10.78
41～50 岁	4.37	10.48	24.01	49.34	11.79
51～60 岁	4.70	16.44	30.87	40.60	7.38
61～70 岁	3.05	13.74	43.51	29.77	9.92

表 6 –59　2013 年上海不同年龄居民对未来生活改善的信心

单位：%

年龄段	没有任何信心	信心较弱	一般	信心较强	非常有信心
18～30 岁	2.95	14.34	26.16	40.09	16.46
31～40 岁	1.59	12.70	30.16	38.10	17.46
41～50 岁	4.48	15.92	29.85	30.35	19.40
51～60 岁	4.64	18.99	25.32	34.60	16.46
61～70 岁	1.62	23.78	28.11	36.76	9.73

（二）上海不同户籍居民对于未来生活改善的信心

表 6 –60 与表 6 –61 分别反映了 2010 年与 2013 年本地户籍居民与外地户籍居民对于未来生活改善的信心。在 2010 年中，有 55.07% 的外地户籍居民表示对未来生活能够改善的信心较强，另有 14.98% 的外地户籍居民表示非常有信心，均高于本地居民的 45.16% 和 10.23%。2013 年的数据同样反映出这一规律。外地户籍居民选择"信心较强"和"非常有信心"的比例均高于上海本地户籍居民。

表 6 - 60　2010 年上海不同户籍居民对于未来生活改善的信心

单位：%

户籍	没有任何信心	信心较弱	一般	信心较强	非常有信心
本地户籍	3.45	11.57	29.59	45.16	10.23
外地户籍	0.88	8.81	20.26	55.07	14.98

表 6 - 61　2013 年上海不同户籍居民对于未来生活改善的信心

单位：%

户籍	没有任何信心	信心较弱	一般	信心较强	非常有信心
本地户籍	3.93	19.11	29.27	33.47	14.23
外地户籍	1.29	12.22	24.12	42.12	20.26

（三）上海不同收入阶层居民对于未来生活改善的信心

表 6 - 62 和表 6 - 63 反映了 2010 年与 2013 年上海不同收入阶层的居民对于未来生活改善的信心。在 2010 年的数据中，年收入在 100000 元及以上的居民中有 35.48% 的居民选择"非常有信心"，明显高于其他收入组别。而在 2013 年的调查中，不同收入组别的居民之间在态度上没有表现出显著的区别。

表 6 - 62　2010 年上海不同收入居民对未来生活改善的信心

单位：%

个人年收入	没有任何信心	信心较弱	一般	信心较强	非常有信心
<15000	4.62	12.69	24.62	46.54	11.54
[15000,30000)	2.95	12.70	33.56	41.50	9.30
[30000,50000)	2.49	9.95	25.87	52.24	9.45
[50000,100000)	0.63	5.70	22.15	56.96	14.56
≥100000	0.00	3.23	12.90	48.39	35.48

表 6 - 63　2013 年上海不同收入居民对未来生活改善的信心

单位：%

个人年收入	没有任何信心	信心较弱	一般	信心较强	非常有信心
<15000	4.17	15.74	24.54	38.89	16.67
[15000,30000)	4.45	19.90	26.18	30.89	18.59
[30000,50000)	1.88	13.15	28.64	41.78	14.55
[50000,100000)	1.08	18.92	32.97	35.14	11.89
≥100000	1.89	11.32	30.19	41.51	15.09

第五节 言论自由

言论自由是指人人享有的以口头、书面以及其他形式获取和传递各种信息、思想的权利，是社会赋权领域中一个极其重要的测量指标。它包括三个方面的自由，一是寻求、接受信息的自由。人类为了生存和发展，必须认识和改造主观和客观世界，必须组成社会进行交往沟通，为此，就要寻求和接受前人和他人的经验，享有寻求和接受信息的自由，否则生存和发展将不可能。二是持有思想和主张的自由。寻求和接收到的信息，成为思想的资源，通过加工成为思想、主张和意志。这种思想、主张和意志，不应受干扰和禁锢，否则发展将会停止，生存将会受到威胁。三是以各种方式传递各种信息、思想和主张的自由。这是人类为改造自然和争取社会进步，实现相互协作和联合的起码条件。言论自由是人们认识、接受、发展和传播知识、经验以及真理的重要形式；保障言论自由是对人的关怀和尊重。它与其他自由和权利一起成为现代市场经济、民主政治和现代国家立国的基础。

在社会赋权领域中，由于强调的是个人的力量和能力在何种程度上通过社会结构发挥出来，社会关系能够在何种程度上提高个人的行动能力，强调的是个人在社会中的参与以及意见的表达，因此，社会质量学者通常使用"能否自主、公开地表达意见"来测量一个社会的言论自由程度。在 2010 年的调查中，研究者通过"您觉得在公共场所能否自主表达个人意见"这一问题来测量受访者感知到的言论自由程度，受访者用 1 ~ 10 分来表达自身的相关态度和感受，分值越高，代表受访者越能在公众场合自主地表达意见。同样，在 2013 年的调查中，问卷同样通过"您觉得能否公开自主地表达个人意见"这一问题测量受访者感知到的言论自由程度。与 2010 年调查有区别的是，此时受访者以"完全能自主表达""能自主表达""一般""不能自主表达"和"完全不能自主表达"5 个选项来表明自身的态度。具体的统计结果见表 6 - 64 与表 6 - 65。

从表 6 - 64 可以看出，在 2010 年中，5 分成为能够公开自主表达意见的众数，其平均分值为 5.41 分，标准差为 2.215 分；而选择低分值和高分值的居民比例都较低；同样在 2013 年的调查中，选择"能自主表达"和"一般"的居民比例较高，达到了 39.14% 和 35.04%，选择"完全能自主表达"和"完全不能自主表达"两项的人数极少。这种统计结果表明了在 2010 年和 2013 年，上海居民认为其能够公开自主表达意见的程度达到了中等偏上的水平，不存在压制言论自由的现象。

表6-64 2010年上海居民自主表达意见程度分布

单位：%

分值	1	2	3	4	5	6	7	8	9	10
比例	5.96	4.53	7.11	9.52	31.05	14.68	8.63	9.88	2.31	6.32
N=1124					M=5.41			s=2.215		

表6-65 2013年上海居民自主表达意见程度分布

单位：%

程度	完全能自主表达	能自主表达	一般	不能自主表达	完全不能自主表达
比例	9.62	39.14	35.04	15.05	1.14

（一）上海各区县居民自主表达意见的程度

由于2010年的调查问卷中，受访者是以1~10分来表达自身的言论自由程度的，因此我们可以以平均分的形式来体现2010年上海各区县居民感受到的自主表达意见的程度。从表6-66中可以看出，2010年上海各区县居民之间的言论自由程度并没有显著的差别，其平均分值均在5~6分。其中长宁区的居民得分最低，为5.00分；闵行区的居民得分最高，为5.99分。

表6-66 2010年上海各区县居民的言论自由程度得分

区县	分值	区县	分值
宝山区	5.33	长宁区	5.00
虹口区	5.17	黄浦区	5.31
静安区	5.98	闵行区	5.99
浦东新区	5.57	普陀区	5.39
徐汇区	5.23	杨浦区	5.39
闸北区	5.28		

在2013年的调查中，问卷以"完全能自主表达""能自主表达""一般""不能自主表达"和"完全不能表达"5个选项来测量上海居民言论自由的相关程度。从表6-67可以看出，在2013年中，嘉定区的居民选择"完全能自主表

达"意见的比例最高,达到了 15.79%,而崇明县、黄浦区和静安区的居民中均有超过一半的居民认为其"能自主表达"意见。此外,2013 年各区县居民选择"不能自主表达"和"完全不能自主表达"的比例均很低,表明了 2013 年上海社会言论自由的程度还是令人满意的。

表 6-67　2013 年上海各区县居民自主表达意见的程度

单位:%

区县	完全能自主表达	能自主表达	一般	不能自主表达	完全不能自主表达
宝山区	8.85	39.82	33.63	15.93	1.77
虹口区	8.00	38.00	30.00	22.00	2.00
黄浦区	5.77	57.69	23.08	13.46	0.00
静安区	6.67	53.33	16.67	16.67	6.67
松江区	7.94	39.68	28.57	23.81	0.00
嘉定区	15.79	26.31	50.00	6.58	1.32
闵行区	5.56	44.45	42.59	7.41	0.00
浦东新区	11.18	35.88	33.53	19.41	0.00
普陀区	10.00	46.00	24.00	18.00	2.00
徐汇区	13.86	33.66	41.58	10.89	0.00
杨浦区	10.10	32.32	44.44	12.12	1.01
闸北区	10.00	42.00	28.00	16.00	4.00
金山区	11.11	26.67	35.56	22.22	4.45
崇明县	2.33	58.14	25.58	13.95	0.00

（二）户籍与自主表达意见的程度

计算 2010 年上海本地户籍居民与外地户籍居民的言论自由得分,结果发现,户籍居民言论自由的得分值为 5.35 分,外地户籍居民的得分为 5.66 分。数据表明外地户籍居民在一定程度上较上海本地户籍居民更能自主表达自身的意见。此外,表 6-68 反映了 2013 年上海本地户籍居民与外地户籍居民对于公开场合是否能自主表达意见的相关态度,结果与 2010 年的结论较为相似,在自主表达意见的程度方面,非户籍居民较户籍居民更能感受到言论自由。

（三）受教育程度与自主表达意见的程度

表 6-69 与表 6-70 分别反映了 2010 年与 2013 年上海不同受教育程度居民对于自主表达意见的态度。从表 6-69 中可以看出,受教育程度与言论自由之间并不存在线性的相关关系,较低学历的居民和较高学历的居民的言论自由得分均

表6–68　2013年户籍与上海居民自主表达意见的程度

单位：%

户籍	完全能自主表达	能自主表达	一般	不能自主表达	完全不能自主表达
本地户籍	9.07	38.16	34.78	16.51	1.49
外地户籍	10.93	41.48	35.69	11.58	0.32

比中等学历居民的得分高，例如小学文化程度的居民的言论自由得分为5.94分，大学本科居民的得分为5.84分，而初中文化程度的居民言论自由得分仅为5.04分。从表6–70中可以看出，2013年初中学历的居民对于"完全能自主表达意见"的认可度最高，达到了12.67%，在"能自主表达意见"的选项中，小学、大专和本科文化程度居民的比例均超过了40%。值得注意的是，研究生及以上文化程度的居民对于言论自由的认可度最低，其选择"完全能自主表达"和"能自主表达"的比例总和只有36.00%，为最低值。

表6–69　2010年受教育程度与上海居民自主表达意见的程度

受教育程度	言论自由得分
没有接受正式教育	5.58
小学	5.94
初中	5.04
高中/中专/技校	5.22
专科	5.62
本科	5.84
研究生及以上	5.46

表6–70　2013年受教育程度与上海居民自主表达意见的程度

单位：%

受教育程度	完全能自主	能自主表达	一般	不能自主表达	完全不能自主表达
没有接受正式教育	2.77	33.33	41.67	22.22	0.00
小学	9.09	47.27	31.82	11.82	0.00
初中	12.67	38.00	31.33	17.33	0.67
高中/中专/技校	9.15	34.51	37.33	17.61	1.41
专科	8.48	43.00	35.15	10.91	2.42
本科	7.69	43.85	36.15	10.77	1.54
研究生及以上	8.00	28.00	52.00	12.00	0.00

（四）收入水平与自主表达意见的程度

对比 2010 年与 2013 年上海不同收入水平居民对于言论自由程度的态度，研究发现（表 6 - 71 和表 6 - 72）2010 年上海居民的收入水平可能会影响其感受到的言论自由程度。收入较多的居民相对于收入较少的居民，其公开表达意见程度的分值更高。个人年收入在 100000 元及以上的居民得分为 6. 65 分，而 15000 元以下的居民仅为 5. 28 分；而在 2013 年的调查中，100000 元及以上收入水平的居民选择"完全能自主表达"意见的比例最高，达到了 13. 21%，30000 ~ 100000元收入水平的居民选择"完全能自主表达"意见和"能自主表达"意见的比例之和均超过了 50%。

表 6 - 71　2010 年上海居民收入水平与自主表达意见的程度

个人年收入	分值	个人年收入	分值
< 15000	5. 28	[50000,100000)	5. 75
[15000,30000)	5. 25	≥100000	6. 65
[30000,50000)	5. 45		

表 6 - 72　2013 年上海居民收入水平与自主表达意见的程度

单位：%

个人年收入	完全能自主表达	能自主表达	一般	不能自主表达	完全不能自主表达
< 15000	8. 33	41. 67	31. 48	17. 13	1. 39
[15000,30000)	10. 21	33. 51	38. 74	17. 02	0. 52
[30000,50000)	10. 75	41. 12	33. 64	13. 55	0. 93
[50000,100000)	7. 57	46. 49	30. 82	12. 97	2. 16
≥100000	13. 21	35. 85	43. 40	5. 66	1. 89

言论自由中的表达权是宪法赋予我们公民的一项基本权利。笔者认为，公民的表达权与其知情权、参与权、监督权密切相关。只有充分保证居民的知情权、参与权和监督权，居民才能真正地行使自身的表达权。公民公开表达意见的渠道和方式很多。公民就国家事务的管理发表意见，这样一种行为贯穿于其日常生活之中，特别是体现在其有序的政治参与之中。在笔者看来，从社会质量的理论视域出发，当前要提高公民公开表达意见的程度，尤其需要发挥社会组织、大众传媒的相关作用。我们需要将广大公众设置的议题和议程变成大众传媒设置的议题和议程，使大众传媒及其从业者、社会组织的参与者能够贴近实际、贴近生活、

贴近群众，这也是其责任和良知的体现；促使大众传媒、社会组织和广大公众设置的议题、议程成为党和政府的议题、议程。只有通过这种方式，居民的表达权才能够在社会关系中被赋予其应有的权能，居民才可以在急剧变迁的社会经济环境中有能力全面参与社会生活，从而为个人发挥自身能力提供公平的机会，提升整个社会的社会质量。

第七章　结语：共享发展与社会质量

社会质量概念和理论把握到了社会发展的目标和本质所在。在社会质量的概念和理论体系中，社会发展被理解为人的发展，或者是个体的自我实现过程。这与社会发展的根本目标和宗旨是一致的。早期的片面发展观之所以被人们抛弃，根本的一点在于它没有真正把握社会发展的本质和目标。单纯经济增长的经济发展观是只见物不见人，只有经济发展，没有人的发展，这种发展观没有真正理解社会发展的真意。社会发展的本质和目标归根结底在于实现人的全面发展和人的彻底解放，而社会质量理论所蕴含的思想与此并行不悖。

社会质量的研究具有重要的意义。从理论层面上来说，社会质量是一种全新的衡量社会发展的理念和新的研究范式。它摒弃的是单纯经济增长的片面发展观，沿着可持续发展的思路谋求全体社会成员的共同福祉。从社会政策层面来说，社会质量的研究指向社会政策的制定，社会质量理论及其指标反映了一个社会中人们的生活状况，它涉及政府在收入保障、住房、公共卫生和教育等领域中的政策制定活动。因此，社会质量的政策蕴涵十分明显，它追求社会政策的制定应该朝向全体社会成员共享人类社会发展成果的目标。

通过上海社会质量的实证研究，笔者认为从政策制定的角度有以下几个方面需要进行贯彻。

一　坚持共享发展理念，全面提高社会质量

《中共中央关于制定国民经济和社会发展第十三个五年规划的建议》（以下

简称《建议》）中明确提出坚持共享发展，强调"必须坚持发展为了人民、发展依靠人民、发展成果由人民共享，做出更有效的制度安排，使全体人民在共建共享发展中有更多获得感，增强发展动力，增进人民团结，朝着共同富裕方向稳步前进"。共享发展理念的提出有其明确的价值取向，就是建设一个公平正义的高质量社会，而这正是社会质量理论的精髓所在。

（一）共享发展理念的核心就是维护公平正义

共享发展理念提出的目的是致力于解决日益凸显的社会不平等问题。从实行市场经济到现在三十多年的时间，可以明显地发现各种优势社会资源开始向少数社会阶层集中苗头开始出现，越来越多的人过着富裕生活的同时，一些社会成员还在贫困线以下挣扎，不平等问题变得严重起来。这种现象的存在与社会主义社会建设目标是相悖的，必须要扭转这种格局，不能任由其发展下去，在其成为不可逆转的趋势前及时改变。

从人类社会发展的进程来看，历史上较为普遍的社会现象是一少部分优势社会阶层最大限度地享受了所处时代的发展成果，绝大多数社会成员无法共享发展成果或者仅仅最低限度共享，而且这种不公正的格局通过各种制度设置而被赋予了合法性，长期以来被人们视为天经地义。这样的社会在人类历史上经历了一个漫长阶段，即使今天，在全球范围内很多国家和地区中这种情形依然持续存在。缺乏公平正义是导致这种社会现象出现的根源。

共享发展理念的核心就是维护公平正义，这是我们建设社会主义社会的本质要求。共享发展应该包含四个层面的含义：一是发展的目的是为了人，社会发展归根结底是人的发展，人是目的本身；二是作为发展目的人的发展，不是少数人的发展，而是全体社会成员的共同发展，发展成果由人民共享；三是共享发展不能仅仅停留在理念层面，要转化为具体的政策和制度，在制度实践中使全体人民切实感受到；四是体现共享发展理念的制度必须贯彻公平正义的原则，公平正义是制度的首要价值。

那么，如何衡量共享发展的程度呢？从经验研究的角度而言，可以将社会质量的高低作为评判共享发展程度的一个尺度。在这个意义上，可以说共享发展理念指向建设一个高质量的社会。

（二）公平正义是社会质量理论的根本诉求

作为衡量社会发展的新范式，社会质量理论要解决的是如何衡量一个社会是好的社会还是坏的社会、如何判定一个社会的质量高低的问题。社会质量衡量的是包括共享发展在内的社会进步程度。

在社会质量理论中，社会质量被定义为："人们在提升他们的福祉和个人潜能的条件下，能够参与共同体的社会与经济生活的程度。"在这一定义中，我们可以看出社会质量关注的是人的福祉和潜能，关注的是人们对共同体生活的参与。一方面，社会质量把人当作发展的目标，社会要给人创造福祉，同时要提升人之为人的潜能，这是社会质量的理论诉求；另一方面，社会质量看到了人的社会性这一本质，把参与共同体生活亦即参与社会生活的程度当作衡量社会进步的一个尺度。在这个意义上，社会质量理论是一种以人为核心的社会发展观。

在社会质量理论中，其构架内在地蕴含着将社会公正作为核心价值的诉求。在社会质量的四个条件性因素中，在社会经济保障领域，社会质量强调普惠共享，高质量的社会要为全体成员的生存与发展提供制度保障，这是社会公正的基本前提，而其他三个条件性因素都具体表达了社会质量理论以公平正义为核心的价值追求。在社会凝聚领域，社会质量强调团结共存，高质量的社会要有共享的价值观和全体社会成员认同的维系团结的纽带，避免陷入分裂和动荡；在社会包容领域，社会质量倡导平等融合，社会成员不因为某些方面的群体性特征而受到系统性社会排斥，全体社会成员具有平等的权利；在社会赋权领域，社会质量强调增能赋权，聚焦人全面参与社会生活和人的全面发展。一个社会在这些方面的现实表现就是一个社会质量高低的判定依据。

因此，就理论实质而言，社会质量理论就在于谋求将公平正义贯穿于各项制度之中，而衡量一个社会质量的高低就是要看其社会成员在何种程度上能共享社会发展的成果，实现各自的人生价值。究其实质，社会质量高低归根结底取决于社会制度在何种程度上体现公平正义，所以，制度实践是提高社会质量的关键所在。

（三）坚持共享发展理念，全面提高社会质量

共享发展的理念只有通过有效的制度实践才能得以落地生根，进而扎扎实实地推动社会质量的稳步提高。虽然共享理念被提出来了，但如何在制度实践中表达出来，在改革中践行这一理念，还有很多艰辛的改革工作要做。

以衡量社会质量的四个条件性因素为例，我们可以看到共享发展还远远没有体现。在社会经济保障领域，城乡之间、不同区域之间的收入水平和社会保障程度还存在显著差距，基本公共服务体系不健全、覆盖不均衡问题突出；在社会凝聚方面，具有凝聚力的价值认同远未形成，不同群体之间的矛盾（例如贫富矛

盾、官民矛盾等）较为集中，全社会的社会信任程度低，人们的不安全感和焦虑程度普遍较高；在社会包容方面，包括制度性歧视在内的社会排斥在一定程度上依然存在，对一些社会群体的包容程度整体不高，不公平感加深了群体的社会距离；在社会赋权领域，人们有较强的公益活动参与意愿的同时，实际的社会参与活动水平较低，尤其在政治活动参与意愿方面，人们对政治参与的热情普遍消退，尤其年轻群体在一定程度上存在政治冷漠或反感的倾向。

上述社会质量问题是改革以来各项碎片化制度必然导致的社会后果。应该看到，这些制度实践在特定的发展阶段具有历史合理性的同时，其所忽视的关乎公平正义各方面累加的负面结果也日趋显现并成为当前改革必须攻克的难题。破解这些难题的有效路径就是在改革中坚持共享发展理念，在制度实践中贯彻公平正义，正如针对社会经济保障领域存在的问题，《建议》指出"坚持普惠性、保基本、均等化、可持续方向，从解决人民最关心最直接最现实的利益问题入手，增强政府职责，提高公共服务共建能力和共享水平"。唯有如此才能全面提高社会质量。

二　推进以提升社会质量为导向的社会政策建设

党的十八届五中全会提出社会建设要以提高发展质量为中心，坚守底线、突出重点、完善制度、引导预期，注重机会公平，保障基本民生，促进人民团结，减少社会排斥，增强社会信任，使全体人民在共建共享中有更多获得感，朝着共同富裕、全面迈入小康社会方向稳步前进。这就需要我们切实转变社会政策建设理念，注重社会政策的顶层设计，推进社会政策体系从碎片走向整合、从零碎走向系统，进而从以解决问题为目标到以提升社会发展质量为导向，使社会政策成为中华民族复兴、中国梦实现的推手。

（一）社会政策从碎片走向整合

长期以来，中国社会政策总是围绕特定的社会阶层、职业群体乃至地域而设定。各个职业群体往往有不同的政策设置，每一项政策均有着各自的任务与政策目标，不同政策之间缺乏必要的整合，甚至同一政策内部也会按照不同的职业类型或社会地位形成众多的政策内容，碎片化因而就成为中国社会政策演变与发展的重要特征。客观地说，这种碎片化的政策建设理念与实践在特定时空范围内可以快速地解决某种社会问题，可以更好地服务于经济建设目标。但是，这样的社会政策体系却使它所蕴含的权利与待遇差距比较明显，责任与义务的界限含混不清，社会政策不能促进社会的正向流动反而固化了各阶层的社会地位；社会政策不能有助于社会更加公正地发展，反而成为社会不公正的重要诱因，从碎片走向整合就成为社会政策发展的客观要求。

当然，推进社会政策从碎片走向整合，更是政策科学发展的客观要求。任何一项社会政策议题乃至整个政策体系都是从单一的、分散的甚至是零碎的政策入手，只有那些被实践证明为科学的政策才得以保留下来，从而形成丰富多样的个体性政策。但是，这些多样性的政策内部之间还缺乏必要的整合，有些政策出现对立甚至"打架"，也就是所谓的"政策冲突"。这就需要对各项零碎的政策加以整合，形成完整的政策体系，切实解决各项政策之间的矛盾与冲突，让社会政策的供给与实施能够促进社会更加公正持续地发展。

从整合途径上看，社会政策的整合包括自上而下与自下而上的双重整合，也就是顶层设计与群众创造相结合。注重顶层设计是整合社会政策的本质要求，它要求依据政策科学原理及基本范畴进行理论概括与理论抽象，不断彰显社会政策在促进公平正义、提升社会发展质量等方面的正功能。所有这一切，需要我们根据变化了的"社会事实"设计有关的社会政策。当然，社会政策的整合不是任意的主观臆断，它要扎根于基层社会政策的实践，根据变化了的政策实践加以优化与完善，形成有机整合的社会政策框架体系，切实解决现行社会政策因碎片化所带来的问题。

（二）社会政策从零碎走向系统

单一政策的科学并不必然意味着政策体系的科学。社会政策从碎片走向整合需要加强系统性建设，将以往那种零碎的社会政策整合成系统性、体系性的政策体系，使之成为一项独立的社会设置，服务于小康社会的全面建设。

一方面，加强单一政策项目的系统性建设。要按照底线思维、着眼于机会公平与基础普惠，对现行的教育、就业、养老、医疗、救助、住房等政策逐一加以梳理，总结各项社会政策的实施对象、内容是否做到了全覆盖，这些政策能否做到公平、普惠与可持续；分析各种单一的政策实施是否有利于促进阶层之间的融合，是否有利于增进社会信任、减少社会排斥，能否缩小各阶层之间的收入差距。从而对那些不利于提升社会质量的各项政策加以改革，做到各项政策的供给与事实能够最大限度地促进公正地发展，不断提高民众的生活水平与生活质量。

另一方面，完善整个社会政策体系。社会政策不只是为了解决经济或社会问题，而是维系社会运行、促进社会发展的一部分，是整个社会结构不可分割的有机整体，有什么样的社会结构及其运行方式就需要相应的社会政策与之相适应，以便促进社会稳定与良性发展。这意味着我们要系统地探索社会政策在社会建设中的地位，寻求与中国社会特质相适应的政策体系，理顺它与经济等领域内的政策体系的关系，各项社会政策在整个政策体系之中的相互关系，形成合理的社会政策所需财政支出结构，切实增强社会政策的可持续性供给。这就是说，我们不能离开中国社会特质去构建社会政策体系，更不能孤立地谈论某项具体社会政策，而要注重社会政策供给的完整性与系统性，补充缺失的政策项目，完善不全的社会政策供给方式，形成完整而全面的社会政策体系，促进社会的公正建设。

（三）社会政策从解决问题到提升社会质量为主旨

完善社会政策，关键就是将过去那种以服务经济建设、维护社会稳定等解决问题为导向的政策制定目标转变为促进社会和谐发展的政策制定目标，实现社会政策从问题导向到提升社会质量的转变。

一是要形成提高民众生活水平的社会政策。坚守基础普惠与普遍共享去完善社会政策，预示着我们要围绕劳动就业、教育、医疗、住房、社会保险、社会救助、社会服务等政策进行城乡、地域及阶层的整合，分析哪些属于底线性质的政策，也就是任何民众都必须享有的政策，各项民生政策的责任底线及待遇底线在于何处。优先整合具有底线性质的社会政策体系，做到底线政策以及政策的底线部分面向所有群体，让人们无义务地普遍享有；而非底线政策以及政策的非底线部分注重激发其他组织及个人的积极性。通过这些政策的完善，保障民众普遍而均等地享有各项社会福利政策，切实解决因就业、教育、住房、社会保险等项目所带来的社会排斥问题，使我们的社会政策能够"提供给那些最需要帮助的人"，让社会政策能够做到普遍帮助与有目标帮助相统一，普遍群体与目标群体的福利相结合，不断提高人民群众的生活水平与生活质量。

二是完善能够增强社会凝聚的社会政策。无论在理念还是在行动上都要把社会政策当成基于人格平等的一项基本权利，通过完善的社会政策供给保证各阶层流动顺畅，收入差距较为合理，减少各阶层之间因为地域、身份或收入等因素所引致的排斥与对抗，营造公平正义的社会发展氛围，为增进社会凝聚奠定坚实的基础；要完善公共服务政策体系，确保基本服务项目设置齐全，确保社会政策能够提高公共服务均等化水平，让所有社会成员公平而均等地享有基本公共服务；要明确各项社会政策的实施规则，划清社会政策的实施界限与范围，让所有社会成员自觉遵守并积极参与社会政策的实施，以此来增进社会融入与社会团结。

三是注重吸引民众参与政策建设。只有保证公民积极参与、推进共同治理、促进社会公正和谐发展的社会政策才能提升社会发展质量。为此，社会政策建设不仅满足于保障群众基本生活，而且要着眼于群众有尊严地生活，从政策层面赋予民众更多的参与社会事务的权利，明确他们社会参与的内容、方式及界限，拓宽社会赋权范围，让社会参与逐渐演化成为一种自觉行动。同时，要营造有利于社会组织成长的政策环境，出台鼓励社会组织参与社会治理的政策框架，理顺阻碍社会组织发展的政策性障碍，激发社会组织活力，保证社会组织的中立性与独立性，引导其独立自主地参与社会事务的管理，努力建成一个更加公正的社会政策体系，形成社会政策的中国模式。

三 基于社会质量取向的社会治理创新

直到 20 个世纪五六十年代，治理一词还是社会科学中的边缘性概念，但目前它已经成为席卷学界、新闻界乃至政界的一个热门词，它也从兴起时更多是基于交易成本考量的工具性选择逐渐拓展为一个综合性学术概念。从学理上来说，"治理"概念至少包含四个层面的内涵，即治理是一种结构、一个过程、一种机制以及一种战略。"社会治理"概念同样如此，涉及文化理念、制度安排、绩效评估以及策略选择等，是一个学科跨度很大的议题。不过，尽管各个学科研究切入点有所差异，但是在社会治理研究的根本旨趣上却是共同的，即聚集于讨论"何为好社会"。在中西方社会理论中，关于"何为好社会"的讨论非常多，在演变脉络上，则从最初乌托邦社会的理论想象转向到目前更多的是基于经验性事实的理论建构。不过，一直以来，遗憾的是，即便在经验层面，中国学界也没有在"何为好社会"的认定及其治理上达成一种深度共识，今天围绕社会建设所展开的诸多争论就说明了这一点。

（一）何为好社会

何为好社会？美国总统富兰克林·罗斯福认为能够保障自由的社会才是好社会，即好社会是"言论自由、信仰自由、免于匮乏的自由及免于恐惧的自由"的社会。加尔布雷斯对"美好社会"的界定则更具操作性，他认为好社会是一个民主自由和社会责任兼备的社会，在这个社会中，"每一个成员不论性别、种族或族裔来源，都能过一种有价值的生活"。加尔布雷斯指出，私有制和社会主义治理手段都不是达致美好社会的途径，"强大稳定的经济及其提供的机会结构"才是美好社会的基础。阿玛蒂亚·森延续了加尔布雷斯的自由主义立场，森认为好的社会就是一个能够保障居于其间的人可行能力的社会。森指出，"可行能力"是社会个体选择"实质自由"的能力，而此类好社会的治理有赖于五个工具性安排，即政治自由、经济条件、社会机会、透明性保证以及防护性保障。在具体治理策略上，森特别强调了社会参与的重要性，指出"可行能力"社会的治理绩效在很大程度上受制于国家（统治者）与社会（被统治者）的"疏离程度"，这种疏离既体现在文化认知上，也体现在组织和权威结构上。基于能力方法理论，森还设计了评价好社会的指标体系，并得到了广泛认同。

由此可见，在自由和民主逐渐成为衡量好社会普适性维度的前提下，学界对于"好社会"的讨论也日益体现出了较强的应用性色彩，而其中，对社会状况的测量进而以此为证据反思社会治理中所存在的问题与挑战则是一个典型议题。

（二）主体与结构二元分化的社会状况测量模型

一般而言，在具体社会治理过程中，我们可以将对社会状况的测量区分为两种模型。

一是个体生活质量测量模型，其核心内容是考量社会成员个体对经济收入、社会秩序、生活方式、健康卫生、教育状况、能源交通、资源环境、社会风气乃至政治参与等方面的满意程度，并以此作为考评依据。显然，相较于单纯的经济测量指标，这种多维测量模型更能合理地反映出社会治理的绩效。而且，从历史角度来说，此多维测量模型能够更有力地说明生活质量在长时段内所发生的改变。不过，这种基于社会个体主观福祉感的测量模型虽然较 GDP 至上主义有了很大进步，但却面临着越来越多的挑战。很多学者认为，社会个体主观感受是高度社会建构的，因为社会个体的社会地位及其所处社会结构会对其主观福祉感影响极大。所以，学者们指出，基于主观感受的个体生活质量模型或许更加适用于评估社会政策的效能，但却难以客观地反映出社会本身整体的福祉水平和治理状况。换言之，在一个治理好的社会结构中，社会个体主观福祉感往往也是高的，其生活质量水平通常也较高，但是，反之则不然。

二是社会结构稳定性测量模型。相较于生活质量测量模型，该模型更多地聚焦于客观社会结构的运行状况，其核心内容是考察社会秩序的稳定性，主要通过一些客观性指标，如上访数量、群体性事件密度和规模、劳资冲突等，来评估社会治理状况，并以此作为判断社会好坏程度的重要依据。从理论源头上看，社会结构稳定性测量模型的理论基础是社会有机论，该理论认为社会类似于一个生物有机体，而所谓好的社会就是一个没有生病（社会问题就是社会病态的体现）

的健康体。换言之，社会系统的每个组成部分都需要追求平衡，只有保持结构的稳定性，才能最大限度地防止社会问题和社会风险的产生。这种测量模型在中国社会治理过程中得到了大量运用，并对社会秩序和社会运行产生了极大的影响。在现实社会治理过程中，强调社会结构客观性的测量模型存在一个前提假设，即假定所有社会成员均遵守相同的价值观和社会规范体系，然而事实并非如此。由此导致了大量消极的社会后果，甚至使社会秩序陷入了一个"越维越不稳"的怪圈。这种测量模型也被很多学者批评为社会特权阶级服务的，忽略了社会成员之间在需求、价值理念乃至社会地位上所存在的不平等现象。

（三）社会质量：均衡主体与结构关系的测量模型

最初，社会质量模型主要用于测量欧洲社会的状况，后来被亚洲学者尤其是东亚学者引入，对亚洲社会的状况进行评估。与生活质量模型和社会结构稳定模型不同，社会质量理论所强调的"社会性"既不是社会个体完全主观性的感受，也不是外在于社会个体的涂尔干式的客观存在，而是指"作为社会存在的互动主体的构成"，社会个体存在于其中且密切互动。由此可见，社会质量模型实质上是在努力均衡社会成员主体性和社会结构客体性之间的关系，这具体表现在如下几点。

首先是社会质量模型在社会福祉与个体福祉间划清了界限。社会质量模型强调社会整体具有超越成员个体性的社会性，因此该理论认为，社会福祉是指社会成员获得富裕和成长能力的环境结构，而个体福祉则更多地指社会成员个体个人生活状况的主观感受。社会福祉通过各种社会安排而对个体福祉产生影响，社会个体实现福祉的能力在很大程度上受制于其所处的社会机会结构。一般来说，社会福祉高的社会，往往社会成员个体的生活满意度也是高的。而反之，社会成员主观满意度高并不意味着社会福祉水平就高。

其次是社会质量模型强调集体认同和自我实现的统一。在社会质量模型框架中，个体自我实现通常表现在社会个体"进入社会体系的机会、开放度以及个人融入主流社会的可能性"，而集体认同则更多地反映在社会体系、制度和机制结构等环境因素方面。社会质量模型则整合了自我实现和集体认同两个维度并以此来反映一个社会整体状况。

最后是社会质量模型中的"好社会"是兼顾社会公共性和成员个体性的社会形态。在社会质量理论中，所谓好社会是指一种能够使居于其间的公民实现福利最大化的社会类型，包括两个层面的内涵：一是社会能够给社会成员个体提供的参与经济社会及政治生活的机会机构；二是在社会环境下，社会成员个体所具有的提升个人福祉的潜能。在社会质量框架中，社会融合和社会团结实质上就是对社会公共价值的强调。与此同时，社会交往和社会参与是社会成员个体参与社会治理，提升社会质量，进而达致好社会的基本路径。

（四）社会治理创新过程中的社会质量取向

社会治理创新是一个庞大的系统工程。在社会治理创新过程中，社会质量不仅建构了"好社会"的衡量标准，而且指明了社会自我治理能力强化的路径。社会质量框架四要素，即社会经济保障、社会包容、社会凝聚和社会赋权，分别代表了社会正义、社会平等、社会团结以及社会机会结构四个层面的状况。就社会治理过程而言，可以与社会治理理念、治理主体、治理手段、治理机制、治理目标等一一对应。在治理理念上，社会质量模型强调公正、团结、平等以及人的尊严；在治理主体上，社会质量模型除了指出正式的国家科层体系的重要性，而且还强调群体、家庭与社区等非政府主体的价值；在治理手段上，社会质量模型除了强调社会成员对国家公器体系的信任程度外，更注重社会参与的重要性；在治理机制上，社会质量模型认为需要通过社会赋权以增进社会成员的社会行动能力：一方面提升人民处理社会事务的能力，另一方面也增强社会自身抵御国家强势干预或过度市场化的风险；在治理目标上，社会质量模型追求社会团结与社会包容，强调社会信任与社会整合的重要性。总之，在当下中国，社会治理创新实质上意味着我们要从过去的"国家中心式"治理模式逐渐过渡到"社会中心式"的治理模式，这无疑对社会自治能力和水平提出了更高的要求。不过，从改革开放至今的几十年里，尽管我们在经济治理上"去国家化"趋势明显，市场机制的决定性作用得到了确立。但是在社会治理上，我们要么是对于国家行政过度依赖，要么是通过经济治理绩效掩盖或缓冲社会治理中的冲突矛盾，社会自我治理能力严重不足。而社会质量模式的倡导，不但可以在社会治理政策上给予方向性的指引——社会性的培育，而且可以在社会治理绩效评估以及行动与能力提升上提供一个重要的参考选项。

参考文献

艾伦·沃克，2007，《21 世纪的社会政策：最低标准，还是社会质量?》，载杨团、葛道顺主编《社会政策评论》（第一辑），社会科学文献出版社。

艾伦·沃克，2011，《社会质量取向：连接亚洲与欧洲的桥梁》，载张海东主编《社会质量研究：理论方法与经验》，社会科学文献出版社。

佩鲁，1987，《新发展观》，张宁、丰子义译，华夏出版社。

高清海、孟宪忠，1989，《中国需要自己的社会发展理论》，《天津社会科学》第 1 期。

劳伦·范德蒙森、艾伦·沃克，2011，《社会质量研究比较的视角》，载张海东主编《社会质量研究：理论、方法与经验》，社会科学文献出版社。

李炜等，2015，《当前中国社会质量状况调查报告》，载李培林等主编《2016 年中国社会形势分析与预测》，社会科学文献出版社。

李在烈、张德镇，2011，《社会质量作为社会进步的一种测量》，载张海东主编《社会质量研究：理论、方法与经验》，社会科学文献出版社。

林卡等，2010，《社会信任和社会质量：浙江社会质量调查的数据分析和评估》，《江苏行政学院学报》第 4 期。

林卡，2010，《社会质量理论：研究和谐社会的新视角》，《中国人民大学学报》第 2 期。

丹尼斯·米都斯等，1997，《增长的极限》，李宝恒译，吉林人民出版社。

王沪宁，1989，《中国：社会质量与新政治秩序》，《社会科学》第 6 期。

王沪宁，1991，《社会质量与政府职能转变》，载国家机构编制委员会办公室编《中国政府机构1991年》，中国人事出版社。

王建平、马俊贤主编，2014，《上海统计年鉴（2014）》，中国统计出版社。

王丽容，2011，《亚洲社会质量指标：什么是独特的？》，载张海东主编《社会质量研究：理论、方法与经验》，社会科学文献出版社。

吴忠民，1990，《论社会质量》，《社会学研究》第4期。

吴忠民，1995，《中国社会发展论》，湖南出版社。

徐延辉等，2014，《社会质量与社会建设的比较研究——基于深圳、厦门和杭州的实证调查》，载陈健秋主编《社会建设研究》（第一辑），社会科学文献出版社。

杨晓莉，1999，《社会质量：社会进步的评价尺度》，《扬州大学学》（人文社会科学版）第5期。

袁浩等，2011，《上海社会质量与居民生活满意度研究》，载张海东主编《社会质量研究：理论、方法与经验》，社会科学文献出版社。

张海东，2011，《社会质量视角中的风险应对》，《江海学刊》第3期。

张海东等，2014，《2013年中国六城市社会质量的调查报告》，载李培林等主编《2015年中国社会形势分析与预测》，社会科学文献出版社。

Beck, Wolfgang, Laurent J. G. van der Maesen, Fleur Thomése, & Alan Walker (eds). 2001. *Social Quality: A New Vision for Europe*. The Hague/ London/ Boston: Kluwer Law International.

Beck, W., van der Maesen, L. J. G., & Walker, A. (eds). 1997. *The Social Quality of Europe*. The Hague, London. Boston: Kluwer Law International.

Gasper, Des. 2009. "The Human and the Social: A Systematized Comparison of the Discourse of Human Development, Human Security and Social Quality". The Fourth Asian Social Quality Conference, Social Development and Human Security: The Social Quality Perspective and Asia Conditions. National Institution of Development Administration, Thailand. December.

Ogawa, Tetsuo. 2007. *A New Perspective on Ageing: Social Quality and Its Potential Role for Public Policy Making in Asia and the Pacific*. 27－29 March. Bangkok.

后　记

　　这本书呈现的是关于上海社会质量的一个实证研究。我们之所以选择上海作为研究对象，不仅仅在于研究团队所在地的这个地域优势，更重要的是综合考量了上海作为我国经济社会发展的前沿阵地在很多方面与国外发达地区城市有很高的可比性，相对而言，开展整体性的社会质量实证研究更具有现实操作性。

　　当然，本研究还存在很多不足之处，这一点在研究设计的总体思路中也有所交代。不过，我们的研究目标是检验理论的适用性、建构适合中国社会的社会质量指标、为开展更深入的社会质量研究总结经验，作为一项探索性研究，期冀本研究能起到铺路石的作用。

　　本书是上海大学社会质量研究团队集体合作的成果，具体分工如下：第一章、第二章由张海东撰写；第三章由姚烨琳撰写；第四章由邓美玲撰写；第五章由谭奕飞撰写；第六章由杨城晨撰写；第七章由张海东、高和荣（厦门大学）、王星（南开大学）撰写；董经政博士和赖思琦、吴越同学协助统稿。

　　本研究得到张海东教授主持教育部新世纪优秀人才计划项目支持，2013 年上海调查得到国家社科基金重大项目"社会质量与和谐社会建设研究"（11 & ZD148）的支持。

　　在本书出版前曾经计划将 2010 年上海社会质量报告单独发表，初稿已经接近完成，由于种种原因没有出版，直到现在被本书取代。上海大学社会学院孙秀林教授，金桥、袁浩、杨锃副教授，王亚芳博士及部分研究生同学在分析 2010 年上海社会质量调查数据方面做了大量艰辛的工作，在此表示诚挚的谢意和深深的歉意。

　　社会科学文献出版社编辑杨桂凤老师、胡亮老师对此书认真审读，帮助改正了大量不够规范的表达，在此向她们致以崇高的敬意。

　　当然，由于研究人员在社会质量研究的道路上还在不断摸索，这方面的研究功底和经验欠缺，书中一定还有很多不足之处，欢迎各位读者批评指正。

张海东
2016 年 1 月 28 日

图书在版编目（CIP）数据

上海社会质量研究.2010~2013/张海东等著.—北京：社会科学文献出版社，2016.4
（社会质量研究丛书）
ISBN 978-7-5097-8978-0

Ⅰ.①上⋯　Ⅱ.①张⋯　Ⅲ.①社会发展-研究-上海市-2010~2013　Ⅳ.①D675.1

中国版本图书馆 CIP 数据核字（2016）第 071254 号

· 社会质量研究丛书 ·

上海社会质量研究（2010~2013）

著　　者/张海东 等

出 版 人/谢寿光
项目统筹/杨桂凤
责任编辑/杨桂凤　胡 亮

出　　版/社会科学文献出版社·社会学编辑部（010）59367159
　　　　　地址：北京市北三环中路甲29号院华龙大厦　邮编：100029
　　　　　网址：www.ssap.com.cn
发　　行/市场营销中心（010）59367081　59367018
印　　装/三河市尚艺印装有限公司

规　　格/开 本：787mm×1092mm　1/16
　　　　　印 张：16.5　字 数：296千字
版　　次/2016年4月第1版　2016年4月第1次印刷
书　　号/ISBN 978-7-5097-8978-0
定　　价/79.00元